四未軒集

이 책은 2015년도 정부(교육부)의 재원으로 한국고전번역원의 지원을 받아 수행된 '권역별거점연구소협동번역사업'의 결과물임.

This work was supported by Institute for the Translation of Korean Classics-Grant funded by the Korean Government.

韓國古典飜譯院 韓國文集校勘標點叢書／慶北大學校 嶺南文化研究院

四未軒集

張福樞 著
宋熹準 校點

凡例

本文

1. 이 책은 張福樞의 文集인 《四未軒集》을 標點·校勘한 것이다.
2. 이 책의 底本은 韓國文集叢刊 제316輯에 실린 《四未軒集》이다.
3. 原底本은 1906년에 漆谷郡 角山面 求勗齋에서 간행된 初刊本이며, 그 所藏處는 國立中央圖書館(圖書番號 : 한46-가2251)이다.
4. 이 책의 對校本은 서울大學校 奎章閣 所藏(古3428-589)과 高麗大學校 中央圖書館 所藏(D1-A1136)과 啓明大學校 中央圖書館 所藏(이811-081장복추)을 參校하였다.
5. 校勘에 사용된 주요 參考資料는 다음과 같다.
   - 玉山張氏族譜 : 門中, 1769年에 仁同에서 刊行.
   - 仁同張氏南山派世譜 : 門中, 1904년에 仁同에서 刊行.
   - 高麗史, 景仁文化社 影印, 1972.
   - 二十五史, 景仁文化社 影印, 1972.
   - 唐宋八家文鈔, 學民文化社, 影印, 2002.
   - 陽村集 : 權近 撰, 1674年刊(重刊本), 韓國文集叢刊7, 서울大學校 奎章閣(圖書番號 : 奎6329) 소장, 國立中央圖書館(圖書番號 : 한46-가1206) 소장.
   - 保閑齋集 : 申叔舟 撰, 1645年刊(重刊本), 韓國文集叢刊10, 서울대학교 奎章閣(圖書番號 : 古3428-830) 소장.
   - 寒岡集 : 鄭逑 撰, 1841年刊(重刊本), 韓國文集叢刊53, 高麗大學校 中央圖書館(圖書番號 : D1-A406, 晩D1-A406B) 소장, 서울大學校奎章閣(圖書番號 : 奎11441) 소장.
6. 影印 과정상의 문제로 인해 현재 底本에서 判讀이 어려운 글자나 變形된 글자는 原底本에 의거하여 補充·訂正하고 별도의 校勘記는 달지 않았다.
7. 여러 參照本과 글자의 차이가 있을 경우 이를 校勘記에서 밝히고, 本文은

修訂하지 않았다. 혹 차이 나는 글자의 正誤와 관련해 校勘記에 校勘者의 見解를 밝히기도 하였다.

8. 本文의 誤謬가 명백한 경우 본문을 고치고 校勘記에 그 근거나 사유를 밝혔다.
9. 本文의 誤謬로 의심 가는 점이 있으나 根據할 만한 對照本이 없을 경우에는 校勘記에 그 내용을 언급하였다.
10. 底本과 異本 간에 글자의 차이는 있지만 어느 쪽이 옳은지 확정할 수 없는 경우 校勘記에 그 내용을 밝혔다.
11. 本文에 쓰인 異體字 가운데 현재 일반적으로 通用되지 않는 글자는 모두 代表字로 고쳐 쓰고 校勘記는 달지 않았다. 代表字 여부의 판정은 韓國古典飜譯院 異體字 檢索 시스템을 準據로 하였다.

    예) 盖, 蓋 / 窃, 竊
12. 板刻이나 筆寫 과정에서 관행적으로 通用하던 글자는 文脈에 맞게 고쳐 쓰고 校勘記는 달지 않았다.

    예) 己, 已, 巳 / 蕭, 簫 / 藉, 籍
13. 이 책에 사용된 標點符號는 다음과 같다.

。	疑問文과 感歎文을 제외한 敍述文 및 語調가 약한 命令文의 끝에 쓴다.
?	疑問文의 끝에 쓴다.
!	感歎文이나 感歎詞의 끝, 강한 語調의 命令文, 請誘文, 反語文의 끝에 쓴다.
,	한 文章 안에서 일반적으로 句의 區分이 필요한 곳에 쓴다.
、	한 句 안에서 竝列된 單語 사이에 쓴다.
·	名詞의 竝列이 重層的인 경우, 모점(、) 안에서 竝列語를 구분하는 데 쓴다. 書名號(《 》) 안에서 書名과 篇名 등을 구분하는데 쓴다.
;	複文 안에서 구조상 분명하게 竝列된 語句 사이에 쓴다.
:	완전한 引用文의 경우 引用符號와 함께 쓰거나, 話題 혹은 小標題語로서 文章을 이끄는 語句 뒤에 쓴다.
“ ” ‘ ’ 「 」『 』	각각 1차, 2차, 3차, 4차 인용문에 쓴다.
【 】	原文의 註를 나타내는 데 쓴다.
《 》	書名, 篇名, 樂曲名, 書畫名 등을 나타내는 데 쓴다.

＿　　人名, 地名, 國名, 民族名, 建物名, 年號 등의 固有名詞를 나타내는 데 쓴다.

□　　빠진 글자의 자리에 쓴다.

▨　　毁損된 글자의 자리에 쓴다.

目次

1. 目次는 底本의 目錄과 관계없이 별도로 整理·收錄하였다.
2. 本文에 제시된 題目을 그대로 싣는 것을 원칙으로 하되, 題目이 없거나 文體名이 題目을 대신하는 경우 등은 여타의 제목에 準하여 임의로 작성하였다.
3. 底本의 誤謬가 분명한 경우는 修正된 사항을 目次에 반영하였다.
4. 題目 아래 附記된 紀年·人名·篇數 등은 原註로 처리하였다.
5. 底本에 被傳者의 이름이 明記되지 않은 墓誌·碑銘·行狀 등 傳記資料에는 그 이름을 조사하여 밝혔다.

目次

四未軒集 卷一

詩

疏

四未軒集 卷二

書

四未軒集 卷三

書

四未軒集 卷四

書

四未軒集 卷五

書

四未軒集 卷六

雜著

四未軒集 卷七

序

記

四未軒集 卷八

跋

箴

銘

贊

上樑文

祝文

祭文

誄文

哀辭

四未軒集 卷九

碑

墓誌銘

墓碣銘

四未軒集 卷十

墓碣銘

四未軒集 卷十一

行狀

遺事

傳

四未軒集

卷一

詩
疏

詩

人道心吟

十六言中道脈尋，莫將人道二其心。
只從發處爲名異，微著危安指意深。

憎蠹魚

秦魄化爲爾，焚餘亦食之。
如知當食食，私字食無遺。

贈舍弟季崇【祿樞】

源泉終到海，陽谷易爲春。
若使優遊過，竟成何許人？

禪石途中口號

石路遲遲款段鞭，夕暉移影上山巓。
傍人莫道道之遠，不息終當入洞天。

待季崇

百里商山路，勞勞倦馬鞭。
少年遊汗漫，十日過於焉。
滯雨留何地？看雲立暮天。
自君西去後，夜夜夢長懸。

次《涵溪集》中鷄子韻

政値尾孳節，一鬮五德全。
眞精凝合後，毛羽化生前。
坤色中含正，天圍外象圓。
推玆窮萬類，生息理何玄？

與李穉凝【鼎相】、汝雷【震相】、鄭晉叔【三錫】讀書感應菴，拈韻，賦巖下泉

巖下淸泉一脈通，何年鑿得此山中?
日夜無停流活活，要令吾輩驗眞工。

搜勝臺敬次退陶先生韻

猿鶴第初曲，水明山亦佳。
別天仙景在，忽地俗愁埋。
典雅大賢筆，蒼茫後學懷。
班荊仍坐久，東日已西崖。

次徐穉仁【光麟】愚巷新居韻

千秋笙鶴返無期，惟有峯巒面面奇。
棟宇重新巖老宅，江山依舊圃翁基。
扶疏老木村容古，留住閑雲野性知。
秣馬膏車從子願，溪桃留待欲花時。

輓李公【懿秀】

鶴山鬱盤盤，洛水淸漪漪。
公乃生其間，鍾得英豪姿。
自從齠齔歲，志槪逈超夷。
絶學在塵編，求之如渴飢。
于以驗吾身，實得便在玆。
言出皆由古，家居克篤彝。
實地如許膴，文章夙所期。
信乎名家彦，展也吾黨師。
世道那無責？沈淪亦堪噫。
伏櫪驥未展，先秋蕙已萎。
嶺運何遽頹？天心信莫知。
落日西門路，孰不爲齎咨？
顧余慵疏甚，荷公眷愛垂。
良規投赫蹄，淸誨沃昏脾。
年來久離索，徒勞隔水思。
早晏拜牀下，庶質滿腔疑。
如何天奪速？萬事總虛歸。
誰復斯文望？不禁我生悲。
一哭公私泣，無語涕交頤。

輓新齋張公【錫愚】二首

沖澹文章孝友姿，山南得重舊門楣。
遭家板蕩才堪克，處俗浮靡儉自持。
經術咸稱嶠士藪，仁聲爭頌木民碑。
知公百世猶餘慶，滿室蚌珠箇箇奇。

鷄鳴冠帶飭吾躬，百世嘉謨獨也公。
檢輯遺文光大祖，裒修喪禮牖群蒙。
涪容自喜猶勝昔，謝夢那知遽報凶？
杖屨陪從違宿計，數聲《薤曲》夕陽中。

輓權公【榮壽】二絶

持身端潔立心高，駕鶴仙樓謝俗淆。
惟有鑑湖今夜月，淸輝依舊上梅梢。

公是吾慈從母兒，貪緣趨拜髮髫時。
渭陽村畔齎咨立，更有誰人爲我規？

輓張子仁【宅遠】

懋實非今俗，䟁華自古家。
詩書中有得，仁孝外無他。
解額爲親屈，生腰律已加。
爾年天使假，前道果如何？

嘯巖院，勘投巖、柏浦文集，與諸益共賦

西山父子又仁川，德學相傳一部編。
幸有子孫謀鋟繡，家聲不寂洛江邊。

壽母生朝

敬獻瑤觴白髮前，早春和氣介眉筵。
祥光照耀天中婺，榮衛康寧地上仙。
佳節上元後一日，壽籌諸娣最高年。
今朝遇喜還多感，瞻望瀧岡涕自漣。

宿玉山，敬次溪亭板上韻

降我先生任繼開，河南道脈海東來。
而今獨抱虹橋恨，寒月空留水上臺。

次李氏姑母晬辰韻

卲齡知自德淳眞，天理如今會有伸。
十行弟兄初有慶，百年家室克宜人。
積誠夫起爐頭藥，至敎兒成席上珍。
也識鬢毛多不白，海東留與碧桃春。

遊冷泉，藏園黃公【源善】說昔與吾先子遊此之樂，因示感舊一律，謹和其韻

爲問先人躅，陪行杖屨遊。
寒泉餘水石，桑海幾春秋？
努力巖巖壁，傷心某某洲。
申勤見愛意，瓊韻爲余留。

冷泉洞口磐石

憐渠洞口石，蒼白老孱顔。
雕鑿豈人巧？須參造化看。

輓黃義叔【在直】

華山崒嵂錦水漪，天以名碩生於斯。
畜翁位德皇猷贊，華齋名節孫謨貽。
逮夫五世藏園公，有斐文行士友推。
賢祖爲祖賢父父，義叔之賢來自玆。
天賦有異兼義敎，學由本領早孜孜。
愛親何但口體養？晨夕上堂容聲怡。
友弟奚徒壎箎唱？日夜聯床樂熙熙。
況又才華拔乎萃，滿架詩書業弓箕。
發爲文詞敏而精，騷壇老手莫能疵。
以若抱負以若行，一名未成緣數奇。
貧能力穡郭南田，足爲仰事俯育資。
間嘗遣懷山水間，俗離、金烏與洛湄。
我幸與公同臭味，一牀談笑去毛皮。
冷泉水石聯遊屐，金陵花雨餞歸巵。
會少別多無窮恨，百里申勤赫蹄馳。
忽驚公化一日病，《郢雪陽春》更和誰？

古今何限夭而折？如公情界最堪悲。
堂上莫慰七耋老，身後零丁六歲兒。
欲將此理問蒼天，天無言兮我何其？

次朴致亨【賢默】贈別

卄年重接謝宣城，鬢髮蒼然口氣淸。
黃、虞何遽皆淆俗，郊、賈雖窮尙後名。
花柳任他鶯世界，雲山穩此鶴平生。
莫道文章無實用，一編《心史》大家聲。

輓李元直【相誠】

契誼仍先篤，情知許已深。
精明高士見，敦朴古人心。
漳臥醫難着，河寃理莫諶。
居然墳艸宿，揮淚一停琴。

輓申景賢【禎應】

累世分居嶺北東，相知相愛孰如公？

崑邱佩酒尋春暮，篁榭聯詩到夜窮。
已矣玆遊難復續，嗟乎餘日與誰同？
心交太半重泉去，空抱峨洋淚滿瞳。

輓李參奉稺凝

憶曾蕭寺讀書時，浦月山雲許兩知。
疑難事上精明見，榮貴家中儉素儀。
至孝靡終天可柰？微啣不稱世咸咨。
那知二月申勤札，遽作凄凄千古辭？

與卞星如【東玉】、暉瑞【廷奎】、暉運【源奎】遊古見菴

見菴高百尺，春日共躋攀。
氷或留巖隙，天多漏樹間。
棧危兢着足，山靜好開顔。
認是仙眞境，行尋不欲還。

龍泉精舍次板上韻

祭夷餘菊爲公栽，多士繩趨路不苔。

筆舌貞忠霜雪凜，海雲歌曲古今哀。
一部《春秋》無地讀，當年花葉驗時來。
今行倍切愀然感，更上西風落帽臺。

輓金士赫【程遠】

講誼同中表，許知有寸心。
親廚供孝篤，宗牖攝誠深。
違診難追往，痛亡可柰今?
慰公身後事，賢嗣也應堪。

爲祠院復設，齎疏發行，宿洛東津

踰危皆石确，涉險又風波。
世路元如此，人心較若何?

輓張主簿 景會【有良】二絶

虎榜承先業，兵曹薦吏材。
三年遊宦意，奉檄擬南還。

同祖同隣誼，險難死以期。
如何先我逝，孤立淚雙垂？

輓藏園 黃公

玉儀薑性律加身，弊屋空瓢樂八旬。
師承立老詩書禮，家襲華翁孝友仁。
幾聞平日文章煥？深痛吾林氣數貧。
闡先大筆警愚札，盥讀時時淚滿巾。

輓進士宋公【鴻翼】三絶

我愛高岡鳳，德輝千仞翔。
世今衰已矣，鳳去但高岡。

經帷老師望，璧沼妙年聲。
歸臥林廬寂，操高見亦明。

戚誼兼先契，多公不我遐。
前冬未畢誨，梧月起人嗟。

輓申宣傳孺鉉【相禹】

博洽弘儒識，軒昂古將風。
一啣終白首，疊禍柰蒼穹？
鄉飮宛如昨，巷居寂若空。
詩書世世業，餘蔭佇孫桐。

輓護軍呂公【應奎】三絶

夫公獨愛菊，高潔一生秋。
公去菊猶在，爲誰晩馥留？

滿架詩書禮，工夫至老年。
眼昏猶不廢，教子讀之前。

一子賢而孝，方知義教然。
倚廬摻手痛，講舊涕漣漣。

輓護軍宋公【天欽】

德備溫良福備圓，恩緋增彩璧池蓮。
歸來蓬島仙緣是，隱處高山世道然。

只信追從多後日，那知乘化遽今年？
吾家故事因誰問？一夢人間感淚漣。

輓張縣監 元謙【福遠】

樂有新齋父，難爲谷隱兄。
詞華才逞敏，幹局運回亨。
孝友家謨在，循良吏績成。
螟兒能繼述，材器妙年聲。

輓張仲謙【祿遠】

有斐谷隱子，秀出玉山鄕。
其儀如玉雪，其性如桂薑。
其才如繡虎，其氣如曙霜。
況承新齋敎，童丱學知方。
及遊定齋門，蔚有聲譽彰。
經術精而博，文章雅且蒼。
禪菴同唱酬，龜社與翶翔。
面猶不盡意，尺牘滿塵箱。
擧目成塵跡，忽忽海翻桑。
幸公不朽存，寶唾巾衍藏。

輓黃振應【鐸】

故人奄已矣，吾黨轉凄其。
風寂華山樹，月高錦水巵。
號天柰尊老？啼栗又孤兒。
知否餘生淚？山陽聽篴時

輓都正鄭公【墧】

顔巷平生樂，衛箴老日工。
非徒哭先誼，南服士望空。

輓尹周憲【欽道】

仁孝如公士友欽，克家何必待纓簪？
禍餘勤護宗孫宅，老去終全赤子心。
病猶不廢廬陵讀，貧亦常酬北海斟。
知爾螟兒賢且秀，滿箱經籍勝籯金。

碧寒亭敬次朴无悶堂板上韻

先生天下士，蘆月秋江船。
不換三公意，遺亭幾百年？

輓張水使 穉道【斗衡】

志若豪鷹氣若虹，與卿深眷自宸衷。
出治邊郡儒風蔚，入衛清朝將望隆。
萊閫高唧嗟未及，夜臺歸旆又何忽？
同宗誼重同心契，落月空樑淚兩瞳。

輓李都正 基彦【肇秀】三絶

淸眞君子操，端謹古家規。
況又評文席，老師大眼推。

老年遊宦久，聲望重長安。
世道知無柰，東江鷺夢寒。

自少心情篤，由前氣脈聯。
誰知來往事，江月至今懸？

輓張成之【鳳儀】

周確廉平果且淳，布衣事業八旬春。
墓前儀石推傍祖，門外輪蹄有遠賓。
闔族歸心欽艶久，此生荷念過從頻。
公今棄世猶餘慶，朗照明珠箇箇珍。

輓呂監役 源馹【奭奎】

天如有意降斯人，才賦英華性賦淳。
一命清朝期且大，三呼旅舘夢耶眞？
遙憐月軸相酬地，可耐梅樽獨對辰。
身後明珠圓箇箇，百年宜驗好施仁。

輓李進士 允吉【相喆】

世好相將友契成，潭翁古宅不虛生。
早登太學令名著，晩屈長沙大義明。
那復往年鷄黍款？偏傷暮道海山情。
賢咸大闡公歸後，遇喜增悲八耋兄。

輓張進士 九老【源杓】

蟬嫐鶴渠宅，魁梧海隱公。
文章多薄數，進士少酬功。
貧亦高人樂，病猶舊日聰。
有兒如燦在，就養極其忠。

輓黃達夫【在中】

父有藏園兄玉下，家謨有自又公賢。
至窮心尙持淸白，騍看書能透奧玄。
吾所平生推重大，君何今歲別離先?
泫然如接慇懃面，心畫猶餘滿篋箋。

輓卞星如

却恨春翁宅，如公晩見之。
窮居猶簡傲，謾詠亦淸奇。
靑眼無今日，白頭又幾時?
遙思同賞地，山月冷垂垂。

輓宋兩吉【廷薰】

公家摧廈樑，吾輩斷琴絃。
拊念公平生，最蹟堪可傳。
待人慇懃意，一毫不修邊。
聲名動京洛，《淸晨、月露篇》。
尤深闡祖誠，恩謚賁九泉。
白頭從遊樂，忽忽等電烟。

輓僉樞金公【澐教】

公家公又降，南社主文盟。
德齒爵三達，生長老太平。
全鄕咸頌福，介胤柰隨行？
先執今無在，偏傷孤露情。

與黃濟普【萬善】宿直指西菴

寺起黃山第一層，孤僧趁夜剪香燈。
星精化石淸如佛，峽氣通溪冷欲氷。
壯麗元來名最著，深幽大抵畵難能。
此來已竭衰微力，十二諸菴遠莫登。

贈別外弟李秀玉【在鍾】

送爾宜吾惜別詩，萬千情緒可能詩？
詩如難盡無詩可，谷鳥嚶嚶總我詩。

輓鄭建叔【五錫】二絶

仲公骨已朽，一憶一膓摧。
尙慰夫君在，儒風佇挽回。

一部陳箴說，荷公筆削之。
手痕宛如昨，凄愴不堪披。

輓李致亨【奭相】

珍重瓊琚尙在箱，有時披讀所思長。
如今不禁云亡痛，日暮乾坤獨立卬。

輓黃濟普三絶

盤翁爲祖雨坪爺，況又公姿玉不瑕？

也識南州儕友望，由來世德自生華。

平生鵬鷃許翱翔，玉洞花箋錦水觴。
大抵人情容易淚，等閑離別亦沾裳。

天奪公賢棄我愚，《陽春歌曲》不勝孤。
詩禮名家聲不斷，季難方篤實工夫。

輓卞暉瑞二絶

我生今世晚，猶得古人看。
淳朴難醫俗，八旬一布寒。

情爲追隨篤，知因許與深。
鳳臺、文榭月，絃斷不成音。

輓金上舍致雲【基漢】

痛哭南天璧月昏，好男無復好家門。
死爲人惜生爲愛，生死於公見所存。

輓李監役 景日【邁秀】

艷公殊異等，愧我忝同庚。
經帙青年業，恩啣白首榮。
梅湖非舊主，桑海柰餘生？
令季淚相對，偏傷半割情。

與宋肅顯【廷奭】、許時胤【祚】、時益【禧】、李汝雷、宋康叟【寅濩】向金烏山，路過獅子洞瀑

劈瀉千尋濺濺湍，靈源肯許俗人看？
後流常逐前流急，及到滄溟也得安。

金烏山

頭上青天高反低，金烏聳出洛江西。
堠望凜然群戟束，藥師危似鳥枝捿。
山深夏木鸎初囀，雨過春城草已萋。
誰使吾儕遺世外，故教前路霧雲迷？

藥師菴

百丈蒼巖聳出天，背巖危構昔何年？
前臨懍愓千尋壑，俯視迷茫九點烟。
層棧懸高愁援狖，餘花留僻托啼鵑。
回憶前遊今幾歲，白雲流水續清緣。

堠望臺

萬里烟塵望裏生，此臺所以得其名。
如今海國無邊警，月篴雲笙一任淸。

採薇亭伏次御製韻

東國有孤竹，先王待子陵。
金烏仰彌卓，孰不聞風興？

甲朝述懷

詔子莫稱慶，世人多甲年。
平生《蓼莪》淚，今日倍潸然。

次考槃精舍重建韻

《春秋》大筆筆生香，夫子編成卽此堂。
不幸衛完中有廢，那圖楚定復爲光?
山川依舊留精彩，風雨從今戒朽傷。
誰識考槃當日意，霽行潦止任天蒼?

不知巖精舍重建韻

三間五架尙依前，經始居然十七年。
在在遺芬餘水石，悠悠往劫但風烟。
鬼護神慳如許地，鳶飛魚躍自然天。
繼述豈徒肯構已? 申勤禱頌意無邊。

輓張判官 己百【錫鳳】

往年哭谷隱，今年又哭公。
年年哭倚仗，此淚詎有窮?
噫我心好公，自弁至老終。
雲山縱有隔，神晤自在中。
而今若公鮮，衆美萃一躬。
性氣寬而確，儀容皙且豐。

矧伊精敏才，聲譽自丱童。
二十上國庠，取次筮潮鴻。
斲輪老手段，少試三州雄。
翻然退修初，鷗鷺洛水東。
榮顯豈止身？滿室春氣融。
卿月棣床輝，璧蓮寶樹叢。
但欠仁者壽，六十去何忽？
贖百今無路，偏傷孤立翁。

輓許進士時胤

惜死復念生，病枕淚自然。
儀何豐哲敞？氣何傑確堅？
賦受如許異，文詞且得專。
壯志初題柱，薄數晚搴蓮。
平安花石庄，招邀文酒筵。
翫世任諧謔，隨事稱方圓。
虛受狂夫牖，寒戀故人綿。
公我許心契，已從弱冠年。
蕭寺魚鳥樂，龍岡風雨眠。
不耐情思苦，陸續短長箋。
世事翻桑海，人生等電烟。
衰頹尚人間，公何不少延？

輓張進士 佑謙【祐遠】

刼界吾年已過稀，年年哭死淚無睎。
恨爾兩兄皆早世，如何上舍又隨歸？
花石幽庄餘手澤，絃歌古里寂音徽。
猶慰九原瞑目處，滿庭珠樹自生輝。

輓金直長 聚五【奎應】

人今氣猶古，豈肯合時爲？
久矣卽調望，居然櫬返悲。
癃兄長撫枕，介子獨號私。
此日巨卿我，素車春水湄。

輓柳進士 景大【基榮】

去登仙閣昔何辰？一見知爲幹局人。
璧沼榮名何暮大？麥舟高義遍疏親。
古渡那知延釰合？新阡應待范車臻。
忍看詩章留在篋，只令老物動傷神。

和贈宋舜佐【浚弼】

愛君志學弱冠時，門路雖賒莫患遲。
眞工敢忘曾三省？潔操當如楊四知。
玉因磨琢能成器，木以栽培可達枝。
區區勉語念之否？四韻詩中萬里期。

自道東泛舟，向江林講會所

放海江心日夜流，船頭指點杳茫洲。
疾徐宛似知章馬，安適何如庾亮樓？
盃酒遠賒浮白興，峯巒倏過惜靑愁。
今來地勝兼人勝，認作生平第一遊。

宿合江亭泛月龍華二首

爲尋先躅此江浮，江氣淸凉興莫收。
白鳥去邊生遠峀，蒼波合處起高樓。
先天影子眉山月，特地風流赤壁秋。
敬閱屛風當日畫，玆遊可證等閑鷗。
【昔吾旅軒先祖，泛舟合江亭，亭主人圖畫屛幛，泛泛沙鷗亦一奇景，故末句及之。】

雨後滄波渺渺生，中洲撑出小舟輕。
傍人莫費推移力，止可止之行可行。

和贈盧允行【秀五】

始接夫君雅且飭，江齋幾夜剪燈紅？
大歡一肖生而秀，古道三難爨亦同。
言因心得能形外，事到時宜可合中。
臨行說與區區意，浮世功名不是雄。

輓金都正 應五【奎漢】

世皆交以面，我獨識之心。
春苗施仁藹，秋爭見義深。
對斟花感舊，同賞月孤今。
後會諒非遠，寒牀老病吟。

輓安進士 景顔【鑽】

仁何壽不稱？一瞥六旬秋。
種德雪山宅，福應爲後留。

覺軒壁上志感

吾祖軒名覺，應令來裔覺。
蒙何忝爾生，百不一於覺。

輓金仲振【泌東】

而仁胡不壽？吾黨運凄其。
生憂死亦慘，無兒有老慈。

輓李致平【秉銓】

一見識公面，再見識公心。
端潔心如面，自然交契深。
況又沖澹性，發爲短長吟。
櫟質堪依昔，芝香柰萎今？

輓李監役 聖瑞【以麟】

我愛李監役，渾然自雅儒。
平生安擧止，隨事緊工夫。

彼奪何容易？ 此生益覺孤。
牀書猶有託，庭樹總如珠。

輓都德老【允坤】

少日同鄉誼，老年訪峽情。
詩餘陶、謝髓，筆幻鍾、王精。
丹旐歸何處？ 白頭立暮程。
孫桐抽直榦，佇見振家聲。

輓李監役 伯問【萬淵】

痛哭復痛哭，我何哭公哀？
不哀一命止，不哀舊業頹。
惟公仁與孝，福祿宜兼該。
如何天不佑，忽忽年壽催？
欲見公心事，方塘寶鑑開。
欲見公儀表，白玉堂前梅。

洋洋齋落成韻

檜柱松櫳肯構年，洋洋揭號豈徒然？
想來氣像春風在，記得詩篇月露圓。
杖屨常如臨這處，苾芬猶可徹重泉。
賓朋爲獻《斯干》頌，好是榴花五月天。

輓裵季卿【貞祚】

坪門承授訣，垂老見書知。
贖百嗟何及？今歸奄一期。

輓安護軍 乃叔【欽】二絶

雪月襟期錦繡腸，八旬遺野篤倫常。
子不有身承義教，直言當日鳳朝陽。

龍華行樂昔何年？自恨西東晚見賢。
癃疾支離孤寄淚，此人其柰奄歸先？

芳艸亭次板上韻

芳草名亭麗景新，滿庭芳草憶前人。
至今一室團和氣，認是當年子諒春。

墨坊有感

林深皆別界，壁立更新顔。
吾祖避兵地，然疑久不還。

追悼張舜京【聖冀】

夜夢宛相接，存亡幾十秋。
孝慈與友睦，此世有誰侔？

輓崔範九【昌洛】

行治隔地聞，見解得書知。
那料追隨願，遽爲哭訣詞？

輓鄭同敎 穉仁【來錫】

新安秉拂老，文穆稱家孫。
須盡顔瓢樂，胡爲卜淚寃？
行言顧四道，位望達三尊。
異說橫流世，公歸有誰援？

輓李監役 舜瑞【淵性】

詩禮繩前緖，經綸牖後規。
粉旌監役字，豈乏聖明時？

季崇晬日述懷

爾生長至日，期望異於人。
父母視家鳳，弟兄擬席珍。
柰何司馬病？又此子雲貧。
不意癃衰我，見君初度辰。

墨坊十詠

勝日扶衰眞境覔，一川左右但蒼壁。
此間有路空踟躕，羃霧棲霞滴復滴。
右覔眞灘

澗谷深深長剡藤，靑皮刀割白如氷。
箇中莫道層磐寫，願借倫工任所能。
右垂藤澗

巖形凹凸水流雙，震蕩龍吟不覺慢。
放去何嫌沙礫碍？活源終可到滄江。
右雙流湫

淵淸無底洗塵心，到此令人發省深。
棫樸能知寒水性，故教春夏覆高陰。
右洗心淵

爲障川流老石盤，精輝最好雨餘看。
洗去纖塵呈本態，原來水氣四時寒。
右盤陀石

臺雲遙望墨花玄，暗暗松梢細和烟。
也識無心來去地，好傍仙鶴不知年。

右玄雲臺

巖精鍾得老峯筆，圓體尖頭水落出。
傍抽林木遙書空，誰識天翁造化術？
右筆巖

星精化作此磐硯，何待人工琢且鍊？
澈底玄潭云有龍，行雲變化何時見？
右硯磐

數丈鳴波兩耳鼓，聲聲揚抑復吞吐。
添得飛泉幾度寒？憂國願作人間雨。
右鼓瀑

歷盡艱危忽得平，亂峯低處眼開明。
癡漢敢言仁智樂？滿林啼鳥各新聲。
右平川

遊大興 墳菴【幷小敍】

昔吾祖訢[1]梅公年八十三，遊大興山。當日諸弘碩陪遊帖，至今爲後承面目。是歲壬辰重陽前六日，族從大能【錫穆】、士元

1 訢 : 저본에는 "訢". 족보에 근거하여 수정.

【錫基】、百能【奎相】訪余甪里山中，爲言一暢於大興水石間，余樂與之同。從祖弟應八【時潤】、吾叔季叔厚【禧樞】·季崇、從父弟中立【弘樞】、族子錫裕、隣族誠悟【心澤】·義伯【升澤】·申聖可【永斌】·徐德一【鴻烈】、兒子錫贇·錫贊、從子錫賀從之。又有星西修士宋浚弼適至，村內年少相學、相貞、止遠、錫吉亦參。不期而盡東南之美，白髮青衿，輝暎左右，偶與吾祖當日遊相符，曠感當如何？因歌詠而成一帖，以備山中故事。

洞門一出政三秋，往事悠悠溪水流。
蒼苔路熟交迎袂，黃菊花開遍揷頭。
老年一暢誠非偶，明日相分亦是愁。
玆會不徒遊賞已，梅翁遺躅此中求。

輓鄭進士 景勛【八英】

壽宿收光璧月昏，故家誰復典刑存？
此來擬續同鄉誼，黃鳥深山獨掩門。

哭李養直【賢栽】

多才非福祿，薄命是聰明。

千古香山筆，獲吾哭爾情。

輓金鉉可【台應】

行義隱居董，文章獨步韓。
此世斯人去，孤寄淚汍瀾。

輓金持平 繼孟【興洛】

學術宗陶老，義謨襲鶴翁。
況承坪上訣，齎得士林恫。

輓金舜暐【鳳來】

晚寓伽南許以心，陶然其樂在書琴。
孝思寶篋編先簡，至論函筵共士林。
賦質依如藏櫝玉，教經何羨滿籯金？
爲賡齋韻《薤歌》替，忍哭夫公送碧岑。

輓許時益

逑行行何茂？記情情莫邊。
都將千萬緒，留待會重泉。

次許貞叔【永】二絶

誠中形外知，端潔著辭色。
老老禮尤勤，脩程一再索。

若論爲學要，其大當先立。
樂有南黎賢，應多耳咡入。

和贈許景曾【容孝】

愛君金玉質，勤業且精微。
明訓具經籍，何憂前路迷？

和黃同輔【蘭善】禪菴留贈韻

往年風雨裏，微君肯我尋？

一宿猶餘戀，謂言更把琴。
冬寒尙凄凜，應怕出窮林。
後會知未易，俱是老光陰。
情書願替面，毋爾金玉音。

謝鄭應天【容九】惠寶硯

非銀非玉又非金，異品知從泗水潯。
恰似潭龍成變化，長時噓起黑雲深。

題農山鄭公遺稿

我與農山子，迢迢不同鄕。
但願一識地，如何死歸忙？
幸得寶唾拾，餘什備知詳。
志操廉且潔，性氣直而剛。
折節惇行源，斑舞雙老堂。
暇日遊江門，奬許出尋常。
藻思自不群，四勿九思章。
安貧與節用，況是律己方？
如賢世誰知？七旬老林塘。
眼有賢胤託，願言闡幽光。

何待寂寥言，俾寶巾衍藏？
千載朝暮遇，會待子雲揚。

贈李聖瑜【萬瑾】

前冬送子路，悵望征車轟。
暮境何稀見？閑居獨養精。
山光悅鳥性，水氣任魚情。
吳洲幾夜月？相思寸心傾。

疏

擬請愚山書院復設疏【己巳】

伏以臣之道內臣文莊公鄭經世卽宣廟朝儒臣也。道學之淵源，扶社之貞忠，繼開之事功，備見國乘之記載、諸賢之贊述，臣等請爲殿下誦之。

鄭經世少嘗受學於先正臣文純公李滉之門人文忠公柳成龍。一心向道，如水必東，如矢注的。探源於洛、建，接響乎洙、泗，此其道學之淵源也。

當島訌，見君父蒙塵，奮不顧身，倡義斬捕，聖朝嘉之，命加爵賞。洎乎經筵陳對，疏箚進誠，惓惓於引君當道，以至應求言、陳時務、論災異、議喪禮諸說，皆從三代名臣訓誥中流出來。朝野想望其風彩，如祥麟之在郊藪、儀鳳之翔千仞，此其扶社之貞忠也。

窮理以致其知，反躬以踐其實。著《思問錄》，撰《朱文酌海》等書，晩而益精於禮學，斟酌情文，證訂古今。凡國朝典章，私家常變，皆有所據，俟百世而不惑，此則繼開之事功也。

於乎！鄭經世道學之淵源，扶社之貞忠，繼開之事功，既如此，則其在尊衛之道，煌煌恩額，宜不後於國內額院，而如同時諸賢文忠公臣柳成龍之屛山、文穆公臣鄭逑之檜淵、文康公臣張顯光之東洛，皆已扁額，恩寵極矣。獨鄭經世安靈之主院，則以臣等誠力之不逮，尙今名不著於國乘，事不經於朝命，豈意戊辰秋混入於鄕社毁撤之中耶?

臣等奉教愕眙曰:“我殿下尙賢崇德之意，豈無眷顧於文莊?”而以臣等之未遑請額，遽至於此，臣等聚首相弔，無地自容。

於乎！書院卽三代黨序之遺制，而爲明道學設也。道學是國家之元氣，聖賢是道學之宗主，道學明，則人心善，人心善，則風俗美，風俗美，則子而知爲孝於父，臣而知爲忠於君，儒而知義利王覇之辨。扶植人紀，維持國脈，何莫非道學之所由致耶?

是故先儒以漢祖過魯之祀，謂有四百年基業。宋朝置四大院，南渡多艱，猶尙書院。際明隆盛，遍置天下，祠院依歸多士，此豈虛設哉? 實有關於基業之久促、治化之汙隆、人心之向背耳。

吾道東，我國家學校之設，一遵華制。又因先儒臣周世鵬之創白雲洞書院，命名紹修，頒經奬勸。大小州縣，聞風興起，爭立書院，敦尙教學，使節義之盛、道學之明，無愧宋若明，而稱小中華者，皆崇德報功培養士氣之化也。

柰之何? 世道日下，士趨日卑，各尊其祖，各私所師，苟有明一經、齊一家之功，咸爲之廟祠而通稱書院。今慮其極盛，而遽下防禁之令，千里疆域，一朝掃如。

噫！彼千巖萬壑琳宮梵宇無父無君，尙依全盛，而惟吾林藏[2]修之所，百不存一，至使抱經求道之士，遑遑焉莫知所之，此實無疆之憂也。臣等以爲一世所公議、一國所宗師者，殿下雖今日撤之，而明日復之。是誠脗合於天理之公，而允愜於人情之正矣，非眞石介所謂盛德事乎？

昔明高皇帝怒黜鄒聖位牌，而因錢唐之極諫，卽收黜去之命。我孝廟命撤辛丑後新設書院，而因金昌欽之上言而旋復。

臣等於當日嚴旨之下，非不知一言以死。臣之事君，猶子之事親也，不幸親心或至於不豫，則爲人子者斷當罪己責躬，姑承順而致悅，然後得盡所懷，恐不爲晩，故恭俟今日，敢披肝瀝血。固知人微誠淺，不足以上激淵衷，而猶不能自已者，爲國家也，爲斯文也。

伏願殿下仰明皇之優典，體烈祖之大德，特命復設鄭經世之廟，毋少吝焉，則非但殿下察邇擇蕘之德，罔專美於前聖，國家斯文之幸，抑有經遠祈永之休矣。言不知裁，罪合萬死，惟聖明留心澄省焉。

請勿改衣制疏【甲申】

伏以臣窮鄕布衣，無聞於世，而年前一命之官，謬及臣身，數月之間，受恩稠疊，感激之深，惶隕居先。臣年老且病，

2 藏 : 저본에는 "莊". 문맥을 살펴 수정.

圖所以報答萬一，而不知所出也。不意近日國家有非常之擧，斯文有將墜之漸，臣雖無似，敢不竭智盡慮，一言自效，以報殿下之恩哉？

臣伏見聞五月二十六日聖旨下者，道袍、直領、氅衣、中衣幷革去，皆着窄袖周衣。臣固知殿下憂勤惕勵，刪繁省費，亶然一出於節用愛民之心。然歷古聖王之治，自有本末緩急，不治本而治其末，不務急而務其緩者，臣未之聞也。

殿下以改服爲節用耶？今日用度無節，公私俱罄，恐非改服一事所能救其萬一也。殿下以改服爲愛民耶？今日民生倒懸，政煩賦重，亦非改服一事所能救其萬一也。

臣竊謂殿下欲節用也，莫如勵廉恥、禁奢侈、除冗費、革商販，此今日節用之所本而所急也；欲愛民也，莫如興孝悌、薄賦斂、察贓汚、正科規，此今日愛民之所本而所急也。殿下欲行此數事，莫若先正其心，此又數事之所本而所急也。

何謂勵廉恥？夫廉恥之心，生於禮義者也。古者民知禮義之爲重而興廉知恥矣，降及後世，禮法漸壞，貪鄙成風，義理不明，民恬而不知恥。怙勢之人則武斷鄕曲，强食弱肉，不知禮義之爲何物。貧窮之民則豐年樂歲，不得仰事俯育。惟一衣一飯，得之則生，不得則死矣，何暇顧禮義知廉恥乎？殿下必道之以德，齊之以禮，使民廉讓至於無恥，則凡不廉之事，可恥之行，雖賞之而不爲矣。

何謂禁奢侈？堯、舜、三代之盛，所居茅茨，所服食菲惡。後世則不然，陵夷至於今日而極矣。宰相之門葛屨不得往，輿儓之人文繡爲常著。衣弊緼，則行雖修，而不齒於人；乘字牝，則官雖卑，而恥與於會，此無他，在上之人導之不得其宜矣。殿下一朝，身衣弋綈，鞋不穿韜，則公卿宰相不敢不從，公卿宰相不敢不從，則庶人厮役，亦將不令而自禁矣。

何謂除冗費？古者三年耕，有一年之積，以其量入爲出，而經用有常也。今也不然，正供有限，宮中之費用無節。臣野人也，不詳宮中之費，夤緣何事而第聞戶惠之錢穀俱罄，官僚之頒祿久曠。嗚乎！此皆農民一年之膏澤，而殿下用之不滿一朝，此臣之所太息而深憂者也。

何謂革商販？自古聖人，柔懷遠人，特羈縻不絶，未聞以通商開販爲厚生之道也。雖使本國之農，養本國之人，猶患生之者寡、食之者衆，況以區區海隅，列國之人連年經歲，則一國之農，詘而不贍，不待智者而可見矣。且以商販言之，各港收稅，各局取利，未聞贍國之用，而列邑常供，反歸他國之償債，則其無益而有害也明矣，烏在其節用之道乎？

何謂興孝悌？夫孝悌也者，爲仁之本也。古者人民，各全其所賦之性，而咸知其爲仁之本，父父、子子、兄兄、弟弟、長長、幼幼矣。今教化陵夷，民俗頽敗，父子無恩，兄弟乖和，長幼無序。子之財雖貫朽，而父不得以資用，父之言雖當理，而子必反唇而相稽。兄有錢財，弟起爭訟，長不懷幼，少多凌長，亂常斁倫，到此極矣。有子曰："其爲人也孝悌，而好犯上者鮮矣，不好犯上，而好作亂者，未之有也。"

噫！昨年軍卒之變，誠古今之所無，而鄰國之所羞也。

凡有血氣者，孰不痛骨而寒心哉？《傳》曰："上老老而民興孝，上長長而民興悌。"殿下以大舜、周公之孝，躬先行之，則民皆興孝興悌，而知所以死於長上矣。

何謂薄賦斂？哀我窮民耕織資生，而結役戶布，上下公納，各樣名色。年加而歲增，以一年所獲之穀，計一年所納之稅，常有不足之歎。由是言之，農旣無利，宜其農民之不事農。然目下無資生之術，黽勉耕田，盡歸官吏之乾沒，而竟至妻子之委壑。哀彼元元不堪其苦，遂生不義之計，自歸剽竊之黨，而甚至劫掠官府，行路斷絶，此國家剝床之憂也。百姓足，殿下誰與不足？百姓不足，殿下誰與足也？

何謂察贓汚？國之興衰，本乎民，民之安危，在乎守令。守令者，上而分殿下之憂，下而牧萬姓之繁。殿下宵[3]旰憂勤，歲降絲綸，前後敎飭，不啻嚴截。然上敎竟歸文具，下民不被其澤何哉？善事左右，彌縫苟且者，雖不治，不害爲善治；慤實老成，不事苞苴者，雖善治，不免爲不治，殿下深居九重之內，何由而知其情狀哉？

何謂正科規？科擧之弊，其來久矣，而未有若今日之甚者也。上自公卿以及守令，皆從科擧中得來，則此人君之所當謹愼也。殿下前後設科，一心秉公，近日鄕貢之選，可謂卓越百王而挽回古道矣。

然臣愚以爲取士以文詞，已非古制，而今之所謂詩賦時文，尤其文詞之無用者也。擇其能於時文者，已無可補於

3 宵：저본에는 "霄". 문맥을 살펴 수정.

治道，況御座尊嚴之地，挾隸而借製者有之；試官面試之席，循私而冒選者有之。所謂孝廉才諝之選，依舊是通頭關節之風。取人如此，安望其國不蠹而民不病乎？

從今以往，專廢詩賦功令之文，一依鄉貢之法。自公卿至于牧伯，各薦其幾人，取其經術行誼可以爲師表者，而升之太學。殿下親臨考試，問以救時之策，取其尤而用之。其或有所薦之非其人，論其薦者而罪之，則如是幾年，士風可以端謹，宰相可以得人，生民可以被其澤矣，此豈非愛民之最急者乎？

凡此數事，皆節用愛民之本，而今日之急務也。雖然，其本則又在於殿下之一心，殿下之心不正，則殿下雖欲行此數者，不可得矣。夫天下之事變多端，而無一不本於人主之心者。人主以眇然之身居深宮之中，安得以周知天下之事而盡察天下之賢否哉？其心正，則天下之事無一不出於正，而天下之人不敢以不正欺之；其心不正，則天下之事無一不出於不正，而天下之人不欲以正道進之，此必然之理。而大舜所以有"惟精惟一"之戒，孔子所以有"克己復禮"之訓者，皆所以正此心而爲天下萬事之本也。

伏願殿下日御經筵，講千聖授受之旨，考百王興亡之迹，"正其誼，不謀其利；明其道，不計其功"，則自然視明聽聰，周旋中禮，而事之是非，人之邪正，了然心目之間，其效至於知人而安民矣。宮闈之內，端莊齊肅，上憚下謹，以至發號施令，群聽不疑，然後紀綱得以振，政事得以修，此朱子所謂"家之正而左右之正"，而朝廷百官、六軍、萬民，無敢不出於正，而治道畢矣。

嗚乎！國家今日之勢可謂寒心。殿下雖廓揮乾斷，澄本清源，恐非一日之功，何況區區改服之擧，寧足以措國勢如泰山，鎭民心如磐石耶？縱令所改之服，盡出禮義，猶爲末務，何況不經不正而非祖宗之典章乎？

一自儒宮毁撤之後，我列聖朝五百年培養之教，其將永墜於地，而但儒衣儒冠，猶有可畏可象之威儀，今又并此而無之，是豈不重爲寒心哉？蓋黃帝、堯、舜以來，爲文章以表貴賤，垂衣裳以治天下。其後三代有襴衫，秦之三等之袍，魏之綾袍環帶，隋、唐之大袖皁緣。雖或有因時損益之不同，然袂及肘而袷應方，冠有緌而帶垂緌，規矩之應，權衡之齊，此固不易之制。而王公有王公之服，卿士有卿士之服，儒者有儒者之服，處士有處士之服，武人有武人之服，乃天地之常經，古今之通義也。

殿下於此，何所不可而特以窄袖周衣爲上下通用之服也？《鄕黨》之朝服、明衣、弔服、寢衣、暑衣、褻服，不爲不多，而不妨其重疊而多費也。河南之烏帽藟袍，樂園之幅巾深衣，張拱徐趨，而未聞其袖廣而身不便也。長之非所以靡財，短之適足以損儀。名分混淆，上下無別，則將何以有辭於天下後世乎？

噫！聖廟朔望之參，祖先祀饗之奉，直將以常服行之乎？冠婚醮笄之禮，飮射儐相之節，亦將以常服臨之乎？儒武本非同塗，而儀章亦自不同，則儒服之雍容周旋，何關於戰士之馳驟衝突？而今欲戰服之儇利，并禁儒服之雍容，此臣之所未解也。

昔在翼考代理之日，有令曰："周衣是何制度？緇徒之服而服之妖者也。"以殿下天縱之聖，必不行翼考之所不行者，而無乃急於憂民省費之道，有不暇之察歟？

且夫殿下出一令，行一事，而在廷諸臣一辭承順，猶當察其事之可否，念其終之利病。況大臣、禮官、臺閣、館學，聯章屢籲，是必有不可者存耳。

從殿下之志，則順而有福，違殿下之志，則逆而有禍，此人臣之所共知也。今乃不從殿下之命而諫殿下之失者，亦豈樂禍而故犯哉？是其義理所繫，有不可泯默者也。

《書》曰："有言遜于汝志，必求諸非道；有言逆于汝志，必求諸道。"惟殿下留神澄省，亟收已成之命，以答一國之望焉。

臣年迫桑榆，無復可望於當世，而區區犬馬之誠，敢陳狂瞽之說。如其言可用，庶幾千慮之得，仰副殿下求治之意，如不可用，謹伏斧鉞之誅。臣無任瞻天望闕激切屏營之至，謹昧死以聞。

四未軒集

卷二

書

書

與新齋 張公

天將爲吾道一伸，今蒙恩宥，曷容慰抃？伏惟異鄕受生，遠路馳驅，寢膳無損，榮衛有勝，尤可驗學力處，爲之艷仰。

福樞拜候於聾川亭上，粗伸積仰之私，兼承舍達之旨，心非不切，而長汨湯憂，尙爾未遑。包容盛度，想必曲宥，而悚仄則深矣。

與藏園 黃公

屬玆陽復，德體亨泰？福樞定省之暇[4]，一任悠泛，中夜以思，祇自太息而已。

大抵爲學之要，動以見靜之所存，靜以涵動之所本，一動一靜，交相爲用，而《大學》不言靜時工夫，聖人教人用工，多在動處故耶？胡雲峯以正心一條，謂有存養省察工夫。然以《傳》文考之，忿懼視聽，皆是已發，則指以靜時工

4 暇 : 저본에는 "服". 문맥을 살펴 수정.

夫何如也？ 幸賜批誨焉。

答藏園 黃公

先墓誌文，盥手敬讀，感極而涕。亦不無一二可删可增處，標識伏呈，幸商量取舍如何？ 先稿校勘極精，并文又形容得到，當作傳家之寶。仰惟仁恩，銘感罔涯。

與藏園 黃公

愚院復設疏擧，自是不容已事，而八耋篤老，當此首任，堪居爲難。遞任亦不無畏禍苟免之嫌，未知措處何以得宜也？鄙名亦忝爬錄中，其在尊衛之地，雖受錢唐之箭，義有所不辭。若乃製疏之任，則其行其止，與他任名事體不同，望須詳細示及如何？

　　軒銘辭簡意備，當揭之壁上，以爲昕夕警省之資矣。

答尹方伯【滋承】

望實如閣下而自旌節南莅，尤切景仰之私，匪意下書，怳若獲奉冠履。就審旬宣有相，台體萬安，區區慰仰，實副遠祝。

福樞窮山樵牧，依分自遣。知荷腆念，俯擲兩種拜領，無以爲謝。施之者，自是韓山斗高義，而受之者，愧非盧玉川也。

答嚴方伯【世永】

按節南莅，聲光甚邇，猥荷降屈位德。伏承下書，苟非慕古下士之風，溝壑中廢物，何以獲此？就伏審台體萬康，伏慰滿心。福樞行年九十，昏昏仆席，只俟朝暮歸盡耳。賜一言之教，可見採蕘之盛德、澄淸之至意，實蒼生之福也。但垂死之物，神識茫昧，無以塞敎意之勤，無任主臣。

答李公【懿秀】

學固成己而後成物，未有己未成而能成物者也。福樞自成童，粗知科臼之外，有古人成己成物之學，不爲無其志。然內乏剛毅奮發之姿，外無師友策勵之益，有志無成，居然已三十有四矣。每閉門自訟，恭俟見斥於向上君子。乃蒙存錄，降屈年德，責之以輔仁，喩之以成物。仰惟座下非不知福樞無一長可取，仁恕攸及，不加鞭箠之施，而反致過當之敎，是豈平日所仰望之本意哉？

世道日降，士趨不古，獨座下以高蹈拔俗之標，加沈潛篤實之功。積眞踐實，成己有裕，其爲任顧重且大矣，後生屬望，豈淺鮮哉？願以餘波見及，則福也雖鹵，當竭力奉承，庶或有變愚爲明、變柔爲剛之日，而福也之成卽座下成之也。

答呂公【應奎】

福樞罪積不孝，禍延替事，孤露餘生，詥復靡庇。乃荷存錄，俯垂慰問，奉讀未半，感淚先零。

先祖入立巖時，永辭先壟文，考諸《年譜》，只有告儀而無文爲恨。今始得於先先生撰述中，微先生尊衛之誠，豈如是乎哉？感幸萬萬。

答蔡公【國烈】

謬詢服制一款， 自是先王之定禮。 孫婦之爲夫之祖父母服大功，從夫降一等也。出嫁孫女之爲己之祖父母不降，有歸宗之義也。豈當服功之孫婦，不服功而反服朞；當服朞之孫女，不服朞而反服功，有所過不及於其間耶？

與尹公【振玉】

月峯公家七廟變節，昔年景命之大人公，曾有所謬詢者，而未及往復。景命若其大人公，次第作泉下人，非惟立宗無其期，攝宗亦無其人，則爲月峯故家，實有無疆之憂。猥荷冥託，而以鄙家載籍未廣，未見權宜可據之文爲恨。近得李陶菴說，有問："宗子死而無子，將遷奉于最長房而合祭。無人可主，待吉祭後移奉，則無其期，或云措辭以告而當遷奉。"答曰"如或說，權宜行之，無害"云云，此可爲一據耶?

答李夏瑞【時容】

襞懷來書先獲矣，以審棣床膺難老之慶、帶下蔓川至之休，慰忭忭祝。福樞分外恩命，自多愧縮。凡平日心愛者，宜警而不宜賀也，何勤摯之乃爾耶?

　　數年棲屑之餘，屋役方始，而苟完無期。從君不病而病，去以益甚，愁悶柰何? 此邊座下牽情之地，每謂夤緣源源矣，衰老事自難如意。一奉居然已積年，古所謂"神交違面，住世無幾"者，實爲吾輩準備語也。

答李德厚【相善】

匪意惠存，以審臘寒靜養動止衛重。第季難兄數旬欠安，似涉輪行，自當不遠就復，而今衰年也，獻念滿心。《志喜》韻嘗緣情露拙，而旋失之者，天將以藏吾之拙，爲幸甚大，更何俯索之有哉? 然勤教有不敢違, 玆寫呈耳。

與張子仁

近工四七辨與數學是學之微妙處, 有不學, 學之當不得不措。吾輩讀書, 纔有一半點明處, 輒生厭倦之心, 又欲轉而他求, 于東于西, 了無得焉, 此乃福也之平日覆轍。敢此奉告, 不以人廢言, 益求其志, 如何如何?

答金應五

俯示兩世同忌, 而竝祭各祭之疑。按尤菴曰"祖曾忌祭同日, 當先後行之", 大山曰: "祖禰同忌, 恐不必逐位各行也。" 二說雖不同, 愚意則先後行祭, 恐不免窘束, 當依大山說, 同堂竝祭, 似甚便順。雖一堂竝設, 各祝、各參神、各降神、各獻酌、各辭神則各祭之義, 自在於竝祭之中矣。

至若祔位多而龕小難容處, 有一證。退陶曰"祔主龕小難設, 及其設酒果時, 出置東壁下行之", 梅山曰"分祔於東西壁下, 設位於階下", 此皆所祔位衆多, 而用權宜不得已也。幸深思而裁處之如何?

答金應五

示喩令孫爲亡從子立後，而今將服承重於季氏小祥之後，寔出平日篤友之至意。然若因大祥除服爲計，則不免見譏於禮家也。

昔有問於韓南塘曰"喪中爲後者，始於初朞受練縗，擬欲再朞除之"，答曰："大端失禮，如欲追補，自初朞始受服日，爲服喪之始，計滿二十七月而除。" 此則非南塘之創說也，乃《通典》已決之案，則座下何不察此，而只欲徑情直行也？福樞蒙陋，實難容喙於其間，幸廣詢博采，務從至當如何？

答朴伯賢【永魯】

承審望八精力，能撰輯《顔子大全》，可知學力之不以年老而少衰也。較諸福也之不學便衰者，豈不遠甚哉？第斤正增益之敎，實非迷劣所敢承當。論定中參列鄙名，不但爽實，亦涉猥越，抹去如何？

俯示"顔淵之喪，夫子若有財，則還與槨，朱子說恐不必致疑"。蓋喪具稱家有無，以顔子之貧，備槨而葬，有不免苟得之失，非顔子所安，故夫子所以不許。然禮緣人情，其在子視之地，若有備槨之財，似無不與之義矣，如何？

與李禹則【以宣】

禮書近又梳洗否? 竊瞯柳東巖《常變通考》爲禮家大方, 而於聚訟之中往往有未及斷案處, 識者猶爲恨之。幸以座下高明, 能刪煩就簡, 發此書未發之旨, 則其爲嘉惠, 豈其微哉?

鄕飮笏記, 乃尙之龍門書堂曾所行, 而雨坪黃公所錄者也。依敎呈似, 錄入於盛撰中似好。

向論尊德性、道問學, 尊德性而至洋洋峻極之大, 道問學而盡三百三千之細。 雖是兩項工夫, 而問學爲德性裏面工夫, 德性爲問學全體道理, 未知如何?

與徐穉仁

福樞少不耐寒, 到老益甚。數月山房, 穩過饕風虐雪, 而所得只是《三綱錄刊補》一事。大抵此書出於勵俗敦化之至意, 而其取舍之間, 或不無過中之行, 忘其僭越, 有所刊補。然謏見寡聞, 烏可免珷玞之譏耶?

祠院復設疏擧, 自是不容已事。凡爲儒名者, 皆有蹈白刃之志, 然後可得鳴寃, 其成敗利鈍, 只付蒼蒼之在上也。

答李汝雷

索居戀想，如飢如渴，忽奉寵翰，欣審定履珍毖。

曾於《心經》富有新得，箚記成書，猶有終非已有之歎，無乃身不體之故耶？以執事高明，何不知行竝進而有是罔殆之患也？況如福者，才鈍思竭，徒能讀是書耳，烏可望有補於黥刖之餘耶？惟幸親知如執事者，時惠德音，痛加鐫誨。滿幅纚纚，無非對證之良劑，而抑有一二合商量處。

大抵爲學，貴乎眞知實踐，成己而後成物，則不行之空言，有何益於身心哉？世之學者，志非不遠也，才非不高也，而苟或好名太過，爲人太甚，得一新知，有一善行，傲然自大，猶恐人之不知也。

飛揚躁擾之氣，不能按伏，入耳出口之弊，日漸滋長。所談者天人性命之際，而操存踐履之實則蔑如；所誦者聖賢道義之文，而正心修身之道則闕焉。其如是者，恐不免上蔡鸚鵡之譏矣。

《魯論》不云乎？“言之不出，恥躬之不逮”。又曰：“非言之艱，而行之艱。”吾輩一未得喫緊體察，徒坐說仁義，若一朝言不顧行，行不顧言，則其於欺世盜名何哉？

來教中，師德之賊者，不覺鋒穎太露。彼石奮雖是黃老之流，其所不言躬行，亦足爲處淆世之一端，而不害爲造吾道之一助，則烏可以人而廢言哉？

吾所謂“不言”，非當言而不言也，欲其先行而後從也；吾所謂“躬行”，非胡庸而馮樂也，欲其踐實而達德也，則語雖同，而意絶不同，兄何不察而有此過當之敎也？

其曰"有一長可取"云云，福所不屑，如有異道之人，生竝一世，斷當排其道、恕其人，使之回心向道，無絶自新之路，是乃吾儒之不輕絶人而盡己之心者也。至其不可正而後，痛絶之，亦不爲晩耳。

只信情愛之至，妄率至此，儻不一笑而鄙斥之否？向日奉復諸條，旣荷容納。又被牖迷之益，得以濯舊來新，受賜大矣。其從其違，具如別紙呈似。蓋欲言而不能發明其意思，臨書而不能模寫其言語，只緣平日見得無端的明白故也。愧歎柰何？

別紙

赤子心。

當兼未發已發看如何？

主一無適。

心貴乎無適，事貴乎主一，而若專心應事，則事不舛錯。故《敬齋箴》第五章，言"心之正，達於事"，而以無適先之，第六章，言"事之主一，本於心"，而以主一繼焉，其序次緩急，不得不如此。然主一無適，交相爲用，本無先後之可言，不敢臆斷。

人心惟危，道心惟微。

心一也，而有人心道心之二名，各因其所發而名之，非謂彼此相因而或危或微也。蓋人心發於氣，而氣本危殆，故其發也亦危；道心發於理，而理本微妙，故其發也亦微。若曰"道心之微，由於人心之危"，則人心之危，由於甚麽耶？

人能弘道。

《魯論》本旨，恐非指理氣論，只是從修爲上說，則示喩中"人心有知覺而能運用，故可以擴充是道而弘大之也，道體之無爲，安得以弘人哉"，此說得之。

豫讓。

讓之事，吾不知其可也。既已許身於范氏，而智氏從以滅之，則智氏於讓，爲不共戴天之讎也。烏可以一時衆人之遇，忍心害義，忘主事讎哉？此則宜不免再嫁之譏。

兄嘗以卿家爲恕讓之欛柄。然趙氏亦卿家，而讓以愧天下後世爲人臣懷二心者，不事趙氏，甘心作漆身呑炭之人，而罔念前後義理之相反。大抵不事趙氏是，則又事智氏非矣，既事智氏是，則不事趙氏亦非矣，何以譬讓於管仲？仲之所事，弟也，與其弟爭其兄之國，只是私於所事。故弟死事兄，容有可恕者，而當時猶有子路之疑問，況於讓乎？

讓本節俠士也，任情循私，只知爲知己者死，則其不可與管仲同日而語明矣。

答李汝雷

俯示儀文，以能問於不能，意甚盛也，爲誦舊聞。大抵服妻杖朞，彼以父服服我，故我以母服服之。然父在爲妻不杖不禫，禮經已言之，而獨於練不及者，恐不無意義也。

愚嘗問諸黃岳翁云，“不杖則不禫，以示壓屈之義。只行練祭，以示略具三年之體，此非創說也，乃愚伏諸先生已定之論，而似合禮經之旨”云云。若以壓屈而竝與練無之，則於不杖不禫之文，何必越練而只言不禫耶？想必折衷於其間，更詳細示破如何？

答李汝雷

遠遊臨瀛，洽費數朔，選關東八景，觀江海大洋，想浩浩胸次，尤有別焉，儻有助於讀書研性之工耶？第體上勞憊，寔爲奉慮。然歸自丹邱，必得羽人錬藥之方，些箇恙烏能敵金鼎氣耶？奉呵奉呵。

福綴拾《魯論》若干篇，塵冗妨奪，未見從頌涵泳之實。才思鈍竭，敢望溫理心得之效？但於“寡過”二字，覺得用功地頭。蓋酬接之間，存心謹畏，而一毫不放倒，則隨所遇而庶幾寡過矣。兄亦試依此加勉如何？

來喩，嘗責之以泯默，疑之以戒名，誠非知余者言也。顧余見素淺，識素膚，則助發朋友，非所能也；身未修，家未齊，則無實衒名，伊可恥也。以而一切退讓，姑守此不言躬行之科。然幸或異時賴天之靈，見高識富，而理義之無一不精到；身修家齊，而言行之無一不中矩，有名而名不愧于心，責人而人將信諸己，則烏可惡名而默晦哉？

至若“世無人可問而不語”云者，是何等說話而遽加於空空一癡漢也？奉讀未竟，汗下竟趾也。

《明誠十六章圖》，苟非見知之明、造詣之篤，何能說得到此耶？寄示則深荷不外，而求正則愧非淌劣所敢耳。

晉叔兄素以厚重明睿，兼得兄發問之益，想必長進一格。如福之索居鈍滯者，曷任健羡？

與李汝雷

亡妻練祀，以國哀在殯，旣不得依禮設行，則勢將退停，而凡他期服，當除於本祥日，如鄙服，則未練而遽除之，恐非具三年之體者也。愚意待他因山，卜日行練祥而除之，似合禮意，而未見明文，未知如何？

與李汝雷

向者面論《中庸》"道不遠人"一款，以階級言者，盛見非不精白，而愚意猶未釋然于中，試考。

本文"人"字，是概言衆人，"道"卽人所當然之道，而昭著于人倫日用之間，則道何嘗遠于人哉？但人自遠之，每欲離人事而求高遠，故特以"道不遠人"四字，以見道卽在人身上。指出"人"字，正要學者當身體認，雖至卑至近之地，盡其當然，則道便在是矣。子思立言本旨，恐非以道之階級爲言。若以階級爲言，則與下十五章之意亦無重疊之嫌耶？幸有以示破焉。

月川講會，定在今晦，爲望賁臨，指日奉告。

答鄭晉叔

審慰歲弊寒凶，定履衛重。滔滔此世，惟執事者能留意古人聲響，與龜岡李丈資强輔之益。又沈潛《思傳》，"誠"一字爲求道喫緊處。夫士之患在志之不誠，苟志之誠，何難得到聖賢地位耶？

福樞事與心違，欲入山恬養，則頹懶乘之；欲在家尋數，則塵冗奪之，窮年沒歲，無甚事濟得，政朱夫子所謂"猶豫以老其身"者也。

俯示"不可磯"之論，親之過小，而子輒怨怒，則親何有所容乎？故孟子以“不可磯”言之。親之過，比則石微激也；子之怨，比則水遽怒也。一有激石，水便怒號不已，水中豈可容一激石？此之謂“不可磯”也。“不可磯”是無所容一磯之謂也，與子之怨其親而不容也，奚異焉？

與鄭晉叔

福樞索居，鈍滯日甚。一日默數海內親知，直諒多聞如執事者，居近莽蒼，思有以奉尺素資警益。亦頹懶自放，不敢與之上下其論久矣，欲免下流之歸可得乎？

省溫之暇，學履淸裕？案上《朱書》，整頓得幾卷？而心與理相涵，有超然獨得之妙否？福樞亦於今冬粗窺是書，論議宏博，義理深奧，只有望洋之歎。到平易切實處，往往有偶合已病者，則自不覺手舞足蹈耳。

與鄭晉叔

謹問惕齋長日，講性理學耶？做《水經》業耶？抑觀百家書，以盡文章步趣耶？三者中緊要，莫大於性理之學。須收斂心神，尋向上去，知之眞，行之力，則義理之無窮，擧在吾目前，到得聖賢地位不難。若分精力於雜書，恐枉費光陰；役耳目於索隱，恐反昧正義，意下以爲如何？福樞自分爲一棄物，縱使處寬閑之界、道義之場，專心此等上，迷鈍不足以有成。況今虞憂燻其心，塵冗奪其工，做主不定者乎？只自慨歎。

與張顯可【錫駿】

以座下因心之友，奄遭鍾離之慽，其爲半割，豈以外成而有間耶？轉承沴祲逼隣，謝客深居，未知抵年長日，將何事消遣也？甪里一區，獨保清淨，幸賜一枉，作累日談話，千萬。

與黃義叔、達夫

費隱說，子思子旣曰“道”，則其爲形而上者，固無疑，而今以形上形下分言，非但有違於子思立言之本旨，亦非朱子所云“其形而下者，甚廣，其形而上者，實行乎其間”之意矣。故退陶先生曰“若以形而下者爲費，則是分道爲二也”，此非已決之案耶？幸詳稟于堂上，以定取舍如何？

答宋肅顯

牣幅張皇，謂“福樞有萬一之聞，欲與之相資相益”，意甚盛也，而實非愚陋之所可承當者。然福也亦何敢一向持不逮之戒而不自盡於切偲之地哉？請言福之所折肱者，爲吾執事鑑戒。

福樞自十五六時，因家庭間教導，非無意於古人爲己之學，才素短，志亦不固。重之以世故，曝寒無常，畢竟爲空空一陳人而已矣。及此衰暮之境，雖有朝聞夕可之願，其於鼎器已弊何哉？

如執事較諸福也，相去不啻三十里。早力時文，蔚有場屋聲，晚而回心向上。定省之暇，讀得聖賢書，樂不爲疲，常以無疑爲憂，此乃生疑之漸而爲工夫長進處也。

以所讀驗于事爲，積習之久，疑自然生，而漸至融會貫通，然後眼前無非是理，脚底無非是道。惟以蓋棺前自期，不當期之以朝耕而暮穫也。玆感不外，敢竭愚衷，未知高明何以教也？

答宋肅顯

來諭以病不能持縗守制爲孝子至痛，此則雖强壯者，猶有所不免，况哀座之年高衰甚者乎？《喪大記》註曰“五十不致毁，不散送”，《書儀》曰“羸憊恐成疾者，可以肉汁及脯醢，助其滋味”，皆眷眷於勝喪以終孝，而因時量宜之不得不然者也。望須一飮、一食、一起、一處，量吾氣血之虛實，勿拘禮閑，稍存節度如何？

答朴文叔【周尙】

謬詢明文自在，而執事偶未及照管耶？蓋爲妻杖朞者，實具三年之體。故雖無子，而猶得行練禫，況今執事有哀胤在乎？爲妻爲母，行練禫，尤無可疑。祝式依教謄送吾先祖所製，依用之如何？

答成順若【錫彙】

向論朱子仲長之辨，來諭以勉齋加服、報服之說爲證，然此不足以破世俗無稽之惑也。或者以朱子表德之改元爲仲，致疑於韋齋之仲子，而爲其長子塾服斬。然就考《韋齋行狀》，男只有朱子一人，女只有劉子翔一人而已。又於朱子七十傳重告廟文曰"伏惟祖考，實鑑臨之"，其爲繼祖繼禰之宗也的矣。承此二重，而安得不爲長子斬乎？

答呂極老【東會】

謬詢儀節，只於告文中略悉變處。如起主告文，【當列書諸位】恐當曰："伏以粤昔葬時，不遑起主，名節、忌辰，奉設紙牌。情禮有欠，追造曷已？簡吉題奉，洋洋如在。伏惟尊靈，是憑是依。"

如祧埋位告文，恐當曰："伏以祀止四代，不易定制。祖未改題，禰亦早世，尙今七龕，尸事無人，武余是生，先蔭所因。式遵典禮，敢容情私？今將祧埋，奉享何時？合爵薦誠，泣血告辭。"

如同廟諸位告文，【自祧主以下當列書】恐當曰："伏以顯幾代祖考，親盡已久。禍變連仍，尸事無人。今孫某年稍長，行改題遞遷之禮。同堂薦享，只有今日。玆擧合祀，感懷無窮。'謹以'後同。"

如祧埋之墓告文，恐當曰："典祀有限，親盡乃止。敢遷神主，將埋墓所。分雖難越，心切感慕。謹以酒果，先告事由云云。"如何？重違勤教，敢爲構呈。固知僭妄極矣，幸商量取舍之也。

答蔡而沃【溶】

先先生遺文向於知舊姻戚家得來者，多有校本中刪去，而今又混成爲別本，此無乃福也之淺見蔑識，不念文字之零星，妄加刪削而然耶？爲其子孫者之心，容或無怪，而其在壽傳之道，不當如是。大抵壽傳，與其多而有疵，不若精而無疵。福旣猥擔此任，故尊衛之地，不得不自盡。更爲付標以呈，儻不以煩瀆罪之否？

答都德老

俯詢儀節，所後喪，旣練旣緦，而本生喪，未練未緦，則所重雖在於所後，而所後之服，已外除矣，本生之服，未及除矣。愚意則出行及居家，還着本生未練未緦之服，若入于所後几筵，則反服練與緦，恐當。此則諸先輩之說有可以旁照，深量裁處之如何？

與黃同輔

未面也有欲言者多，旣面也只脈脈看而已，及歸還，復如前矣。居然星月易舍，益切同人之思。謹惟新元，經體增休，德學崇深。

第念措大文章，不能送一"窮"字，古亦然矣，然此士之常也。到困苦難耐處，思不如我者，且將義理澆灌胸中，則凍餒自不入心，而有無限樂地，兄必有得於此矣。

福樞奉老餞迓，喜懼交至。每點檢身家一年所得，非憂愁則放散，全失照管，奄作五十無聞之歸。拊循初心，良足慨惋。

竊想執事才贍識富，閑中超悟，必非一二，而末由源源側聽，恨如之何？ 昔朱、張以二千關爲近，而兄我以百餘里爲遠，交道之不及古人而然耶？緣何更接以續前未罄也？秖切悵黯。

與黃同輔

藏園公遺文，近得抄成幾卷也？一自達夫兄逝，見高而知明者，惟吾執事在。望須隨暇隨抄，爲本家寶藏，俾此老七十年宏詞邃學，不至泯沒，以待後世之子雲如何？

執事於此事，必不歇后，而以福也偏私之故，敢此煩縷。幸休咎而趁圖之是仰。狀行，如福不文不德，何敢當是役？盛囑攸至，義不敢辭，只以平日所耳目者，略略條列。恐不如切近薰炙之爲纖悉，恭俟譴斥。乃荷採納，至有付標以示，當如教改正矣。

答張震伯【錫龍】

先淑夫人回巹，巧在尊令監晬日，其哀慶倍常矣。俯詢儀節，生忌猶以爲非禮，況此回巹之祭乎？然孝子旣當是日，不能無痛慕之懷。又有奉壽盃酌之設，則以其物薦之，允合於張子所謂“有食思祭祖先”之至意，而亦足爲人子伸情之一端。愚意依俗節薦時食之禮，恐得宜，未知如何？

答張震伯

俯詢焚黃，出主告辭則《輯要》云：“敎書下，當添‘以某叨霑崇秩，推恩三代贈。【《儀節》如再贈則云加贈】顯某親某官【書舊銜】府君爲某官，顯某親某封某氏爲某封。【贈三代則列書，而每代考位上，各書贈字。】敢請神主，出就正寢，改題官封'。" 焚黃則朱子曰："以黃紙謄詔命，宣畢焚之。" 教旨前拜禮，則尤菴曰"依《五禮儀》行之無妨"，依此行之，似好。

與張仲謙

龜社之設享，略倣影堂晬辰之規。立廟非始慮所及，故闔門紙牌之論，有往復於先府君者，而先府君所著樑頌，若是鄭重。然到今營舍餘力，得以成廟宇，則旣廟後儀節，果與未廟同耶？古者或有以紙牌行於精舍，而未有有廟而行紙牌者也。若紙牌則廟爲虛設，而先父老立廟之本意安在也？揆以事體，與其紙牌，寧木牌，使神道有憑依，子孫有瞻慕，極爲允合底道理。望須務從至當，俾無門論歧貳如何？

答卞暉運

先先生褒贈之典，尤庸感祝。俯詢焚黃之祭，不於廟則於墓，而墓道遠矣，家廟祧矣，與其之墓，恐不如權行於私室而用紙牌。此無明文，更博詢禮家，甚仰。

別紙

> 許性齋《士儀》"禫祭後，着緇笠直領，過盡禫月，至吉月朔日，除緇笠直領，着黑笠白衣"云云，於漸吉之義似可得當。

按《鶴峯集》："或云'《家禮》「不著服色」，此乃仍禫服之明驗'。'若如此說，則小祥受練，大祥受禫，皆自凶而向吉，何獨於禫不變服乎？'" 據此則禫不可無變服之節，而純吉爲未安，故用纚漆笠白衣帶，以示喪事之有終。待吉祭用吉，恐得宜，未知如何？

答張大能【錫穆】

禍行不單，先夫人又違色養，重哀疊慟是人理之極。惟願强加俯從，念古人傷孝之戒如何？

詢及儀節，謹按《間傳》及杜元凱說，雖載於《備要》"重喪未除，遭輕喪"之下，與《家禮》"旣畢，反重服"之文不同，恐當以《家禮》爲正。不論已練未練，於恒居常服斬，而於母殯祭奠時服齊衰，則壓屈之中，亦容有自伸之道，此則明齋、陶菴說皆然，幸有以酌處之也。

答張仲元【止睦】別紙

> 本生先妣練期已過，而長子總服尙在身。常居及出入時，當服黲歟？服總歟？

按《雜記》"有三年之練冠，則以大功麻易之"，註"大功之服，蓋爲長殤降服"云，則雖殤大功之麻絰，猶易三年之練冠，況本生練期已過，則服已除矣，豈可以心制而不服長子斬乎？愚意則常居及出入，服總；在本生殯，服黲，恐當。更詢于知禮家如何？

答張周謙【祚遠】

詢及宗孫方在本生淑夫人葬前，其妻葬，似有難安之節。然揆以禮意，重喪葬前，無輕喪不葬之文。故父葬前，子婦葬服，有問於權遂菴，父葬前，母喪題主，有問於李俛菴。然則雖同宮之輕喪，猶許行於重喪葬前，其在異宮，豈有不葬之理哉？

答安乃叔

臺胤一疏，今世有古爭臣風，孰不艶賞？如福樞年癃路脩，尙稽一者慰賀，豈雅期也哉？匪意奉仲胤詢，審頤養無損，匪所回信亦得安，慰仰滿心。天鑑孔昭，自當匪久賜環矣。仲胤積年面目，纔奉旋別，不惟深悵。巧被稠擾，未克叩存，尤爲之悵悵。

答宋楚叟【寅瑴】、康叟

俯詢禫者，澹澹然平安之意。屬之神道，似或然矣，而以人道言之，尤得禮經之本意矣。何者？祭不爲除喪而設，然期而除喪，道也。故自期取小吉之意，名曰小祥，則何獨於禫而別爲屬之神道者耶？未知如何？

答宋楚叟、康叟

詢及禮疑，膚識淺見，何敢容喙？謹采先儒說以復之，幸有以商量取舍焉。祥後服色，退老曰"祥後不卽吉，有禮制過當失中之弊"；愚老曰"祭之翌日，改漆黲笠以着其月"；《喪禮補編》云"齊衰杖朞，二十七月卽吉"；《問解續》云"心本非服也，何變制之有？若除於再期，則心制果盡於再期乎"；南塘云："心喪亦以二十七月爲限，禫月墨笠、墨帶布、直領之制，恐無可變之義。"據此數說，自不無歧貳，以緇笠、緇帶終禫月。遵先儒禮疑從厚之訓，恐當。

答宋楚叟、康叟

丁愚潭《四七辨》是學問頭腦。益致其無疑中疑、無味中味，而有超然獨得之妙，不任艷仰。若曰"其謬誤由於心術之微，而背先師定論"云爾，則是豈賢者之心哉？蓋以天下之義理無窮，人見不同耳。在今尙論者，無論心術與學術，但卽其說，而有可言處，則自當發前人未發之旨，有難言處，則亦默守吾太玄，恐爲公正道理，何採蕘之有哉？

俯示兵、農、律、筮，不可攙說於異端，盛見恐得之。先儒有曰："百家衆技，不能相通，是曰'小道'；邪說詖行，戾乎正道，是曰'異端'。"然則兵、農、律、筮，猶可攙說衆技，而不可以攙說詖邪也審矣。

寄詩，足見憂道之至意，三復歎賞。但拙搆未有以發，爲愧耳。

答宋楚叟、康叟

向對時養氣說，茫不記如何爲說。今承來敎，以鄙所謂"血肉之氣，養成浩氣"致疑者，終覺未穩。蓋血肉之氣、浩然之氣，自是一氣，而以血肉所禀之氣，配義與道，便成浩然之氣。故朱子云："初下工夫時，集義然後生浩氣，氣已養成然後，又却助他道義而行。"觀此則合道義底是浩氣，不合道義底是血氣，何致疑之有哉？幸勿靳十反，以歸至當如何？

答卞士應【榮奎】

正元一遊，稀年稀事，歸猶夢魂相親。匪意奉損惠長牋，以審春晝爊爐，花樹團欒，日以消遣，尤庸羡仰。福樞識蔑行薄，自分爲山野棄物，恩命荐降於千萬意慮之外，感愧之極，靡所容措。

向托《文會齋記》，義不敢以不文辭，草草塞責，恭俟覆瓿。乃欲揭之齋壁，早知若此，不若終辭之爲愈也。露拙，與其多，寧約，更爲删呈，俯諒如何？

答李穉千【驥相】

春初一枉，尙今感篆。每念"及此同衰暮，非復別離時"之句，未始不凄然作惡。《窩記》再三勤囑，顧此情誼，終不可恝然於老友，收拾昏精，草草構呈，一覽付丙，無使露拙，非愛人以德耶？許南黎平安在座否？以此兄高見，校讎吾亡友七十年精力所在，而得十分無憾，則吾黨之幸。

答張聖集【義遠】

俯示"大家喪禍後，廟主權龕於先齋，忌日出主行祀，有所未安"，此則勢或然矣。先齋旣與祭所絶遠，則代木主設紙牌，出於迫不得已也。於不得已處，雖無於禮之禮，古有行之者，如大山先生有祧主在鄕，而長房居京，故權設紙牌于長房家，或可爲傍照之一證耶？不敢質言。

答鄭建叔

日月不留，前月奄經先夫人常事，今又先府君終祥隔日，孝思哀隕，何以堪居？

俯示疑問是儀文大節，顧玆膚識，不敢容喙於其間。然改題遞遷，若如浦說，行於後喪中，則恐不免粗率苟且之嫌，當如哀示，然後似合事宜。今哀兄外喪雖闋，內喪纔期，則姑俟十朔後畢制，備吉服行盛祭，而爲改題祧遷，與未祫而祧，服凶而改題者，其安於心，愜於情，果何如也？更爲廣詢博采，毋有後悔，至望。

答鄭建叔

疏擧自是吾嶺大擧，從叔文丈之强氣力出座，執事之陪從，勢不容已。雖有朝飭之申嚴，斷當視義所在，隨機隨應，恐爲一副當道理，想已入於盛籌也。

先仲公遺稿，勤心收拾，至成四編，使三十年篤學懿蹟，得以未泯，非吾黨之幸耶？抆淚奉讀，自切難作之痛。

其勘校之托，實非固陋所敢承當，而有不忍辭者存。容俟憂虞少霽，當隨知付標以呈矣。

與鄭建叔

《集說跋文》辭簡理明，第其遣辭之際，往往歸人於不敢承當之地，此則非福樞《集說》之本意，兄亦不免爲虛奬之失，每讀未嘗不汗下竟趾也。

先仲氏遺稿，其平日見解之超脫、志尙之高遠，備載於此。若遇後世之子雲，必不終爲巾衍之物。以福管見膚識，何敢容易議到？而重違勤囑，略加丁乙，兼以蕪語爲弁，豈敢曰揄揚其潛光隱德之萬一哉？幸深量取舍之如何？

答鄭建叔

向諭"養氣"云云，政在吾立志之堅確。志之所篤，氣隨以至，柔懶者能自强，畏縮者能勇往，則不患無是氣，而患無是志，有是志，則有是氣也。吾輩平日，常拘於燕安之心勝，而不能攻苦喫辛，以致老大追悔，可不惕然恐懼哉？

所謂《補疑》，實非福也之所敢擬議者，而只爲私家便覽，敢此僭率。然素以蒙昧，取舍不明，安能梳洗成編耶？

答張邇可【升遠】

向書今覆，逋慢極矣。更問動引衛重，間與賓朋唱和，消遣世慮否？其玉筮仕，不勝柏悅。福寄世此久，豈始慮所及耶？

所謂“禮抄”，每看每有闕誤，直欲火之，而不知者猶惜之，甚可愧也。其中父未殯而母死，服母三年，福也雖無似，豈敢以己見自信太重，以取譏怒於人哉？此則愚伏、默軒諸先輩說，皆然耳。示喩疑節立言處，廣詢博采，以務歸至當，敢不佩服？

答李秀玉

向托先先生東湖公誌銘，孝懇攸至，敢此構呈。福於君家事，非不欲竭知盡慮，而昏耗荒廢，無能爲矣。其疏漏處，幸以盛見添補如何？

令族之吉祭前，登科告廟一款，尤是疑文變節，如福愚迷，何敢容喙於其間耶？此政朱夫子所謂“本領未正，百事相礙”者也。

答崔範九

來諭“學業膠固，隨語生解，臨事舛謬”，何撝謙之過也？大抵聖賢千言萬語，切實明白，欲人易知而易行。誠能一一反躬體驗，則意味政在言語之外，而必無膠固之理。然吾輩通患，喜新立異，不從源頭上放得活水來。故所窮索只是枝葉，畢竟何益於身心？何濟於事爲也？多感虛己之問，聊誦平日所聞見者，眞所謂“交淺言深”，愧悚愧悚。

俯詢忌日是朔日，則祝辭干支，恐似架疊，盛疑然矣。恐當依“朔日辛卯”例書之，未知如何？

答蔡子晦【廷植】別紙

> 孔子言“易有太極”，而周子特言“無極而太極”。愚謂“易有太極”，指陰陽中太極，則是混淪說也；“無極而太極”，是挑出陰陽中無形之理，則爲一圈於上而命之，是分別說也。然則“易有太極”是《極圖》之第二圈，而易自是易，太極自是太極，則混淪中自有分別之意，如何更爲一圈於上而曰“無極而太極”耶？

太極不是懸空獨立而在陰陽中，故包太極於第二圈子之中，而恐人之誤認太極陰陽之同於一物，又別立圈子於上，以明其不相雜。

答許退而【愈】

來諭曰:“未發前, 元有氣質之性, 則恐善惡混了。”愚向對時, 豈以善惡混爲言耶? 蓋未發之時, 氣質中可善、可惡之類, 雖不可言, 然凡爲氣質, 性之理, 卽是本然之性。觀於孟子“形色天性”, 退老“氣未用事, 惟理而已”之訓, 可知。已面猶未盡, 況可盡於紙墨上乎? 都置之, 以俟來後具眼者, 取舍如何?

時事去益波蕩, 誰能以一寸膠救此千丈渾耶? 愚嘗於賢執, 視以泰之師矣, 今荷函席先生之稱, 非但於愚猥不敢承當, 亦於賢執不無擇言之失。此後則只施箴規, 而愼勿加此等語, 以副平日區區之望是仰。

答呂伯茂【英會】

謬詢儀節, 有一說可證。遭祠堂火變者, 將之墓復主改題, 而問於退陶先生, 答曰:“人死則葬於山野, 題主畢, 卽速反魂者, 使其神安於生存之處也。一朝神主火燒, 則神魂飄散, 無依泊矣。卽於前日安神之所, 設虛位, 改題神主, 焚香設祭, 使飄散之神更依於神主可也。前日已返之神, 豈可更求體魄所在之處乎?”此與哀家所處煞異, 而其追復改題則自是一串事, 依此裁處之, 如何?

大抵祖先神靈, 只依子孫身上。故有其誠, 則有其神;

無其誠, 則無其神。求神當於子孫所在之地, 而恐不必從他求之也。

至若告文, 則不見於禮書。恐當曰"伏以粤昔禍變, 存寄𢊍家。神依就坎, 寓慕無地。紙牌奉行, 祭如不祭。先蔭所暨, 竟奠厥居。吾父孝思, 恒擬復主。只緣世故, 未就遽捐。不肖如某, 尤無容措。追成遺志, 趁此制終。伏惟尊靈, 憑依於是。謹具饌品【或玆因節薦】, 敬伸慰儀", 如何? 重違孝懇, 敢此製送, 難免汰哉之譏也。

答金致建【德遠】

示諭云云, 以賢執沈潛凝定之工, 昏睡怠心, 何以有此? 至若爲貧而理財, 爲立揚而應擧, 亦有所不得已也。然富貴非人力可致, 雖應擧而不低仰俗窠, 雖理財而不汨沒聚殖。無爲其所不爲, 無欲其所不欲, 則豈同流合汚計功謀利之歸哉? 謾誦不逮之言, 以報厚誼, 亦其無恥之甚。

答金仲振

來諭云"忿慾人之所難制者也", 忿發於自是, 慾生於自私。只觀己之有失, 爲懲忿之方; 只觀義之當否, 爲窒慾之方。苟無身體心得, 何說到如是之詳密耶? 纔知便力行, 纔行便致知，使知行竝進，乃吾儒眞訣，則以今執事所得之明，亟加勉勵，克繩家學，是區區者期仰耳。

答金仲振

來諭"治心則涉於枯澁，而不能圓活；檢身則狃於傲惰，而不能端嚴；持志則失於悠泛，而不能常久。以之著於事爲之間者，動輒謬戾"云云。苟求其故，凡治心以下三者之病，亶由於治心之不能圓活，而心不圓活，乃執捉太過之致也。

昔晦齋先生答蘇齋曰"有物於此，握則破，不握則亡"，是治心之要法也。若依此而用力之久，則心自圓活，身無狃於傲惰，志無失於悠泛，措諸事爲，亦皆中節，自無謬戾之患矣。以執事平日篤實之工，兼有家庭承受之訣，則其治心制事，寧有是耶？寔出撝謙之至意。然有則改之，無則加勉，如何？

答宋文甫【祺善】

賢器委枉，淸翰損惠，種種感佩。第惟蘧兄奄然作泉下人，讀書種子，於今絶矣，吾輩將何所依賴也？懿親相仗，想益痛苦。

賢胤相長之託，福何敢承當？自顧鈍滯，未嘗實用力於一日，及今榆暉漸斜，雖欲收拾其萬一，而神精已不及，更何有餘瀝之及人哉？所以朋友之來，一切遜避，已成宿戒，而至於胤君，則事同一室，非欲必用此例。然大抵此事只在自己用力，不必專靠他人。未知渠所用力，終必如何耳。

答曺欽一【秉萬】別紙

陰陽，有以一氣言處，有以二氣言處，何也？

統言陰陽流行，則是一氣，對言分陰分陽，則是二氣。

“毋自欺”，用力最難，何以則可？

“毋自欺”，當以己心爲嚴師。無爲其所不爲，無欲其所不欲，則自無自欺之患矣，有何別般用力之方？

答李器汝【種杞】

昨夏殤慽，今夏功制，乃知於拜書之日，滿心驚愕，曷容云喩？

不奠舊居，勢所然矣，何多口之有哉？大抵士君子處事及處人言之來也，視義所在，無愧于心，則彼言妄矣。若自反而有愧于心，則不如速改之爲安。然如執事潔操高見，必不爲一毫愧心之事矣，彼紛然而至者，果何爲也？殊甚咄咄。

答李應賢【鉉汶】

杒幅意寄，超乎俗學之外，實庸艶仰。大抵爲學，隨事省察乎義理是非之如何，而務從平實地用功，不當爲崖異嶄絶之行、過激驚俗之論。然學者皆舍本而趨末，遺內而務外，苟非執事自訟之至意，何能有懲於此而至發此歎耶？賢器志氣不凡，文義頗詳，眞所謂“稱其家”者也。幸極盡義教，俾得大成就，至望至望。

答李應賢

先先生實記校刊，身親擔着，日夜賢勞，向衰精力，何以堪此？示喩“繫吾心術隱微公私之機，大有所警懼愼重”等語，苟非執事之明，何知之深、言之切若是？

鄙作中張燕公事，顧此管見，幾乎致誤人。揄揚大事，如欲用之，改以陳侍郎砥柱之望、韓魏公圖像之傳，其或可耶！至若“有無”二字，恐不必改，未知如何？

答李應賢

忠孝齋文會，儘吾林盛舉，未知滔滔斯世，有此太和氣像耶？其詩若序，典雅慤實，使兒輩朗讀，頓覺一番風流。但《彰睦亭記》似多欠處，是誠愚見之有所不逮。然退陶不云乎？"一作不改，不是大聖，必是大癡"。願高明勿肆力於文章，摭實以盡記體如何？

別紙

> 鄙先祖影堂，冬至茶禮，非但不合於祭先祖之義，且有僭猥之嫌，而先輩說亦然。不得不從俗節，歲一薦重陽何如？

盛諭然。

> 旣用祝文，則當具祭禮，而以單獻爲之，似是欠闕，以茶禮之故如是耶？聞某里之薇薦，報恩 長山之益齋影堂，皆三獻云云。

有祝則當三獻。

> 單揭影以祭，初非禮意。伊川曰"影不可用祭"，《家禮》云："祭不可用影。"今自道院撤享，移揭影幀，而虛位

椅卓。至今因存，則書紙牓，安于椅上，祭畢後，揭以焚之，又似甚合於朱子二主相依之文。

影前又設紙牓，揆以禮意，甚得宜，而儻無礙於邦命耶？諒處之如何？

答李聖瑞

渴仰中承惠書，審經體衛重，尋繹退陶書。此是義理精奧處，隨材施教之地，豈無偶合於我者而有感發興起之端耶？賢器妙年，世路能不變於外慕風聲，可見志尚之不凡、義教之有素也，不任歎賞。

答朴伯翁【在馨】

不見而書，古也，僕僕罔知攸謝。賢胤再次奉接，言貌動作，可知義教攸在，更何待他山之攻也？

俯示諸條，可知博學無方，而恐費精於沒緊要底事。大抵地球旋轉，不見於經傳，恐不足深辨。河、洛之數，八卦之方，其說備於總目，引伸觸長，能事可畢，而至於創新之說，非愚昧所敢知。若陽升陰降，當興之時，如陽之始達；當廢之時，如陰之閉結，盛諭得之。

四未軒集

卷三

書

書

答張義伯【升澤】別紙

> 宗家祀事，有故不行，則勢將設行於支家，而將奉主乎？抑用紙牌乎？用紙牌，則似有告由之文，且無祝單獻，於禮何如？

宗家有故，則支家以紙牌，無祝單獻行祀，乃情禮所不容已者。若告由文則設位陳蔬果後，乃設位紙於位上，焚香降神而告曰“今以某親某官府君，遠諱之辰，宗家有故，權行于此，敢請尊靈，降居神位，恭伸追慕”云云，如何？

> 先妣祥與亡兄忌同日，而欲先行忌祭，則說者以爲子先父食，未知何如？

殯祥忌祭，揆以禮意，新舊之奉享有別，儀節之煩簡又異。與其拘尊卑而先祥後忌，寧從便順而先忌後祥也，酌處之如何？

答盧允行

迷兒歷高軒，奉惠書而來，備悉體安爲慰。傾家貲，散窮貧，只以輕裝流寓修道山中，此地蓋羅末神[5]昉之所隱遯而因得名者也。天予此芘難之善地，無乃善心所感應耶?

福樞行年八十，竟遭板蕩，離親戚，辭墳墓，滯于墨坊山中，此亦古沃州山也。支離寄世，只切慨歎。兒輩所寓，距貴寓僅一舍地，死生契活，與之偕焉，爲差强人意處耳。

答周致俊【滈錫】

戀裏惠問，令人沈疴祛體。俯示不遷位之當初單設，實欠情禮。今因廟宇之重新，旣有論議，則具由以告，而竝設配位如何?

答都雲五【右龍】

到今稀年，猶憂其未能於溫習古紙，是誠收檢之至意，然實非衰暮精力可及。惟討得一箇心要是處，靜以理之，堅以守之，爲蓋棺前事如何?

5 神：저본에는 "申".《韓國佛教撰述文獻總錄》등의 책에 의거하여 수정.

年事峽農不如野田，來頭濟接，只切無益之念而已。

答李魯源【萬洙】

先王考碣面之題，寒洲以爲“先生”字爲可云，故福亦不明其可否矣，今更思之則書以“公”字似愜。先王考公謙虛之德，且墓碣爲子孫所竪，而以子孫稱先生，若非輿論所歸，反有所未安，幸深量善處之如何？

先公墓銘，重違孝懇，敢此奉副。然辭拙意澁，無以闡發潛光，須更求他處，俾無遺憾，千萬。

答鄭若中【趾善】

顧言中獲奉，連被稠擾，縱未得深叩其中，觀於外而可知已。袖示疑目，撥昏貢答，可以窺淺深矣。抑嘗聞之，窮理貴於就平易處，白直理會，理會得多，其遠大者、高深者，自當有次第脫然矣。一見傾心之地，敢此妄告，儻不鄙斥之否？恐恐。

別紙

“不考文”註，“文，書名也”，是何等書也？

文者，書之點畫也、形像也。《周禮》司徒教民道藝，而書居其一。然則許東陽所謂"書者卽字也，名則字之聲也，如天字之形是書，讀之曰天是名，考者，欲正其字形及讀之聲音"，是也，恐當從。

答鄭若中

拜書日始知遭期制已月，懿隆痛深，烏得不如來諭？且服體積月床褥，雖承於向歇之後，獻慮深矣。書冊之工，緣此倚閣，恐不足爲憂。

此心此理，隨處操存，隨時體察。且將書冊中平日所熟講義理，潛思細繹，常使警惕之心勝昏怠之氣，自可見分寸之進，而亦足爲調病之方，試依此勉勉也否？

俯示"《定性書》中'定性猶累於外物'與'外物觸其形而動於中'果無小異耶"云云，誠有所可疑者。然蓋定性之累於外物則是偏繫之病也，外物之觸形動中則是感應之妙也，豈可以此證彼哉？

大抵人性之動靜，止於理，安於理，則事至物來，一循於理，而靜亦定，動亦定矣。徒知物之爲外，而不知理無彼此，是分理與事，爲二致，固不可也。若又認物爲非外，而不以理準則，則是中無主，物來奪之，亦不可也。一部《定性書》，須將此意讀之，如何？

答鄭若中

向諭"天理、人慾交戰于中，苦無快活底時節"，無乃持敬之工有未至而然耶？ 蓋敬者，主一心而敵千邪者也。 苟能從事於斯，終日如在行陣，無小間斷，則人慾自當退聽，天理自當昭著矣，依此勉勉如何？《朱書》疑目十條之俯示，具在《講錄刊補》，高明或偶未之見耶？

答鄭若中

向枉猶慰，今書又到。溫理《思傳》，新知日富，慰仰滿萬。更願勿入穿鑿，勿立崖異。惟於義理切實處一一理會，教徹頭徹尾，體之心而安，措諸事而裕，然後自有無限意味，高明想有得於此矣。若未讀已讀，俱是這樣人，雖讀得千遍，何益之有哉？福也之到老無成，政坐此病，故敢此奉告，儻不以下體棄葑菲否？

仄聞貴邑明府，方有意於武城絃歌，使高明處重任，興起多士，想講習討論之地，其效豈止學半而已哉？

答鄭若中

來諭有曰"人心、道心相爲始終"，此非所望於高明也。高明果以《語類》所謂“道心爲主，則人心亦化而爲道心”云云，爲人道心相爲始終耶？觀於“化而爲”三字，可知人心之聽命於道心者，乃是合於道心，而不可直謂之道心也明矣。

又曰“原於性命，而不能直遂，爲形氣所掩，則不得不謂之人心；生於形氣，而爲道心所制，一一中節，則不得不謂之道心”，似帶得病氣。蓋人心、道心發出之界境有異，則道心之差謂之人心可乎？人心之善謂之道心可乎？若以人心之善者謂之道心，則人心只是惡一邊，何以曰“上智不能無”耶？大抵吾輩看文字，未能深思體驗，輕易說去，有未免毫差千謬，誠各自惕念處也。

答張子順【基英】

示諭“虛送歲月，志學無成”之歎，是誠吾輩通患。苟求其故，不患學之不成，惟患志之不誠。如持志誠，安有終不成之理乎？昔子曾子以誠篤而至亞聖，則“誠篤”二字，學者所爲準而用力處也。學云學云，口耳云乎哉？若不務根本而專事枝葉，或以文字，或以言語。知雖有餘，而行有不逮，詳於講究，而略於踐履，言行不相顧，心口不相應，雖曰爲學，而敢望其有成哉？

竊想高明有得於師門，匪不深且至矣，尙有不成之歎，無乃用力不誠之致耶？工匠小技也，其敎也只是規矩繩墨，至於巧藝，則任他心得之如何，況於學道者乎？惟高明益加勉力，俾得成就，以毋負儕友之望也。

答李景暉【以鍵】

不嫌僻而委顧尙感，況繼以中路書與詩乎？竊覸執事博洽之見、亢直之氣、堅確之操，能向裏鞭辟，從外韜鋒，則當爲渺然世一等人物矣。勿謂年衰，時加懋敏，以副期望如何？

三韻留作案實，但荒拙無以奉酬，只以其一草草塞責，一覽丙之是仰。

與李景暉

自入峽來，病益深而神益昏，知舊寒暄札，一切廢却，於執事未有一字慰，儻諒恕否？幸勿以無益之悲爲悲，惟寓心於孤孫成就，以卒渠父未卒之緖業如何？

福樞到今情勢，死於父母墳下榮矣。屢理歸裝，以病旋止，有何見忤於神明而然耶？余於賢器之歸也，欲言則有所不忍，欲無言則亦非情也。抖擻昏精，草草構數行文以呈，豈料此物爲此文於賢器耶？悲夫悲夫！

答都河應【源默】別紙

朱子答鄭子上曰："理有動靜，故氣有動靜，若理無動靜，則氣何自而有動靜？"《圖解》註曰："動靜者，所乘之機。"由此觀之，則動靜者，氣也；所以動靜者，理也。

來諭恐得之。

"聖人定之以中正仁義"，朱子曰："其定之也，所以一天下之動。"然以《圖解》元註看，則似有自定之義，未知如何？

當以定人看，而自定之意，在其中。

答崔肅仲【正基】

福迂僻鈍滯，見賢如渴，匪意如執事者遠遠戾止，纔接數語，自切見晚之歎。嗣後拜書，雅麗詞采，深遠意寄，非泰之友也，未嘗不三復歎賞，況審經候連衛者乎？

不幸吾嶺比變，往往奔趨功利，年又大札，奚暇治禮義哉？惟執事能不淄於俗，優遊清涼等地，苟非求道之至意，何能容易辦此哉？竊想昭曠胸次，必有異於曩昔者。然自視欿然，猶以爲閑言語、閑追逐，於此尤可見進修之篤，自無待於外矣，不任艷仰。

來諭枒幅微意，欲采蕘言，以助竿進，奉讀未半，汗下竟趾。目今邪說橫流，非一葦可杭[6]。爲吾徒者，斷當閉門自靖，從事於學、問、思、辨、行五者之目，而慥慥不已焉，縱未得兼善，亦可效受中以生之責，于胥勖兮。《夙夜箴集說》，此吾未成文字，不敢出而示人，俯諒如何？

答朴應弼【燦培】

金友夏仲袖惠書而至，以審泉聲嶽色中，日與賓朋書史爲消遣世慮資，豈非天餉之淸福耶？

謬詢"《儀禮》喪冠三梁，孟懿子緇布冠五梁，其立制必有意義，而不見於經文"。竊惟三爲陰陽之合數也，凡喪禮必象陰陽而以三爲主，故不但喪冠爲三，抑領之三加，帶之三重，皆是耳。若乃緇冠則象人之受中，而得五行之秀，故特於居首之冠，取天地之中數，要爲百體之標準耶？臆陳以俟明教焉。

答李舜文【爀明】

示中"眞樂"二字，顧余七十年經歷，非憂愁則膠撓耳，更有

6 杭：저본에는 "抗". 문맥을 살펴 수정。

何樂可以爲執事道也? 請申來諭, 大抵事親承順, 而至不慽慽, 則其樂何如? 朋友切偲, 信從者衆, 則其樂何如? 閨門靳靳, 兄弟怡怡, 則其樂何如? 學究天人, 赫命常目, 驗于事爲, 無小差謬, 則其樂何如也? 然樂由辛苦而後生, 政不可以朝夕期速效也。 以顏子所樂言之, 若未要做顏子工夫, 先要求顏子之樂, 則其不爲强顔自好者鮮矣。 求樂而差, 恐不免流于異端, 未知意下以爲如何?

答宋羽卿【鴻逵】

來諭"'心勿忘, 勿助長', 退陶先生釋之以'非著意、非不著意之間', 而此間字, 如何以用功?"云。然非著意、非不著意, 乃是用工夫處, 非有別般工夫, 在於非著意、非不著意之間也。大抵持養之工, 纔涉著意, 則便有助長之病; 纔不著意, 則入於坐忘之歸。故只著些子力去, 提省照管, 他便了此學問之緊要, 而儒釋之所以分也。

答朴源叔【洪默】

謬詢自是儀文變節, 愚何敢容喙? 大抵間一代, 取孫行爲後, 自白樂天始, 而乃侍養也, 非繼後也。禮書元無爲祖服斬, 則只服本服之外, 以素服、素帶心喪終三年, 恐當。

至於戶籍，則明齋尹氏家，祖則書之曰繼從祖，而父則塡之曰生父某。譜書則吾南或有中空，而書嗣孫某，以此諒裁之如何？

客喪而承訃晚者，以成服日計二十七月之實數，而如禮追行練、祥、禫，有先輩明文，或可爲一證否？先亭記，抖擻昏精，草草構呈。然高文大筆，世自有人，何必强使拙斲血指汗顔耶？

答李繪志【絢基】

賢胤遠顧，又辱惠疏，感感罔知攸謝。就審新元侍奠餘，哀體神支。遭此極否之世，見知之明，能教子度義於胥動之中；誠意之篤，能使諸族歸順於浪費之餘，如哀眞爲人所難爲者也，曷任艶仰？

答卞乃明【龍欽】

來諭以“堯、湯致中和之聖，遇水旱非常之變，而中和之功，不能遏非常之變”爲疑。然此乃氣數之適然，譬如一日之明而或有晦，一時之溫而或有寒者也。

答金樂汝【護林】

考槃精舍重建已至訖役，苟非執事誠力，何能辦此哉？謬託精舍記文，顧玆癃廢，不是做文字時節，然其在尊衛之地，義不敢辭，敢構呈。古人云"老人文章，如禿筆寫字，全無精采"，況如福樞之本來蹇拙者乎？自笑其不知量也。

答洪定汝【麟佑】

樂有賢父兄，今於胤肖益信矣。不遠百里，二年再踵門，如福無心得者，加以昏耗，一未開發於求益之地，其於俯囑之意，左矣。以若美姿性，益盡義教，何恨無成就也？

答呂南叟【軫奎】

示諭縷縷，足見近日自省之篤。若討得一箇是處，而應去了沓至外務，則是亦吾實地中事也，何失心之有？竊恐執事，志氣濶大，而易流於汎濫；聰明有餘，而間用乎博雜，異日或欠收斂結殺之功。幸切問近思，克繩家學如何？士相見禮笏記，連被稠擾，未及梳洗，當從後副教矣。

答呂南叟

衣制變易乃剝膚之憂也。欲效一言以死，而尙有晩時之歎，卒卒構草之地，不暇合議。遽爾封函，送之郡道，則皆不受，故不得已直呈政院。

大抵告君之辭，以辭遜理直爲主，而遣辭之際，恐有過直之嫌，主臣主臣。來示中多小話皆是格君之非，而恨未及於封函之前也。

答李致猷【道默】

俯示"心卽氣，心卽理，心兼理氣"三說，到今千岐萬途。果如來諭，如福迷劣，何敢容喙於其間耶？雖然，朱、退旣以合理氣爲言，則後生晩學恐不若從是訓之爲得，未知如何？

答宋希若【鎭庠】

"臨事做去，若無大端悖理，及其了勘違劃，十常八九"云云，可見自省之實工、收檢之至意也。大抵吾輩心與事，每每不相應，做時不如說時者，有欠平日持養，故致有此耳，幸加勉如何？

答呂春可【震龍】

謚狀之託，顧余平日景慕之私，非不欲敢竭魯鈍，而素以無文，近益昏耗，雖知舊尋常書札，動紙引墨，倍費艱辛，況於重大文字乎？ 幸從他有德有言者，構成一通，不但無憾於揄揚之孝心，抑亦眷恤老物之至意，俯諒千萬。

答李奎應【萬膺】

承審宼窆在邇，其間悲惱，烏得不爾？俯詢疑節，令季雖支子，旣非異居，則實是同宮，祝文與贈玄纁，春府似當主之。祝式，《寒岡集》“日月不居，奄及初虞”下，有“悲念相續，五內如燬。玆用淸酌庶羞，薦其虞事，尙其饗之”。已有定式，依此用之如何？

答金衆楫【濟鉉】

匪意獲奉耑翰，靠審動引崇穆。以幹蠱之才、忠信之行，處此胥動之世，能安心堅坐，其素執可知也。先叔考柏後公遺文，已至鋟繡，苟非僉賢敏事之誠，豈綿力可辦哉？情饋飮輒淸肺，一猶感佩，況此再乎？ 寓箱冷淡，無物成往來之禮，可愧可愧。

答孫禮卿【昌鉉】別紙

> 鄕飮禮笏記圖式，賓酢主人條，不曰觶，而曰實爵、授爵、奠爵；主人酬賓條，不曰爵，而曰實觶、授觶、奠觶，何義？抑有陰陽之義耶？

爵小而容一升酒，觶大而容三升酒，故初以爵，爲相敬也；後以觶，爲相歡也，恐非以陰陽言也。

> 承重者居祖母喪，旣而母亡，則何服爲重？而書疏自稱云何？

《問解》"祖母旣葬而母未葬，則當服母服，母已葬，則還服祖母服，祖母旣練，則還服母服"，觀此可知其祖母服爲重。至於書疏，則自己與人，恐當稱哀孫，答人書疏，恐當隨所問有哀子、哀孫之別，未知如何？

答鄭孔厚【載善】

示諭"名雖治生，而家計辛酸，固有命焉，君子不爲苟免。若乃名雖讀書，而田地荒蕪，則是誠在我，非可憂者耶"。夫士不學則已，學則常思不得不措之訓，卽物觀理，隨事度宜。又以書冊上義理澆灌胸中，罔有間斷，則不自知其日進於高明廣大之域矣，何憂乎荒蕪哉？

謬詢是義理肯綮處，顧玆蔑識，何敢容喙？重違勤敎，略取數三條塞責焉。其他幸俯諒而深思，自得之是望。

別紙

> 趙起伯問"人之氣質之不齊，以其所値之氣而爲淸、濁、粹、駁，則天地之氣亦有邪正乎"。李先生曰："以二五雜齊不一處言之，其不能但有正而都無邪也。是以人物之生，稟受之際，因其年、月、日、時之雜齊，而有淸、濁、粹、駁之殊。"然則其所有正、有邪，乃是陰陽五行之交錯，而天地本然之氣，豈有邪乎？

朱子曰："氣稟不同，且如天地之運，萬端無窮。其可見者，日月淸明氣候和正之時，人生而稟此氣，則爲淸明渾厚之氣也。若日月昏濁寒暑反常，皆天地之戾氣也，人若稟此氣，則爲不好底人。"然天地一元之氣有正，而豈有邪乎？此則論斷自在，恐不必疑也。

> "無極而太極"，辨之者或以標準言之，或以至極言之，或以至實言之，何所適從？

朱子曰"太極得名，自爲至極之極，而兼有標準之義"，又曰"至虛之中，有至實者存"，此三者，猶可通看。然觀於"之義"

二字，可知直謂標準之爲未穩，未知如何？

“致知在格物”，知在我，物在彼，先致在我之知，而後格彼物之理，工夫次第當如此。是以補亡章言“因其已知之理，而益窮之”，無乃互爲先後耶？

欲致吾之知，須在格物之理，吾心之知，豈懸空而可致哉？互爲先後之說，恐有病。

“物格而後知至”，《章句》云：“物格知至，則知所止矣。”然則“知所止”三字恐是工夫之極處，而反在意誠之前何也？

“知所止”是知之功效，非行之工夫，故在意誠之前。

答鄭孔厚

先公行錄，孝懇勤摯，三辭不獲，有此塞責。然其不滿意者，向與忠汝有所論定，蓋此友之於先公，其知之審，必非遠外福也之與比。況其揄揚文字，與其纖悉而有爽實，恐不若疏略而有未盡，未知盛意以爲如何？

喪禮疑問，略略條答，視至如何。

別紙

服人遭國喪，先儒云"旣服公服，則不可以私服重累之"，在遐鄕無官之人，亦同此制否？

寒岡先生曰："昔詣李先生門下，適値國喪之時，先生不許期功成服，其所謂成服者卽世俗布帶也。先生曰'頭戴白笠，腰有私喪布帶，一身而兼公私之服可乎'，今若具冠絰衰裳之制，雖未知其必當，亦不敢止之。" 據此，在殯側服冠絰衰裳之私服，有出入服國服，恐當。

繼禰之宗將葬，朝祖於禰廟乎？宗家廟乎？兩處皆行，則當何先？

祖禰異廟，則葬前二日先禰，又明日適祖，載在《儀禮》。

親忌隔在數日，遭功緦之喪，而喪家無他親戚治喪，則將何以處之？

寒岡先生曰"功親當廢祭而奔哭"云，則況無他親戚之可治喪者乎？

墳墓遇賊所毁，而孝子旣見尸柩，則有服否？

《通典》杜夷議"冢墓遇賊毁發, 依改葬服緦", 何修之議"止侵壙土, 不及於槨, 可依'新宮火三日哭而已'", 據此則有服與否, 第觀所遇之如何。

父死未練而遭祖母喪, 則父殯朝夕上食, 當素饌否? 若爾則朔望奠亦不用肉耶?

朝夕上食, 旣爲素饌, 則朔望奠亦一例。

父之小祥前, 祖母亡者, 常服齊衰否? 父之小祥已過, 而祖母小祥前, 亦服齊衰否? 大祥後亦然, 則以齊衰終三年乎?

祖母葬前, 服祖母服, 旣葬, 還服父服, 如是互服終喪, 恐合禮意。

喪中無禫, 先儒已言之, 而或曰"祖喪中, 不可行父祫; 父喪中, 不可行祖祫; 祖母及母喪中, 父祖之祫不可廢", 此說何如?

父祖吉祭不可行於喪中, 已著於《問解續》。

答鄭孔厚

俯詢廟內祇奉不祧一位，則因行忌祀于仍安處，似便宜。祝辭干支下稱孝曾孫，恐非世代迭遷之意，改以孝幾代孫，似合禮宜。至於行祭前行素，無關遠近，自是交神之道也。此則已有先儒明文，恐不必疑也。

未立主而紙牓行祭，與旣立主而有故設紙牓，常變不同，依退溪先生說，先參後降，恐得宜。

至若節薦，則雖無廟家，紙牓行之，豈非古人有酒食則必祀祖考之義耶？恐不可廢。

答尹仁載【宅逵】

《心經》，古人諭之以神明，等之以四子，誠爲學之指南也。果能循環熟復，心與理相涵，見處益精，行處益慣，使知行竝進否？

漏器盛水之歎，風霜震剝之餘，勢固然矣。然今日讀，明日讀，讀之不已，安知無淪肌浹髓，有欲忘不得之效耶？

謬詢略貢愚見，其有害理，幸回示而砭藥也。

別紙

《心經》首章。註"察夫二者之間"。

所謂"察"者，非二者之外，別有一心以察之也，果以何者察之歟？ 此等處或有差毫釐，則易流於以心觀心之病。

以此心本然之權度，審察其發於形氣乎、發於性命乎，豈其以心觀心哉？

先儒云"虛者，心之寂；靈者，心之感"，則疑虛是體、靈是用，而又曰"虛靈，心之體；知覺，心之用"，何也？

虛靈是未發底知覺，知覺是已動底虛靈。故單言虛靈知覺，皆兼體用，惟待對說，則相爲體用，前輩亦有言之者。

《上帝臨汝章》。"愚謂"二字。

《講錄》曰"'愚'字，當爲西山自稱"，而但他處皆引本註，不應於此，獨入自註爲可疑。

篇內"愚謂"條二，而《牛山章》已引朱子本註，則此亦朱子註，而非西山自註可見矣。

《視爾友君子章》。附註"周之卿士"。

《講錄》曰"總指風雅中所稱周卿士而言"，尤菴曰"指武公"，未知何所的從？

退陶曰“因論《抑》詩，兼指諸作者而稱美之”，蓋武公亦在其中，然似不可單指武公。

《坤之六二章》。

小註覺軒 蔡氏曰“寂而理之體無不存，感而理之用無不行”云云，又曰“虛靈知覺不能不囿於氣”云云。

“心”字離了理不得、離了氣不得，妙合理氣，故先輩或有指理而言，或有指氣而言。

《天命之謂性章》。

戒愼是未發工夫，愼獨是已發工夫，然則戒愼之“愼”字，愼獨之“愼”字，有異否？

兩愼字只是一敬字。

《遷善改過章》。

附註勉齋 黃氏云云，懲窒是正心事，遷改是修身事否？

退陶先生以爲懲窒似正心、遷改似修身，然亦可通言。故損之象，程、朱以修身言，益之象，以正心言，恐不必苦苦分屬也。

楊、羅、李靜坐求中之說，《講錄》曰"三先生性本沈靜，以不求求之故，無病而有得"，尤菴曰"按《語類》，羅先生終恐做病"，又曰"延平這箇，亦有些病"云云。此二說，皆援引朱子，而一曰無病，一曰有病。

靜而涵，動之所本。故略略提省，體認未發前氣像，雖若已發，纔體認過，便卽放下，依然在未發界中。常常如此用工，到得熟後，不待着意體認，而自然知覺不昧，是爲無病而有得。苟非沈靜篤實如延平，則終恐有病，易流於異學，爲後學之切戒也。

答李明應【晉煥】

令從姪代服一款，近攷先先生《默軒集》中賀循曰"父死未殯而祖亡，則服祖以周"，今若祖死未殯而父又繼亡，則其子以不忍死其親之義，亦似從服祖以周之例。且其祖喪之時，父旣生存而未及成服，則其子亦不當用受服之儀節。此則已有斷案，何容異議於其間哉？今令從姪雖代重，更爲告由歸正如何？

頃對時，只緣忽卒且神識迷昧，所記者，惟小山所云"賀說雖如此，而司馬操所謂'外襄終事，內奉靈席，練、祥、禫不可無主'者，可謂合天理順人情"，可爲一據，故致有此未及照管。然在賢史所處，恐不若從先祖之爲愈。玆奉告，俯諒千萬。

答郭鳴遠【鍾錫】

俯惠書，如對七年面目，感鐫曷容云諭？靠審經候連衛，一僂一傴之得宜，深爲吾道賀。猶以舊學滲盡、新工廢格爲憂。大抵吾輩進修之工，常有不自滿之意，然後可進高明廣大之域矣，不任歎賞。福樞朝暮之年，避地伽峽，實出於藏名秘跡之計，而此亦時人已知處，反不如杜伏故庄之爲愈也。

答崔天翊【瓊漢】

承審利誘云云，寔出於“不以利爲利，以義爲利”之至意也。能隨地度宜，可避則避之，不可避則不避，雖由由然與之偕，而不害爲內自省之一助，有何加損於避不避也？

三淸洞卽桐溪先生桑梓之鄕也，尙有遺芬剩馥，賢史之置別業于此，豈特取輞川之林風山月哉？尤可艷賞。

答金穉受【鎭祜】

向書中鄙所云云，果有大原頭醜差，則宜其高明之三復未曉也。高明以氣質性，謂於已發上可指而名之云。然其發也，若無根柢之具於內，則從何有感外之發哉？蓋氣質亦稟於天者也，故無論發未發，而止訓稟受曰性，則謂之已發後可見則可，謂之已發後可名則恐不可。

大抵方寸中只有箇理氣，而專主理言，爲本然性也，兼氣言，爲氣質性也。以朱子說考之，氣質之性便只是天地之性。只是這箇天地之性，却從那裏過，好底性如水，氣質之性如著些醬與鹽，便是一般滋味。此眞齊頭竝據之謂耶？更思之如何？

答尹忠汝【冑夏】

承審棣床學履連衛。葛塾飲禮，嘉圍講討，誠斯文不易得之盛擧，不任艷仰。福六十年所戒，只在"毋自欺"三字上，到今恩命荐降，欺罔之罪，有所難逃，中夜以思，身不貼席。非不欲更理幾卷殘書，以補黥刖之餘，而不但桑榆之光，理無遠照，家憂世故又從以妨奪，其亦命之窮矣。幸高明視以爲戒，及時懋敏如何？謬詢舊茫新昧，草草供答，如不中理，毋惜駁正焉。

別紙

宗家立后後當改題，而尙今遷稽，是甚未安。因節祀改題，而題主前後似當有告，製示伏望。

告文恐當曰："小孫生晩，今當承祀。乃於明日某甲，式遵典禮，合薦精禋。改題顯祖考某官府君爲顯高祖考某官府君，顯祖妣某封某氏爲顯高祖妣某封某氏。【以下諸位，皆當依此書之。】世代推遷，不勝感慕。謹以酒果，先告事由，謹告。"此則因大山先生祝式，而略隨時宜，或可用之耶？

朱子曰"凡正體在乎上者，謂之下正，猶爲庶也"，十反九覆，未得其旨。

正體，謂祖之適也；下正，謂禰之適也，已雖爲禰之適，而於祖猶未免爲庶。

本生喪中，所后禫服，李陶菴云"私親與所后服，不可雜錯，當待所后服盡後，方可服私親服"，此說可疑。

本生喪中，過所后祥，而祥後之服，則爲微凶而向吉矣。方身在麤縗之中，服此向吉之服，於人子心安乎？陶菴說不可曉。

"無極而太極"，這"而"字，作然字看？作者字看？作語助看？"太極動而生陽，靜而生陰"，作三層看如何？以動靜爲太極之用、陰陽之本若何？

"無極而太極","而"字乃承接之意, 若作然字、者字看, 則恐非周子本義也, 太極、動靜、陰陽三層之說, 與夫動靜爲太極用之說, 又非朱子解義也。

朱子曰:"以陰陽而言, 則義體而仁用也; 以存心制事而言, 則仁體而義用也。"既曰人極, 而不取存心制事之意, 而取陰陽之義何也?

此《圖說》本爲發明《易》義, 則可不取陰陽之義而言之乎?

朱子曰:"若理無動靜, 氣何自而有動靜?"是動靜歸重於理矣。又曰:"太極, 理也, 理不可以動靜言也。"又勉齋曰"太極不是會動靜底物, 動靜, 陰陽也", 是動靜歸重於氣矣。《易》言"有萬物, 然後有男女",《太極圖》先言成男、成女, 方始言萬物何也?

原其動靜之苗脈, 則氣必由理爲動靜, 故朱子說如此。論其動靜之著見, 則動靜是形而下者, 而理不可以形下言, 故朱子後說及勉齋說亦如此也。《易》之言男女於萬物之後, 以形化言;《太極圖》之言男女於萬物之先, 以氣化言也。

"行夏之時, 乘殷之輅, 服周之冕, 樂則韶舞", 伊川何取以爲顏子嘗聞《春秋》之義也?《朱子語類》雖有解釋, 而莫之領略。

夏時、殷輅、周冕、韶舞卽一王之正法,《春秋》卽一王之大用, 則是非顏子所嘗聞之準的耶?

意當聽命於心, 則必也心得其正, 然後意可誠焉, 而此言先誠其意, 則莫是倒用工夫歟?

心無形影, 若不於發處用工, 則將何處下手乎?

《章句》釋明德, 元不說氣, 而陳北溪云"理與氣合, 所以虛靈", 虛靈是心之本體, 而兼說氣何也?

《章句》釋明德, 若以爲元不說氣, 則《語類》何以曰"氣中自有箇靈底物事"? 北溪所云合理氣, 此爲千古定案, 孰敢以虛靈者, 理也非氣也, 歧貳之哉?

未發時似有格物工夫, 程子曰"靜中須有物始得", 旣有物, 則其有格之之工可知。雖在靜中, 常常照顧吾心敬歟、非歟, 此便是格物, 不如是存養, 不得。

靜中有物, 是未發時存養工夫, 而非格物明矣。高明試思! 格物時, 此心動乎? 不動乎? 旣動則不可屬之未發, 而未發時, 豈有格物工夫哉?

"誠於中, 形於外", 朱子亦有從眞情說處, 以誠於爲善看，似亦可通惡底，眞實無妄則似不成說。

誠中形外，善惡固無間矣。朱子以惡之誠中形外，有從眞情說處者，非眞實無妄之謂，而乃是實情之謂。此誠字與《中庸》誠字不同，只作實字看如何？

四有乃氣之發，而特言於正心條；五辟乃理之發，而特言於修身條何也？

四有乃心之所發，五辟乃身之所接，故各因其所發、所接而分屬如此，非以理氣論也。

人心如船，道心如柁，此從人心發處言耶？若統擧人道心比，則人心爲主宰，道心爲資具可乎？

行船之主宰是柁，而使船不入於狂濤險灘之中，則人心之於道心，一一聽命，而不陷於邪妄者，果非道心之爲主宰乎？

戒懼乎不睹聞，似是《大學》之定、靜、安地頭，愼獨之加謹，似是慮、得地頭。

定、靜、安、慮、得，功效之相因也，戒懼、謹獨，工夫之相須也。其工夫、功效之地頭有異，則恐不當强爲牽合，未知如何？

仁義禮智之得於心者，皆德也。其言達德，惟智、仁、勇而已耶？智仁自是五性中名目，而勇字之根由苗脈，可得詳聞乎？

非三德，無以行五達道，故特言智、仁、勇，而勇字從用從力，是用力果敢底意，屬乎氣也。大山曰“配道義爲義理，勇不配道義爲血氣勇”，就性上求勇字則過矣。

“誠字一篇之樞紐”云云。

戶之樞、衣之紐，皆居中而挈四外者。此書言誠，乃在中散萬事處，以明一貫萬事之妙。自此推而上之，以至於天命之性，是誠之原也；推而下之，以至於上天之載，是誠之妙也。蓋居中而統上下，故曰“樞紐”，王氏所謂“下半部誠爲張本”，豈其然哉？

“苟不至德，至道不凝”，德者，得是道之謂也，則至道在於至德之中，有何凝之可言？《章句》謂其人者似是，而朱子又曰“道非德不凝”何也？

道是公共底說，以人體之後方可爲德，故道必聚成於至德之人。朱子所謂“道非德不凝”者，不須致疑。

“質諸鬼神而無疑”，《章句》云“鬼神者，造化之迹”，不以二氣之良能言之者，亦有義歟？

此鬼神蓋指天地也，故只言造化之迹，而不言良能。

誠與敬之分，可得聞歟？

一者，誠也；主一，敬也。敬生於誠之始立，誠成於敬之所積，此豈非一而二、二而一者耶？

人心所繫着之事果善，則夜夢見之莫無害否？程子曰“雖是善事，心是動。凡事有兆朕入夢，夢却無害，捨此皆是妄動”，然則夫子夢周公，非是繫着之善心耶？

凡夢有所繫着，如呂東萊所謂“考之夢寐，以卜其志之定與未定，須於此等處常常體察，惟此最可驗學力”，是也。有所感應，如朱子所謂“某平生每夢見故舊親戚，次日若不接其書信及見之，則必有人說及”，是也。然則夫子之夢周公，實有感應之道，豈繫着而然耶？

巍菴說心、性之分，可得聞歟？南塘說性有三層，未得其詳。

巍、南兩說，愚亦未得其詳。蓋本然之心具了本然之性，而謂之純善。氣質之心具了氣質之性，而不能無惡，至曰氣純於本然，此則巍菴分心、性之說也。

一原之性，屬之太極，而謂之人物皆同；異體之性，屬之五常，而謂之人與人同、物與物同；萬殊之性，屬之氣質，而謂之人人不同、物物不同，此則南塘三層性之說也。

然巍菴說則不免二心二性之病，南塘說則所謂“異體、萬殊”，已包於一原之中，不必分言如此。

答尹忠汝

來諭“檢性而性自偏，用敬而敬不立”，無乃用功有間斷之致耶？須一日十二時，點檢吾心神事爲，存在時幾何？流放時幾何？得宜時幾何？失宜時幾何？時積而日，日積而月，月積而年，常常如此，則性偏自去，而敬無不立矣。若知而不能速改以自新，謾向親知說道，以自表其不改之實，顧何益於己哉？勉旃勉旃！

答尹忠汝

祖先之氣卽天地之氣，子孫之氣卽祖先之氣也。祖先雖歿，而子孫尙存，則如火傳薪，其氣之根於理而日生者，固無窮。故其祭之也，有其誠，則有其神；無其誠，則無其神，此一氣感應必然之理也。若以初祖先祖之祭爲虛設，則昔賢豈創之耶？

與尹忠汝

向諭理氣體用，恐不可以一概論也。合而言之，理非靜有而動無，氣非動有而靜無，故動靜者，氣也，所以動靜者，理也。理氣俱靜爲體，俱動爲用。分而言之，理自理，氣自氣，故理自有理之體用，氣自有氣之體用。若但曰"理體而氣用"，則似未穩，更思之如何？

與尹忠汝

居敬窮理，日有進極否？大抵才性穎敏者，見理也易，易故其得也淺；魯鈍者，見理也難，難故其得也深。願賢史以穎敏而加魯鈍之工，如何如何？

答洪舜經【在謙】

惠書如續不知巖未罄緖，就審經體動引崇穆。講貫之暇，又能歷覽名勝於金溪，穩承至論於陶山，飽賞遺躅。想昭曠胸次，尤有異於研性治文，豈無長長新耶？不任艷仰。福樞去益昏憊，房戶間起坐，尙須人，竟爲無聞之鬼。願執事視而爲戒，趁此光陰，不至晩暮，慥慥不已，以副吾黨之望如何？

答李啓道【承熙】

示諭"衣裳揖讓，門分戶割，好生彼我之界"，誠慨世之偉論，然此必由於我之有不盡善、不盡美之致也。坐在裏許，斷不可諉之氣數。惟思自反，有則改之，無則加勉，非吾輩座右銘耶？追念契誼，敢此奉告。

答李啓道

匪意承諭。以尊先集中《吾與亭記》一二語之有未安於吾先祖，鄙門數次往復，兩家之不幸大矣。老物雖無似，非不知恕其可恕者，而門論峻發，幾至難恕之境，則賢史乃反歸咎於老物，老物亦何敢爲貳於祖先事哉？第當順受其歸而已。若其善後則惟在賢史之措處，而尤非昏耄之所敢言。至於記文，先公留禪菴時，老物以家故先歸，故未見其有作也。

答崔叔度【桓】

老不以筋力爲禮，禮雖有文，福之於哀以紙替躬，豈情也哉？惟包容善恕，旣賜枉顧，又辱情訊。就審白眉離違之苦，節序推遷之感，誠切迫處。以哀淸羸之質，朔望參殯，朝夕省壟，雖是誠孝所到。今當大侵，疏糲難繼，又隔一衣帶水，則一一循禮盡情，豈其可堪？須稍存節度，毋至滅性，亦古君子合經之道也，細思之如何？

鄙撰《集說》刪潤，如非哀明見，決難得到此矣。若依此梳洗，可得爲完書耶，多感多感。

答崔叔度

握敍如夢未圓，離思如水益深。今於金厚卿來，得拜後五月四日惠書，尺素之通，固如是之難，況可望源源奉晤耶？

來諭以多在閑漫沒緊要爲憂。雖閑漫沒緊要處，能隨地體察，討得一箇心要是處，則安有了無關涉於心身哉？

福樞惱暑惱潦，涔涔度了此生，良覺支離。近得《朱夫子年譜》，隨隙遮眼，益見大君子慥慥不已之工，如是而後，有所成就。如我魯鹵之七十年無成，非惟生質之不美，無乃暴棄之甚者耶？常庸《凜惕箴說》，一遵哀指敎，而但應事條云云，終未釋然于中，容俟面議。衣章之變，固難裁度義理，未知何以折中。幸從近一枉，以破疑難，如何？

答鄭應天

易歲已數旬，意謂執事一枉，竟使賢器替之，賢器亦思想中人，一喜一悵。福樞神精氣力，轉覺日耗，但孫婦善度供滋況耳。

俯示三從氏傍題舊銜，旣有觸犯，不得不改，則因節祀告由改之，傍題依舊，恐無不可。

答李致圭【琦善】

式穀如賢史，爲修世好，旣賜枉顧，又辱惠書，感領無以爲謝。來諭以所業謾入俗學，都錯了平生爲憂。蓋自漢、唐以來，高才美質，渾入於城南符書之勸、旗亭甲乙之試，老白首不知返。惟賢史中途回跟，能自奮迅，如孤軍遇敵，盡力向前，則東隅之失，安知無可補耶？

惠寄疑目，舊聞都忘，以今日昏耗之見，隨條供答，其何能有助於竿頭之進哉？愧悚愧悚。

別紙

> 《中庸序》“虛靈知覺”，先儒皆分體用言之，同春則曰“皆體”，農巖則曰“貫動靜而兼體用，虛靈之體卽知覺之存於未發者，虛靈之用卽知覺之見於已發者”，當從何說？

農巖說較密。

答許致和【堉】

承審哀履神支，又能留意丌邊宿業，曷任慰沃？山陽之擧，可謂士氣不死，此近全闕，非但人言可畏，在我道理，能不愧愧？

謬詢，敢將先輩所折衷者，隨條謄呈，惟在哀座的處之如何。

別紙

三年內墓祭，或有行之者，或有不行之者，此無明文耶？

謹按寒岡先生曰：“三年內墓祭，禮無明文。然孝子於三年之後，猶不禁雨露之感，況墳土未乾之時乎？”據此則三年內新墓，設殷奠哭祭之，有祝三獻，恐當。

憂中有情到處，爲文致奠，是無於禮耶？若待服闋，則彼殯亦已徹，使子姪代行，恐無嫌碍否？

或問“三年喪中得做祭文祭故舊”。朱子曰：“古人全不弔祭，今不柰何。胡籍溪言‘只散句，做不押韻’。”若情到之地，盡情曲一語致訣，似不可已，代行之亦似便宜。

答許致和

饋奠之餘，讀禮之暇，收拾進菴公遺文，編成巨秩，其有得於心目之間，豈其微哉？福奄奄床簀，當朝暮待盡之日，身邊服着有用華變於夷之歎，其亦命之窮矣。向日封章，使修撰姪周旋爲登徹計，草野一言，安敢望回天耶？只當盡吾之分義而已。

答朴亨七【斗運】

來諭以尋數之作芭籬邊物爲憂歎，然爲學不專在讀書。隨事度宜，以物觀理，間以書冊澆灌義理，則自當有向進處矣。此不待蕘言，而已有所試之者也。

易服是易吾道之漸，則聞韶道會，士氣所在，而嚴令之下，安知其有效也？棗果之惠，尤爲生光於奉祀之家，然無物成往來之禮是愧。

答孫景希【之鉉】

來諭引《朱書》"人有是心，或不仁，則無以著此心之妙"，曰"此是仁者之心，而其曰'不仁'者，有可疑"云云。蓋"人有是心"以上是統論心之德也。或不仁，則雖欲周流貫徹，以極其靜而動，動而節之妙，可得乎？是就喫緊爲人處用工上說，體驗可認得矣。向所未盡，今更煩告，而亦安知其中理耶？是恐是恐。

答李惟一【以厚】、重立【觀厚】

示中“極否之世，存乎中者，不足以御外，求乎靜，而反失於動”，非獨賢史爲然，僕亦憂之。況有恤後之道哉？治心之法，須隨地度宜，勿以俗故掛諸心頭，則自然義理昭著矣，惟在吾用力之如何耳。賢季志勤心正，可謂不易得之才器，幸日夜相將，俾有所大成就焉。

與林輝甫【泰熙】

《旌閭記》，歸議具眼，無點化處否？其末段“蘊於內者”下，改之曰“至誠惻怛，其於生死葬祭，能盡其孝，始終如一者，不假修爲而爲之，則在公何難之有哉”，似勝於前所云云。以下依舊本書之如何？《書堂續記》，貴鄉聯札旣鄭重，其在尊慕之地，勢難固辭。玆敢撮其本記未備述者而草草塞責，自訟僭越。

答沈仁據【宜洙】

示諭"朱訓'聖賢千言萬語，只是使人反其固有'"，所謂"固有"者，非仁義禮智性之有生所同稟者乎？聖人之敍倫也，以化生與造端而言，則夫婦當先；以由親及疏而言，則父子當先。故《易》、《中庸》、《孟子》之序次，有所不同，是自然之理也。至若只言長幼而不言昆弟者，無乃昆弟之意包在長幼之中耶？凡看文義，不可過於鑿，亦不可過於濶，朱子此訓，當深味之也。

答尹任彦【韶儀】

違晤戀想，非意奉惠書，如續山齋未罄緖，尤慰靜履衛重。示諭"蒙昧一生，擿埴冥行"，如高明豈有是哉？猶不自滿假，是長進處也，不任艶仰。福樞八十六歲，一息尙不絶，亦怪事也。賢姪言貌動作，認是義敎中出來，看益奇愛。幸益盡庭敎，期造遠大，至望至望。

答朴章善【圭衡】

古人云"士別三日，刮目相對"，今與賢史別，已一周歲矣，這間工課之篤，觀於牣幅縷縷，可知已。

謬詢“太極固理也，太極裏面，含動靜之理。理有動靜，故氣有動靜。陰陽是氣也，而所以然者卽太極之理”云云。大體固好，但太極不可兼氣看，陰陽不可兼理看，似無統言、分言之異，未知如何？

答鄭周一【然甲】

先公碣銘，既有所受之處，則不當更求於他人，以啓後來難安之端。愚意其可入者入之，可改者改之，或仟或面，陳於前日作者之家，甚合道理。福於兄家事，豈敢辭避而然哉？

示中云云，無乃不善措處之致耶？大抵人之所欲，莫大於富貴，而有命焉，不可以力求。鄒夫子曰“修天爵則人爵至”，若無天爵之修而妄求人爵，則人爵必無自至之理矣。世或有不以道而得之者，然是得也，反爲識者之譏也。不揆妄率，敢此奉告，恐恐。

答張極老【志遠】

昨春委顧，尙爾耿耿，賢胤叔姪又此袖書，勤涉樵牧，老謬何以致此？知是百代之誼，曾不以三百里山川間之也。況承靜中頤養益超，衰暮信息，孰大於是？

福居然八旬，志日益頹，昏日益甚，從前見解，若存若亡，而今則一悾悾，柰何？令從及允君，樂有之下，才學敏穎，黃昏之燭，顧何有照及於人者？苟道塗之近，得與朝夕相將，則在彼雖無得，而在此非幸耶？落落參商，臨别增悵，更冀加攝以慰遠懷。

四未軒集

卷四

書

書

答李景猷【相翼】

示諭“雖有讀書之心，而每無讀書之日”，誠有可憂者。然既有是心，則通計一年三百六十日，豈其全然無暇耶？隨暇看讀，須將平日義理疑晦處，坐也思量，行也思量，自然有得矣。試依此勉勉如何？

答張明瑞【晒喜】

謬詢非愚見所敢容喙。然吾先祖有曰“《禮》有‘三年不祭’之文，則父喪葬前，忌祭不當行矣。但母喪再期，則異於他忌，不可全然無事，當於其日略設祭需，殺禮行之，不爲未安。喪主自不可與其事，暫脫衰服喪冠，只以喪巾裹衣，就神位前，俯伏號哭而已。若奠獻則令服輕子弟常服行之，無祝”云云。其行祭儀式，依此恐當。

至於告由文，則未見於禮書。恐當云“維年月日，孤哀子某，使子某敢攝告于顯妣某封某氏。某罪逆不天，某月某日，奄遭先考喪。不可以重喪未葬而虛度再朞之辰，略具饌品，少伸哀隕，罔極之私”云云，如何？

魂帛當於祭日埋之，若過此日，當待二十七月心喪除服之日，而今尊府方持重服之中，自無心喪可除之服，則埋帛恐無日。此出於臆料，幸廣詢博采，俾得合禮，千萬。餘外謬答，具如別紙。

別紙

母喪中遭父喪，練祥孤當攝行，而祝辭干支下，當用“孤哀子某敢攝告”，而不用“昭”字歟？

內艱練前一日，以孤哀子某，罪逆深重，荐遭父喪，明將代行練祥之意，告于內艱几筵。既告之後，當用《家禮》練祥常用祝，而“孤哀子某”下，恐不必添入“攝”字，未知如何？

父喪中母喪朞祥時，用白笠布網行事，卒事後反重服，而及其禫月，當用緇笠緇帶，以行心制，而喪中無禫祭，則心制受服，當在何時？若以無禫而不爲變除，則是爲三年內禫制人。且欲變除而將行祭，則見碍於無禫之禮矣，其或因朔奠而略行變除歟？

俛菴曰“竝有喪，前喪再朞之日，直以布直領或深衣平涼子之屬，行事如家廟忌祭。然別無變除之節，雖過二十七月之限，自無變除之節何也？以縗麻在身，未嘗着緇故也”云云。此可爲哀家不受緇之明證矣。蓋三年之祥，暫着白笠白網，以示前喪有終，而當反重服。緇本無服中表心者，而表心之服則更無所施於重服之中矣。因朔奠變除，恐不免煩瑣。

> 國恤因山前，値父母大小祥，不得備禮行祭，而退行告由，則藥泉曰："値此朞月，諱日復臨。方有國哀，因山未成。祭不備物，情不得伸。號慕哀慟，益復罔極。敢以清酌脯醢，略薦哀誠。"退行祥日祝，又曰："頃當忌日，因國哀在殯，不敢備禮行祀。今則因山已成，又過卒哭，玆敢涓日，追行祥祭。號慕如新，昊天罔極。敢以清酌庶羞，哀薦殷事。"未知此祝何如？

大小祥日旣告退行之由，則於卜日行祥時，當用《家禮》常用祝，更不必別制祝而疊告退行之由。

答張舜集【教遠】

謬詢只在家長措處，何待耄言耶？昔有問於朱子曰："庶子之所生母題主，當何稱？"答以"若避嫡母，則只稱亡母，而不稱妣可也"。稱謂旣有別，則與其木主，寧紙牌之爲愈。祔用魂帛似可。季哀雖欲立主，祥後隻位單奉，世俗所不行，諒處之如何？

與崔大圭【性奎】

昨年惠書與別錄中，所示先事一款，顧玆固陋，全昧知舊家故事，且緣歸便怱遽，不審事機之如何，只憑來說，隨見報謝矣。及奉尊先祖遺書，而追思前日答書之意，則數句云云，已極自家妄率，亦非爲執事忠告道理。旣往追悔莫及，而若復因循掩置，則安知無人之訾議於其間耶？所以仰告，昨春答書，卽爲還擲，使人無過，誠執事愛人以德之至意。體先修睦卽尊家垂裕後昆之嘉謨也，儻采納之否？

答全極中【斗運】

來諭"以鄒聖'曠安宅，舍正路'等訓，爲切己觀省之資"。苟有眞實這意思，而不作紙上之空言，則雖非先生長者之導之示之，而自當日進高明廣大之域矣。如福昏見謬識，更有何辭助發哉？

答李美汝【庭韶】

俯示尤菴說"三年內忌祭，出主告辭，考妣之號不可不書"云云，愚亦非不見之。此與未立主之家，喪中祖以上忌日，以紙牓設祭者，事體不同。

蓋木主則出主時，雖用喪人屬稱，而粉面固如舊，故待他喪畢。“世次迭遷，昭穆繼序”八字，告文無重疊之失矣。若未立主之家，紙牓一改之後，更無吉祭時可改處，而昭穆繼序之禮，末由行之，則其事體非至重難愼者乎？大抵未立主之家，紙牓雖代木主而設，然舊題與新題，似有別故，愚嘗有設虛位以祭之說，寔出於不得已也。

與李夏揆【百相】

尊叔氏以賢孝而不能終養，見識而不能需于世，人間四十年，不免泡沫短局，則孰謂天理之得其常耶？始而訝，終而悲，莫能定情。矧惟篤友遭此慘毒，篤老之如燬，何以寬譬？孤寡之靡依，何以保育？須仰體慈念，勿以無益而有害，千萬切仰。聞入地已定日，青山何處埋我玉人也？痛惜之極，伏枕構短辭以哀之，不惟不盡其志行之萬一，抑亦敍平日情素，僅一二而止，極悲愧。

答卞聖休【基命】

謬詢“父喪後母喪一二日，猶爲母行短喪”，已有先儒論斷。今令姪之告由，行十一月練，允合禮儀。且禫後入廟，高儀所不許，商量裁處之如何？

答李聚五【奎熙】

謬詢"三年內新墓祭祝，以東岡之曰無、尤菴之曰有爲疑"。蓋三年內墳土未乾之時，尤豈無霜露之感乎？有祭則當有祝，有祝則當三獻。恐與喪中舊墓示其變，不可一例論斷，從尤菴說有祝，似得之。

答李克善【能烈】

示諭中避紛棲窮，先儒不云乎？"人必味澹泊而志定，處閑寂而工專"。天之置執事於此者，無乃使之志定工專而庸玉汝於成者耶？此在吾用力之如何，何憂乎甘作無聞底人也？

答朴德華【文祚】別紙

> 奔喪，自齊衰，入門左，北面哭盡哀，父母之喪，西面哭盡哀，西面北面何義？

初喪殯在西階，故主人西面，所以親之也。齊衰以下，不升階，直就位哭，故北面，所以尊之也。

冠者先見祠堂而後, 見父母及尊長, 婦入門, 先見舅姑及尊長而後, 見祠堂。先見祠堂, 是尊尊之道, 先見舅姑, 是親親之義否?

子則於廟而冠, 故先廟而後親, 婦則從外而入, 故由親而及廟。

壻見婦之父母, 婦父跪而扶之, 婦母闔門左扉, 立于門內, 壻拜于門外, 何義?

古禮壻拜婦母於門外, 出於厚別之意。然古今異宜, 恐當以伊川《昏儀》"中堂見女之尊"者爲正如何?

答尹謙汝【柄夏】別紙

《中庸》"發皆中節"之"皆"字, 未知合喜怒哀樂四者之發而謂歟?

此則饒氏說然。蓋喜怒哀樂未有同時竝發, 故雖一喜一怒, 隨其所發, 而一一中節, 其不謂之"皆"乎? 亦不謂之"和"乎?

《中庸序》則以人心道心已發者, 起頭說下, 而《大學序》則以仁義禮智之性, 起頭說下, 抑有其義歟?

《中庸》之論性，本以發心蘊而明心法，故《序》所以言心也；《大學》之正心，實爲明性善而復性初，故《序》所以言性也。

答金文學【龍淳】

昨秋峽裏勤存，尚荷腆念。程里稍間，奉晤未易，每庸耿耿，遞中拜惠書，審靜體起居萬旺。福樞積苦僑寄，始遂首邱之願，弟兄相聚，聯床依將，足以自遣。

先墟樂石，克擧於數百載未遑之餘，可見僉孝敏事之誠。察任敦文，謬及於昏棄之物，正謂心勤而事左矣。事當奉還，而宿昔尊仰之地，恐涉自外，故姑留之。然當日會席，更爲擇定，以敦大事，千萬企仰。

答崔善餘【柄壽】

向託《正養齋記》，少以不文，老益荒廢，不敢當重大文字，故辭之固，而書督繼至，是豈愛人之盛意？勿煩是仰。

謬詢《大學·傳十章》，獨提出"拂人之性"，"性"字爲疑。然明明德、誠意、正心等工夫，皆是復性之實，則一篇中雖不言性，而性在其中矣。"拂人之性"，非有意於提出"性"字，蓋以好惡之失其常性，尤爲切戒故也。

答呂稚學【泰會】別紙

孟子曰“性善”，龜山曰“人欲非性”，程子曰“惡亦不可不謂之性”，然則性有二義歟？

孟子、龜山之說，剔發本然性於氣質中也，程子之說，兼氣質言之也。性雖一也，而所主而言者有不同。

朱子《答林擇之書》“太山頂上”云云，喩道體之無窮？

太山至頂，則是其限量，故所以曰：“太山頂上，已不屬太山也，太虛中一點浮雲。”蓋言雖堯、舜事業，只如太虛中一點雲，而不足喩道體之至大也。

答宋舜遠【民用】

審慰觀玩有相，履用衛重。俯示《寒洲集》說，以福也之管見，未及歸一於在世之時，則到今曰是曰非，豈待亡友之道哉？都置之諒宥如何？

答李敬載【德厚】別紙

喪中不廢先祖墓祭，恐禮意，而自與節祀、忌祭之入廟時不同，則不可以墨衰上墓，亦不可以喪服行祀，又無服輕可代者，當何以處之？

俛菴曰"某於在制之日，亦不免廟中行祀，而以直領布、網巾、平涼子將事，不知於禮何如，而世多有如此行之者。家廟如是，則墓祭恐不當有同異"云云，哀亦依此行之如何？

墓祭與時祭、忌祭似不同，恐有祝三獻。

喪中先墓之祭，饌品減於常時，只一獻無祝，有先輩定論。

答李公允【鈺均】

俯示江左"情純善"之說，向對時茫不記如何爲說。然性發爲情，則情之本體固善，而其發而爲用，則非可善可惡者乎？徒知情之本善，而若不察於將發之際，鮮不流於納交要譽之歸矣。蓋發於理而理能御氣者，爲純善；發於氣而氣不順理者，爲不善，通謂之情，則但曰"情純善"三字，恐終覺未穩。

答李公允

謬詢祧主之自最長房，移奉次長房，與宗家代盡祧遷節次似異。次長當以移奉之意，自告曰"最長房喪期已盡，某以次長禮當遷奉，敢告"云云，似可。至若改題則沙溪當改之論，愚伏以爲不可。大山曰："無變宗孫之名，而權宜奉祀，以存不敢自專之意。且長房多是年紀衰暮之人，數數改題亦未安。"據此數說，深諒裁處如何？

答李公允

承審近讀《朱書》，此是學問究竟處，一字一義不可放過。勿以貪多爲務，須用尹和靖半年讀《大學》、《西銘》之規，循環熟復，期於必得，以爲終身需用之資如何？

所論顏子克復之旨，未說到行處，恐有合商量者。蓋克是戰而獲勝之名，復是還其本有之稱，則克復非知行之竝進耶？

在中與未發之中，各點地頭，亦未詳其何謂也。蓋喜怒哀樂四者，當未發時，心下無一物無偏倚，恰在中間，斯謂之中，則程子所謂"如物在中"，非釋未發之中耶？未知如何？

答李公允

俯示"未發前，氣質性曰有、曰無"，高明與或說皆有所未盡處。未發前，氣質性謂之有，則氣質性有何存養於未發時乎？謂之無，則氣質性無根柢，而從何處發出來乎？氣未用事，惟理而已，故有若無。但曰氣質性是已發後見則可，若曰是已發後名則不可，或說無乃隨語生解耶？

別紙

> 茶肆、酒肆之行，已有古訓，不待言而知其不可，而偶或逢人於所居里酒肆前，人以衷情强要入肆擧飮。拂之則欠待人之道，勉從則近於僞情，辭以吾不作茶肆、酒肆之行，君勿强之，人便愧退。然心終未快也。

爲知友所牽，不得已入茶肆、酒肆，勢似然矣，何僞情之有哉？

> 朱子《答程次卿書》"存心之說，此固爲學之本然"云云。若如當應事，然後思是事之理；當接物，然後思是物之理，則恐思之不預而無所及。若預講之，則又陷於出位而思念紛擾云云。

平時常以義理存其心、養其性，則及乎事物來到面前，其應接之理，自覺得暸然矣，更加體驗如何？

答呂顯哉【赫奎】

來諭"以三十年時日，謾費科臼，至有追悔莫及之歎"。能因是心而慥慥不已焉，不患不造其極。周親有如伯茂、南收兩兄，當爲之資益，更何必遠求他山之攻哉？

心卽理之辨，盛見極精。性卽理也，此理所乘之氣，合而有虛靈知覺之妙。故心之所以爲心，因此而得名，則心與性，所謂"一而二、二而一"，而心比性，微有迹者也。若曰心卽理，則心、性固無別，而心之得名，不過爲一"性"字之贅說也。

答崔達善【元根】別紙

《中庸序》言"顏氏、曾氏之傳得其宗"，而《大學序》只言"曾氏之傳獨得其宗"，何也？

道統之傳，顏、曾無間，故《庸序》所以兼擧也，《大學》之書，曾氏所記，故《學序》所以獨稱也。

鳶飛魚躍，《章句》曰"子思喫緊爲人處，活潑潑地"，鳶飛魚躍，如何是喫緊爲人處？活潑潑之意，何以形容乎？

朱子曰"日用常行，天理流行，如鳶飛魚躍"云，則非喫緊爲人處乎？退陶先生曰"潑，棄水也"，凡水棄之，則分散灑着，蓋喩此理之分散着落。

《論語》孟懿子問孝，夫子何不直言以禮，而必待樊遲而告之何也？

待樊遲以告者，其亦"不憤不啓"之意也。

子謂韶盡美、盡善，堯、舜皆是性之之聖，則夫子言舜樂而不言堯樂何也？

舜之樂猶堯之樂。然情文之盛，功德之隆，則至韶大備，觀於夫子答顔淵爲邦之問，特擧韶樂，可知已。

子曰："富貴，人之所欲也，【止】不以其道得之，不去。"蓋富貴處不處，固在我，而貧賤去不去，亦在我否？

只是安吾分而已。

"回也不改其樂"，周、程二先生，皆引而不發，然則顔子之樂，將何所指的乎？

若說樂道，則心與道爲二矣，若說樂貧，則貧非可樂矣。然則顏子所樂，果不在於仰不愧、俯不怍，心廣體胖，人欲淨盡，天理渾全處耶？

> 《堯曰》篇末，以夫子爲政之意，繼群聖之統，則王天下一定之法，莫大於顏淵問爲邦章，而此以子張問政章繼之何也？

此與爲邦章自不同。顏淵之問，損益一王之制度也；子張之問，帝王政教之心法也。

答周五汝【尙洪】

俯詢禮疑，如母喪中遭父喪，爲母杖朞，父喪中遭母喪，爲母三年。如四代承祀之人，父在遭長子喪，壓尊不服斬。如延婦見禮，若舅姑與祖舅姑俱存，婦先拜舅姑畢，舅姑陪祖舅姑，侍立左右，行拜禮。俱有先儒論斷，更考之如何？

答李乃修【承來】

俯示同行異情之說，忠汝以兩人對言爲非。蓋胡氏立言本意，就人性情上，只說理、欲分界，初不論一人兩人。然《孟子註》因太王、公劉、齊王好貨好色，而朱子引此語以明之，豈非以兩人言耶?

答李大衡【斗勳】

耑翰如續向日餘緒，謹審華旆利稅，經履連衛，庸慰。先謹齋公碑役，賢史克述先志，日事董督，寔出孝思之至，然書之以無所短長之鄙言，則恐不免古所謂“心勤而事左”矣，切爲慨慨也已。

答李聖謹【相慤】

向書感鐫至今，而老倦筆硯，稽謝爲愧。更候霜令承歡，友履珍衛。敬、義夾持之工，日有獨覺其進否? 以賢者美姿地、妙年紀，向裏鞭辟，專心向上，異日成就，有不可量焉。

而第其心疾緣何以致之耶? 大抵始學之方，無論讀書與應事，先除去偏滯之見、浮躁之習，而就平易切實處，大着肚，緊着脚，一一講究體驗，以至行不愧影、寢不愧衾，則一片靈臺，自當乾淸坤夷矣，何憂乎心疾之有哉? 外試藥餌，恐不如從心上用功，試之否?

賢者於《魯論》沈潛有年，其心得可知已。以吾夫子因材施敎，對證下藥，豈無偶合於我者乎? 溫恭氣像，平遠辭旨，亦豈無想像感發於我者乎? 愚常以爲大有補於自修，莫此書若也。心非不酷好，家憂世故種種妨奪，居然老白首，卒無見得。一二條答無以發其意，而徒爲人聒耳之資，愧死愧死。

別紙

> "五行之生也，各一其性"之性字，恐似氣質之性，而本註作兩段說，前後不同，當何從？

前說原其化生之始，均稟仁義禮智信之理也，後說及其氣以成形之後，理爲氣所拘，定各一其性也。各一其性之中，渾然全體可知矣。

> 《論語》可與共學章《註》程子曰"權只是經"，其義可得聞歟？

權，所以權物之輕重也。權處似反經，然權而得中，則權非經之要妙處乎？

> 顏淵、季路侍章《集註》程子曰"子路求仁"，又曰"子路亞於浴沂"云云。

子路之言，雖止朋友，其至公無私則亦求仁之一事也。其濟人接物，則亦有與天地萬物上下同流之氣像，是亞於浴沂者也。

婦爲夫姑姊妹，適人不降何也？

婦爲夫姑姊妹，爲其報服，故不以適人而降也。

宗家有喪，廢茶祀，則其餘同曾祖有廟者，同廢可乎？或曰"不同宮者，雖祖曾祖父母之喪，祭之無妨"，或曰"親廟旣廢享，雖異宮，祭之未安"，其說若何？

按《疑禮問答》"俗節大宗雖有故不行，而小宗從以竝廢，似未安"，大山先生曰"宗家若有喪故，支孫之獨行祭祀，恐或未安"，依大山說，廢之恐當。

叔父爲人後，而其女又適人，則當服小功乎？抑未知再降爲緦乎？

按政和禮"出后者爲本生從父兄弟，當小功，其姊妹嫁，當再降爲緦，其兄弟姊妹皆當相報"，據此則似當再降。

阼階，主人位也；西階，賓位也，而初終受弔，凡喪禮，主人皆由西階升降何也？

由西階，爲人子事死如生之義，恐不敢當父位也。

"主人以下入哭"註，"丈夫處東，西上；婦人處西，東上”，凡他祭禮皆同，婦人之位得無尊乎？

《禮疏》曰：“男東女西，陰陽之大分也。”

答李聖謹

竊瞷賢史於義理鉤深處，或精之之過而少餘味，或核之之過而無含蓄。讀經先將正文，必爛熟生疑，然後却看註說，循環理會，則自然有得，而無此等之患矣。福也平生，不曉讀書，虛度了好光陰，到老追悔莫及，故爲賢史誦之。

答李邦憲【萬相】

先三世墓碣，克體先公之遺志，喪威震剝之餘，營此大擧，是誠人所難及處。但責銘於福也，則政所謂“心勤而事左”矣，福也何敢當？顧念契誼，有不敢一一固辭，收召逋魄，僅成二本。疊作一家文字，已犯古人所戒，況可疊而又疊乎？一本空還，幸諒宥之如何？先公碣文，平日知心之地，與其鋪敍汗漫，恐不若約而盡，故以四十五句銘，略悉行誼之萬一，無憾於揄揚孝心耶？

答許致圭【堣】

示諭"解一字一句，如鑿山通道，辛苦不快活"。苟能耐苦喫辛，溫故知新，去盡皮以見肉，去盡肉以見骨，去盡骨以見髓，自然中心悅豫，顧不在用力耶？

《夙興夜寐箴》，王魯齋以敎上蔡書院諸生。蓋此箴說得一日工夫，日積而月，月積而年，年且積而終身用之，有不窮者。今賢史謄置座右，誦習服行，尤庸嘉尙，勉旃勉旃。

禮疑略略條答，以爲賢史采摭之資。

別紙

> 朔望俗節等禮，或云"先殯後廟"【《問解》】，或云"先廟後殯"【南溪說】。大山先生曰："朱子卒哭之後，四時祭日，以衰服特祀於几筵，用墨縗常祀於家廟。又先生有子喪，就祠堂內致薦，用深衣幅巾，反喪服哭奠子。前則先殯而後廟，後則先廟而後殯，蓋以喪有輕重也。"據此則堣亦先奠於先妣几筵，次行祠堂參，又行亡嫂殯奠，恐不失禮意否？

哀示自是朱子已行之禮也，孰敢曰不可？

答金聖弼【竤東】

纔檢束則旋困於厭倦疲薾，纔夷坦則遂流於放肆惰慢，非徒賢史之患，亦吾輩通患。苟持志篤而從事於敬，則此等患豈久爲患耶？若乃正心、求放心、養心，名雖不同，而要其歸則亦不越乎一箇敬而已。竊惟正心而去四有之害，求放心而無覺遲之患，養心而寡欲，以至於無，何莫非一於敬哉？正之、求之、養之，自當交致其功，非有先後次第如來敎之云也。

蓋聖人敎人用功，多從已發處言之。然其未發之前則戒愼恐懼，常使此身竦動不貼地，而少無坐忘、坐馳之失，然後省察自不費力而發皆中節矣。試依此勉勉如何？

答許明現【鏶】《朱書》問目

“亦覺難行，次第八九分”，指何說也？

《戊申封事》論大本急務，凡屢千言，而罷棄不行，十居八九。

“違好還之戒”，是何謂也？

按《老子》曰“佳兵不祥之器，其事好還非”，此之謂歟。

“又覺得雨露太勝霜雪”，其所指意難可理會。

按東萊書曰“保養奸凶，以賊善良，固君子之所恥。要當無忿疾之意，若霜雪太勝雨露則不可”，故答之如此。

答安華益【英濟】

牣幅屢數十言，寔出悟往追來之至意，能因是心而做去，沈潛乎家傳詩禮，持循乎世守孝義，則日用間善端所發，何憂乎衆攻哉？伯難匪所經過，雖蚩蚩島氓，猶知盡誠，此非好是之出自彝性者耶？

答李德祚【基升】

渴仰中尊府袖惠書而至。審省棣履種種欠安，以貽憂爲懼，寔庸奉念。疾病之來，聖賢所不免。若常置此身於義理之中，心無愧怍，則浩氣自生矣，浩氣生，則小小疾恙自當去矣。情愛之地，爲誦不逮之言，賢史其勉之。

答李德祚

《山花實記》繡棗之意，此重事也，世遠蹟逸，收拾裒成，尤難事也。先先生文章，已著於《山花》數絶詩，膾炙天下口，餘外零文瑣說，千載之後，類皆杞、宋之莫徵，則實記有無，有何加損哉？嘗對貴族某某，不無以此言，及今承校勘之托，尤非所可堪當。蓋今人爽實文字，雖多奚益？舉將一例刊行，已成俗套，心實恥之。幸稟定于堂上，俾無遺憾，千萬。

答金佑若【普鉉】問目

> 《大學序》"天降生民，莫不與之以仁義禮智之性"，又曰"一有聰明睿智能盡其性"，聰明睿智與四性所受，不同歟？

四性乃天理所賦，故人物皆同，聰明睿智乃氣質所由，故人亦不同。

> 忌祭與時祭，其誠敬一體。然時祭齊七日，忌祭齊三日何也？

退陶先生曰："時祭極事親之道，忌墓祭後世隨俗之祭，祭儀不同，齊安得不異？"據此，古者時重於忌，故然矣。

答金佑若

數月相將，一朝言旋，悵黯曷有其極？《思傳》及《太極圖說》

是學問頭腦，二書循環熟復，必須澄心靜慮，自然有得。

昔朱子歎康節被他靜極了，所以見得事理如此精明。蓋言靜極者，以其操存之極而心體之明也，心體旣明，則天下萬事、萬物之理，昭著於心目之間矣。若先就傍蹊曲逕上尋究，則恐無益於身心，反有害於眞正意味也，此非讀書者之所深懲而痛戒者耶？

答曺忠可【有贊】問目

朱子曰"太極者，理也，陰陽者，氣也，動靜者，所乘之機也"，合觀之，則所乘之機者，非理乘氣之義歟？但將是說，直以動靜主氣看來，似涉好徑之見。

理者，所主以動靜之妙也；氣者，所資以動靜之機也。故朱子於此分而言之，以明道器之別。蓋太極因所乘之氣機，而謂有動靜則可，若以動靜便謂之太極，則侵過陰陽界分，而不明於上下之別矣。然則以動靜之形著者，主氣看，何不可之有哉？

"中正仁義而主靜"與程子"敬則自虛靜"之說，同乎？

主靜是工夫也，自虛靜是功效也。

《大傳》"一陰一陽之謂道", 合理氣底說乎?

既曰道則恐非合理氣說。

答權慶七【在五】

俯示先府君返葬事, 寔出孝思之至。先破二年, 只緣世故, 遷至今日, 始得啓墓, 則前告文, 恐不必疊告, 又不可昧然出柩。恐當曰"伏以返葬宿營, 先破已年。夙夜憂歎, 世故牽連。簡吉出柩, 輿向故里。某水某邱, 遺躅宛爾。姑安山殯, 留待葬日。哀慕欲絶, 五內崩割。敢告"云云, 如何?

答李孔裕【道容】問目

或謂"士子有綱常之責, 而無社稷宗廟之憂, 爲今日地, 莫若隱淪自靜", 此言何如?

士既有綱常之責, 則綱常之責, 豈其外社稷宗廟哉? 但與當路者似有緩急之差也。

親老之人, 或自義所, 使人敦赴, 則託親辭赴, 恐無害義否?

君親一體，爲君爲親，斷當隨時處義，恐不可以私意間其間也。

答金仁叔【相項】問目

從子爲伯叔父母主祭，則虞、卒、練、祥祝，似當改"夜處"下八字，而禮無明文云云。

吾旅軒先祖曰"伯叔父母則初虞下只用'哀慕不寧'四字"，此在行禮者酌處。

今日亥時氣絶，而明日子時皐復，則何日爲忌乎?

復則行死事，故以行死事時定忌日，有前輩論斷。

時祭出主時，焚香告祠，似當有拜，而無明文如何?

按《家禮輯要》"主人將告，而豈有不拜之理乎? '立定'下恐當添入'再拜'二字"云云，此無乃《家禮》之偶然闕漏者耶?

《家禮》后土祀，無焚香一節，而《儀節》及《正衡》皆有上香，故《備要》因之，當何從?

恐當以《家禮》爲正。

答李肇卿【基一】

承讀蘇氏文，可想用工。但其文文章猶可取，而義理則不可求也。朱子云："語道學則迷大本，論事實則尙權謀，此其害天理，亂人心，妨道術，敗風敎也。"賢者於聖賢書旣未讀得了、見得了，而先肆力於此等文字，恐知慮有分，反害無益，未知如何？

答李夙明【浚久】

承審視膳之暇沈潛《思傳》，可想富有心得。此書雖云語道極致，然眞究而實得之，則下學之工，亦豈外是哉？竊惟道體之洋洋，在乎日用之間，無時不然，無物不有。勿涉泛忽，勿入穿鑿，而惟本文本義之是尋；無近崖異，無循汚淺，而惟近裏著己之是急。如是積累之久，脫然如大寐之得醒，了得受中以生之責矣。自夫渭陽兄弟下世之後，更無誠心求道之人。平日承受如賢史者，宜益加勉勵，俾有所大成就，無負平昔期望如何？

答郭華見【昌燮】問目

道性善，便說性未有不善，而孔子有"性相近"之訓，子思有天命之性，而孟子加說善字何也？ 性或有主理而言，或有主氣而言，此章《章句》"所禀於天以生之理"與告子"生之謂性"，似同而實異何也？

孟子所云性善之性是純理而言，孔子所云相近之性是兼氣而言，子思之言天命，以原初賦與而言，孟子之加善字，以本性無不善而言也。《章句》所謂"禀於天以生之理"，重在"理"字；告子所謂"生之謂性"，重在"生"字，其旨之不同，相去遠矣。

答郭華見

惠存慰浣。昌峽莊點只是就閑[7]養拙之計，而其措辭遣意太不着題，有如超鴻濛而蛻汚濁者，令人生愧。

每念君資地誠篤、志尚高遠，已占得六七分地頭。幸趁此年力富强，痛加理會，如孤軍遇勁敵，勇往直前，期於撕殺乃已，甚事不濟？勉旃勉旃！

《近思疑錄》見得甚縝密，然其間不能無鄙意未契者，當

7 閑：저본에는 "間". 문맥을 살펴 수정.

略抒以求益，而適被勞擾未暇，更俟後便耳。

答崔仲健【鶴烈】

向逢霎矣，但疑目留作面目。日來省體連衛，講貫日有新得否？謬詢字字是切實，非俗儒所能到，不任嘉尙。但素無心得者，近益昏憒，無以開發其萬一，是愧是愧。餘冀益懋大業。

別紙

> 古者何嘗有許多文字可以博學？必是理會禮樂事物之凡切於日用云爲者；非如後世之涉獵於卷軸字句之間，以資談說記誦而已，未知如何？

所論甚好，然若只隨事度宜，卽物觀理，而不考文字，則何以知聖賢成法乎？

> 祥祭之無參神者，以哭代拜而然耶？抑三年之內孝子有常侍之義而然耶？

後說然。

答尹直哉【炳謨】

一奉倏已六載，懸仰何嘗一日祛心？承審動止連衛，甚慰。來喻以業不加進、四十無聞爲自悼，而猶患其不奮。誠能悟往，則奮與不奮，是在賢史克體"不得不措，不明不措"之訓，及時懋敏如何？衣制必有自家各守定見，恐不必有問於人，人亦不敢容喙於其間。

答金舜擧【鎔來】

别後居然獻發，老懷尤庸耿耿，忽承手墨稍慰。尊先集，愚已盥薇矣，謄書後，使高眼家精校是望耳。美業當硬着做去，則如右丁乙之役，何必讓於人而就哉？益加日新之工，以副區區之望。

與崔純夫【正愚】

夤緣幸會，獲遂際接忽卒，雖未盡底蘊，所慰袖示諸條，皆高明之曾所心得者。留案奉讀，怳如對晤。但素所謬戾，近益昏耗，對面論說，靡有一分助發，況於紙墨上乎？其不中理，幸有以回駁焉。

別紙

持守之要, 存養之要, 省察之要, 皆以敬字爲要訣歟? 抑或就敬字節目而亦各有其要歟?

敬字節目雖多, 自是一串貫來, 則統言一敬字爲要訣, 然後諸目可兼該, 未知如何?

朱子封事曰"爲學莫先於窮理, 窮理必在於讀書。讀書之法, 莫貴於循序而致精, 致精之本, 又在於居敬而持志", 居敬持志之本, 又在於何歟?

居敬卽持志之本。

九疇相乘得數, 不言庶徵何也? 且庶徵稽疑, 不言數何也? 五行何以屬坎? 五事何以屬坤?

七稽八徵, 亦數中推出, 而天一生水, 故五行屬坎, 致役於坤, 故五事屬坤。

《河圖》"朋、宗、道、友、守"五字, 蓋天一生水, 地六成之, 一爲生數之宗, 六爲成數之宗, 故曰共宗。三爲陽數, 八爲陽生, 其道同, 故曰同道。二與四雖陰, 而據生位, 與在後之七九相敵, 有同類、同德之象焉, 故曰爲朋、爲友。中五居內，兩五挾之，居內若守，兩五挾外，五者若守中五，故曰相守。如是看之如何？

盛見得之。

心統性情卽是攧撲不破之論，而蔡西山曰"心統性情，不如曰心者性情之統名"云云，朱子輒首肯之可疑。

兩項說各是發明一義。

答崔勉夫【道燮】問目

承重孫妻姑在服制，退陶答寒岡書有前後之異。故愚伏主前說，沙溪主後說，葛、密皆主前說，大山亦以愚伏說爲是。其夫則服斬齊衰，其婦則服吉服，似有未安。

承重孫妻姑在，則除本服後，只以素服同夫終三年，已成吾南通規，恐不必更容他議。

答朴繪受【彩淳】

承審讀書到思索處，全沒思索，未免遮眼消日，無乃心不靜貼之致耶？須將對冊時，先要莊敬自持，勿以胡思亂想爲牽，勿以貪多務博爲意，曉上句了，然後及下句，曉前段了，然後及後段。專心致思，循環熟復，自然不得不措，而有日知所未知之效矣，或依此勉之否？

俯示"重九節薦已成家禮，而今欲從俗，移行於秋夕"，先世已行之規，似難一朝自我擅改，詢諸族內而酌處之，恐得宜。

答崔汝寅【東建】

示喩四十無聞，誠有可憂者。然以衛武《抑》戒之年視之，則相去不啻朝陽。苟能奮發勇往，毋有一息之間斷，則何晩之有？

謬詢，多感問寡之至意，抖擻昏精，略貢愚見，妄率爲愧。

別紙

> 《小學》"三十而有室"，非必限三十而後方有室。蓋言自二十冠後，無非可娶之年，而過三十，則是過時也。女子亦然，不審然否？

二十三十，特以陰陽數爲限。然宋朝令男年十五、女年十三，竝聽昏嫁，此在行禮者之酌古參今耳。

不許友以死則可，若弟子之於師，其義自別，假使夫子不免於陳、蔡，則顔、閔豈以親在之故不以死報乎？

與師友一時同患難，則不可以親在而有回避苟免之心。

與金道明【鎭學】

道明賢史妙年志學，眞大賢胄也，自不覺心乎愛矣。第以庭命有限，遽爾攀別，悵惋至今，如茹物未化。

謹問菊秋省履珍衛否？"爲君子儒，毋爲小人儒"，《傳》不云乎？何謂君子儒？格、致、誠、正、修、齊、治、平也。此個道理備具於性分之內，昭載於簡策之中。能"博學之、審問之、愼思之、明辨之、篤行之"，不自已焉，則乃成君子，君子小人之分，惟在吾用力之如何，勉之！

答金道明

竊瞯賢史資地分數，已占得七八分，但欠勇往直前之氣。無其志則已，如有其志，加人百己千之工。日有課程而無少間斷，持以悠久而無廢半途，使先先生《彝尊錄》旨訣永無替於後承，如何如何？

福樞收檢之心，非曰無之。時把幾卷殘篇，爲朝晝遮眼之資，則鼎器已弊，神識益昏，其得之也甚艱，雖或有一二得之，終不爲已物。每被閑酬應，輒復隨手銷散，無處尋覓，依舊是空空一癡漢耳，此非賢史之所鑑戒者耶？

謬詢經說與禮說，隨條奉答以余昏見，何能中理耶？

別紙

《坤之六二敬以直內章》。“不疑其所行”。

此何如之行耶？《附註》第二十圈曰“修養家想無成有，釋氏想有成無”，皆何等說耶？

所行非敬義之直方大耶？想無成有是仙家煉丹之法，想有成無是佛家空寂之敎，卽所謂萬法俱空者也。

《君子反情以和章》。

第一圈曰“欲人無己疑，不能也”，其下曰云“欲人己從，誣人也”，皆何謂？

戱言戱動，自以爲非本於吾心，而欲人之不我疑，可能乎？吝於改過，自以爲己之當然，而又欲人之從之，豈非誣人乎？此則甚言不明之失、自誣之罪也。

文康先祖神主，曾於別廟以奉世祀，若院享焉，而久闕旁題。今鎭學移居先祖之講堂，因以是爲正寢，自奉其祀，以鄙名追爲旁題如何？

恐不得不爾。

不遷位祭祀日，不可廟中行祀者，有嫌於以下諸位，然則出主於正寢行祀如何？

何疑之有？

不遷廟昭穆之位既正，則此祭五代也。人家祭其四代，猶謂之僭，況五代乎？此必有先儒定論。

不遷位不可竝數於四代之龕，有吾先祖論斷，吾南禮家多行此例。

答金達叟【達】

戀裏惠疏，可當面晤。況審哀棣履神支，讀禮之暇溫理宿業，日有新得，深慰。第得喪沮於外，攻取梏於內，淵淪天飛，遊騎莫返之歎，是誠初學者例也。斷當從事於敬直義方之訓，念念不懈，病根快斷，政不可以朝夕期速效至。

若知覺之辨，無理則無所覺，無氣則不能覺，可謂說得無餘蘊矣，又何贅之？曰："覺者，理也；覺之者，氣也。"

餘具如别紙。

别紙

　　吉祭是改題主之祭，而無神主，則以紙牓行祭何如？

吉祭只是明世次迭遷、昭穆繼序之意，則未立主之家，雖紙牓，恐不可廢。

答金達叟

來諭云"鬼神章，鬼神與德同一兼氣，則'爲德'二字，似涉剩語"，恐不無合商量者。大抵首節爲下四節説氣張本，則"爲德"是氣之消息屈伸自然而然者。故只是輕輕説德，觀於"爲"字之特加其上，可知已。此非就氣上而明理之本原耶？指其氣之體物乃所以爲德之盛，亦可推得於朱夫子非侯氏之説矣，以爲如何？

答金達叟

承審長夏做程文，間遊娥林，與鄭若中諸賢討論《思傳》，多所開發，深慰深慰。

餕需薦廟禮，雖無文，揆以人情，似不可已。觀於俗節時食之備，古人必思祖考以祭之文，可推得矣。

《小學》疑義，以福也不躬，加之昏耗，萬無開發人意者，故都閣之，諒恕如何？

答宋羽若【鎬翼】

俯示《家禮》時祭祭酒一款，三獻俱祭于茅上，自是朱子定論，無敢更容他議。若於高祖最尊位既已行此，則曾祖以下諸位，以君祭先飯之義推之，似當不祭如來示，而逐位皆祭，無乃子孫共尊之地，無統於尊之義而然歟？是未可知也。

答金厚卿【載基】

承哀疏，以哀純孝百里戴星，不至生病，深慰深慰。

謬詢，先夫人喪在六月二十九日，而哀之奔哭在七月初五日，則日雖未幾，月則易矣。恐當以成服日除服，以盡二十七月之制。然哀非宗子，則恐不必有告于几筵。且支子異居者，或遠莫能進參朔望俗節，則設虛位以盡哀情，未知如何？

答鄭武卿【鎬善】問目

伊川涪陵之行，樵者之言舍達，何義?

舍是舍生之舍，達是達於命之達。

伊川之居龍門時，嘗止四方學徒，朱先生當僞學之禁，或勸散學徒，而先生不從之何也?

聖賢處患，量時度宜，各當其理，恐不可以一槪論。

《復之初九章》。南軒曰"心過痛懲以絶之，如分桐葉然"。桐葉之云，果是成王分叔虞之義乎? 抑別有他旨乎?

如分桐葉，《心經釋義》曰"唐李懷光叛，已而請降，德宗欲納之。李泌取桐葉，割而分之以進曰'懷光於陛下，君臣之分如此葉矣'"，此喩恐似親貼。

近世或以理爲心之主宰，或以性爲心之主宰，若以理爲心之本可，未可以主宰言，豈有以理宰理乎? 以理妙理乎? 以性爲心之體可，未可以主宰言。若以性爲主，則性有運動造作，恐非朱子"心者，性情之主，心爲天理之主宰"之旨耳，未知如何?

心以性爲體，而性卽理也，理非心之主宰乎？心無理之主宰，則如銛鋒悍馬，莫能禦之，更加體察如何？

答張性初【命相】

來諭云："有時開卷，從肚裏一種思慮胡亂走作，不知口所叫喚爲甚麽，此無乃心不在之致耶？"大抵存心之要，不患放失，惟患覺遲，能從事於敬，則纔失便覺，纔覺便存。讀一句，心在這一句，讀二句，心在這二句。今日如是，明日如是，積之之久，胡思浮念，自然退聽，而日有進益之實矣。老人胸膈間痰滯，當寒益肆，日夜喀喀，精力銷鑠無餘。且哭寒洲兄，踽凉懷緖，尤無以自遣，柰何？

答張性初問目

葬時未遑造主，今不可不追造，而昔朱子答陳明仲曰"終喪立主"，卽且如此，然終不是也。先祖答安公應昌曰："追造於或祥或朔望，似可。"命相一時苟簡，大失禮意，夙夜憂懼，不可待終祥也。旣有先祖是答，故欲於節薦因行題主之禮。臨薦時題主，奉置靈座，因奉魂帛，置於主櫝之後，卽行薦禮而告以事由。祭畢奉魂帛，埋于墓所否？告文亦爲製送，伏望。

追造節次無所考，恐當如來示。若告文則“伏以襄奉之時，不遑立主。今因節日，始爲追造。伏惟尊靈，舍舊從新，是憑是依”如何？

答鄭星集【文奎】

珍重手畢，儘前月面目，愛翫不能釋手也。示諭中“貪多”是讀書之大病，勿以書博我，幸以我觀書。上句了，然後及下句，前段了，然後及後段，試依此勉勉如何？

與李禹尊【相冀】

先王考公遺集該博之見、老鍊之工，有非膚淺所敢容喙。其長吟巨篇之不無字句間些欠處，待他鋟繡時具眼者存拔，尙未晩也。

若《一蠹先生年譜》則能撰次於文獻莫徵之中，寔出尊衛之至意。此與當日及門諸先輩之記其耳目所及者，事體不同。今後乎數百載，不名言其某賢、某書之出，而只依例說去，則後之覽者，安知先王考之有明見實得，而無疵議於其間耶？不得已付標以送，幸更爲商議於具眼而去取之如何？

答李士元【能東】

三霜一瞥，冠服居然就吉，孝子靡逮之痛，烏得不爾？奉讀來諭，大故餘，家計沒策例也。居今之世，以君所處，雖才大如程叔子，無容力於其間，彼在天在人，固不可苟免。若乃性所固有，職所當爲，則是誠在我，須隨地自盡，孝義行于家，敬忠著于鄉。又能文之以詩禮，遠而無忝乎大祖，近而克副乎先公期望，其非追孝之至而善述之大者乎？想賢史有見於此，而以先公之思敢加勉焉。

先先生守拙公誌文，賢者奉承先意，欲其從實改正，極其無憾，足令人興感，敢不唯從？

答金夏重【祉鉉】問目

陸象山所謂"先立乎大者"，與孟子之旨義同歟異歟？

孟子之言"心之官則思，思則得之"者，思得其理也。象山則謂此心但存，則理自明，欲其理之不思，而自明自得也，其不爲佛家之信心乎？以孟子所云"先立乎大者"一句，謂學問本領，擧視詹阜民安坐瞑目，用力操存半月，一日下樓，忽覺此心中立，此與孟子之旨不同，不辨而明矣。

答河叔亨【謙鎭】

示諭"動靜"云云, 蓋理之本體無爲, 一日之間雖百動百靜, 其本體之無爲自若也。理特乘載氣上, 主其發揮, 固可曰理有動靜, 不可曰自動自靜。故大山曰"偏主理之動靜, 則近於無位閃鑠之弊", 更思之如何?

與鄭尙三【圭輿】

向者杖苴臨門, 感鐫不知所喩。別後居然月屢圓缺, 更問哀履神支? 有老在堂, 可以盡先公未盡之孝養; 遺經揷架, 可以了先公未了之緖業。 哀今任大責重, 先公之思, 特加勖焉, 哀能諒之否? 先集留案屢月, 病擾無隙, 隨時略略看過, 而昏耄之見, 往往以是爲非, 以非爲是, 其於孝子俯囑之勤左矣。大抵文不貴多, 惟貴乎中理, 如其理也, 小不爲小。幸與公厚諸友更加精校如何?

答沈建七【斗煥】

來諭云"知而不行是知之未眞", 誠明見也。大凡爲學, 非徒行之艱, 亦知之艱, 知旣眞, 則行何爲不得哉? 須將經傳中義理深奧處, 勿知二而足二、知三而足三, 一一窮極其知,期臻於中心悅豫，沛然有裕之境如何？

別紙

> 孟子不得已至景丑氏宿焉，不得已者何義？召而不往者，義也，出弔東郭氏者，欲使王知也。夫旣以義，而又欲使王知之，則問疾之醫不必諱，仲子之權辭不必踐也，歸家何害？而爲此不得已也。

不得已，非爲其使人要之也。仲子旣爲權辭掩迹，故借一宿，欲以明不召之義于齊臣，未知如何？

答李孟遠【基馨】問目

> 宗子死，其弟攝祀，若有繼宗者，雖未長成，使此兒傍題主祀乎？

旣有繼后兒，則雖未長成，傍題主祀，已有明文。

> 弟之出繼于叔父者，內外俱歿，則情誼固當兄行其祀，而旣爲從弟，則於從嫂紙牓與祝文，當何以措語也？

出繼弟旣以從弟稱之，則於其配位恐當書從弟婦，而祝文措語未有考據。

主喪兒雖在襁褓，訃告等書，猶以兒主之乎？葬虞及小大祥祝文，何以措語？誰可主之乎？

主喪兒在襁褓，則訃告等書，恐當家長主之。至於葬、虞、大、小祥祝文，以兒名書之，而人爲之攝行，已有先儒論斷。

答沈泰源【相吉】

示諭"立志未固，見理未明"，苟憂之深也。斷當卽物觀理，隨事度宜，一一反身而誠，則志日固而見日明矣。如或謾向人說道，而不少加工，非退陶先生所謂"名外求名，病中生病"者耶？

謬託《伊樂齋記》，顧玆昏耗，何能發賢孝之志耶？只以數語草草塞責，早晏當入覽矣。

與許處人【垠】

近日省履何似？課讀日進否？古人云："教婦，初來時，勿相疏，勿相狎。"吾孫嬌素乏聞見者，婦人以夫爲天，天能容物，君其體之否？

答文見五【秉純】

來諭云"藹然四端發則俱發"爲疑，然朱子曰："四端生時有次第，發時無次第。" 如生時則惻隱而宣著者，禮之端也；宣著而充實者，信之端也；充實而斷制者；義之端也，斷制而分別者，智之端也。循環一理相生有次第，辭讓、羞惡、是非莫不皆然。至若發時，惻隱自惻隱，羞惡自羞惡，恭敬自恭敬，是非自是非，界分截然，豈以互發爲言哉？

四未軒集

卷五

書

書

答宋舜佐

不知巖復路失握，至今悵惋。人來接翰，知奉懽學履佳裕，深以慰遣。

示諭縷縷，足見自訟甚摯、求益甚勤。然此是終身事，不可以欲速而急，亦不可以自畫而止。惟虛心遜志，優柔涵泳。勿爲毁譽前却，勿爲利害撓奪，隨時、隨處，硬實做工，然後自當有到頭處矣。

若其工夫節度，豈用他求？亦曰"涵養須用敬，進學則在致知而已"，此程先生所以喫緊爲人處。而朱子發明其理曰："持敬，須就視聽、言動、容貌、辭氣上做工夫，致知，不離乎日用事物之間，別其是非，審其可否。"此又示人以下手孔穴也。試於日用之間，依此加工，早晩不已，則動靜、本末交相浸灌，大本可立，衆理可明矣。

向書未復，今問又切。衰懶輒欲省事，一紙拜答，恕諒是望。

別紙

> 爲人後者，本生葬前，以私親之喪，廢所後家常祀，恐未安。當使子弟代行，而讀祝三獻，自可如禮歟？既不能與祭，則不得備禮歟？

所後非同堂至親，則已雖不與祭，自當備禮。

> 《家禮·五服圖》，爲甥小功，爲外孫緦。蓋甥與外孫，屬之遠近，情之厚薄，固無彼此。彼之所以爲我，同是小功，而我之所以報之者，有此隆殺何歟？至若祖父母之爲孫婦緦，出后子婦之爲本生舅姑大功，無乃過降乎？蓋舅姑之服，見在齊、斬，所當降則一降而從夫服不杖朞，可也，反乃再降而爲大功何也？聖賢制禮，必有深意，敢問其所以然。

禮，外親之服，皆緦也，而爲甥小功，肇於貞觀禮，則本服緦，可知矣。爲外孫緦，外孫既以尊服服我小功，則我不當服其尊服矣。爲庶孫婦緦，既爲傳重服小功，則不得與嫡同等矣。爲本生舅姑大功，舅姑既以從子婦服服出后子婦，則出后子婦，亦以夫伯叔父母之服，服本生舅姑，無乃相報之義乎？然退溪先生云“出后子婦爲本生舅姑，降一等服朞”，恐當從厚。

子與婦忌祭祝式，或有可據之文否？因用“悲念相續，心焉如燬”，則似無喪祭隆殺之別矣，當如何措辭？

來示誠然矣。恐當曰“拊時追思，不勝悲念”，未知如何？

“過則勿憚改”，已有聖訓，而每自檢省，或有過而不知，或知而不能改，又或告之以有過，而反加憎怒，其病安在？

不明故不勇，而病根歸宿。又在一“我”字上，苟誠心自治，自然少此病矣。

“博我以文，約我以禮”，大抵先博文而後約禮。然博文中，當下約禮工夫，如視也便要禮，聽也便要禮。若謂窮盡天下事物之理而後，可以約禮，則約禮，無乃太緩乎？

說得儘好。

答宋舜佐《朱書》問目

《答汪尙書》“體用一源，顯微無間”，體用只以理言，顯微合理與象言之歟？

體用固以理言，然理之用，非象不能著也。

《答張敬夫》"仁之所以愛，而愛之所以不能盡仁"，蓋仁，其體則大公至正，其用則周流貫徹，豈可以一"愛"字盡其意思乎？

朱子嘗曰"仁者，心之德、愛之理"，愛之理上，可見仁之所以愛；心之德上，可見愛之所以不能盡仁，更加體究如何？

又謂"已發之後【止】亦若操舍存亡出入之云"。按此書之意，蓋謂時中之中、在中之中，自是一事，但有未發、已發之分爾。但以未發、已發諭諸"操舍存亡"，則不能無疑。且"已發之際，常挾此物以自隨也"，未詳其義，幷乞下教。

所謂"已發之中"，卽此在中之理，發形而已，非別有一物挾而隨之也。此物指"未發之中"字，更有何疑乎？發而中，卽操而存者也；發而不中，卽舍而亡者也。只是借而爲喩，幷宜活看。

"傷急不容耐之病，深以爲苦"，蓋傷急不容耐，先生之所嘗自病，而欲得伯恭相處，以其有責善、規過之益歟。浚弼氣質，柔弱太多，所以做事每有緩不及之歎，未知何以則可以矯革得也？

東萊嘗患粗暴，讀《論語》"躬自厚而薄責於人"，覺得意思一時平，蓋善變氣質者，故先生欲得相處以自效耳。柔病害事，果甚於剛病。然志之所篤，氣隨而生，常持勇往直前之志，則可矯革得緩不及事之弊矣。

陳經正"天地萬物皆我之性"之說，固有病。然仁者以天地萬物爲一體，一箇惻隱之心充塞周遍。滿腔子只是這箇物事，腔子外亦只是這箇物事云云。

天地萬物固與我同體，然須將自己爲主宰，見得物我一理，無有間隔，方是仁之實體。此夫子所以答子貢之問，必曰"己立立人，己達達人"，而張子《西銘》必以"吾"字爲原本者也。此書須以此意看破，不可泛以天地萬物同體爲仁，反涉莽蕩之病也。

論中和書，載於此篇者凡三，而首以"仁"字爲立大本、行達道之樞要，中以"道"字爲未發、已發之全體，終以"心"字爲中和之綱領。前後開發不一，敢問其義。

朱子不曰"中和之妙，須以心爲主"乎？更思之如何？

周子之言"主靜"，就中、正、仁、義而言。蓋此書，以中、仁爲靜，正、義爲動；《太極圖說解》，以中、仁爲動，正、義爲靜。其相爲體用之義，願聞之。

指未發之中、全體之仁，則中、仁屬靜；指處物之宜、處事之正，則正、義屬動。故曰："以中對正，中爲重；以義配仁，仁爲本。" 然《論性答藁》以爲中仁陽故屬動、正義陰故屬靜，實得《圖說》本意也。其各有體用，互爲體用之說。詳見退陶先生答李艮齋書，幸檢看也。

答裵章之【燦】

向諭，以古人毋自暴棄之訓，爲變化氣質之方，此誠爲學第一工夫。倘循是而勉勉，終身有餘師，何至負笈之爲哉？今年風害，無此疆爾界，天意實未可知也。

別紙

> 朱子《答呂伯恭書》"諸葛政刑相似"云云。先生之治南康，似武侯[8]治蜀之嚴否？先生嘗言"古人之爲政，一本於寬，而今人必反以嚴"。故在南康，反之以嚴。以此言之，今之當職者，亦致南康之嚴否？

治體或嚴、或寬，當因時措宜。劉璋闇弱之餘，南宋懈弛之時，政刑不擧，若不濟之以嚴，則何所措治乎？但嚴而不

8 侯：底本에 "候". 문맥에 의거하여 수정.

濫，則自不失本於寬之意也。

答裵學三【在煥】

謬詢《中庸》諸條，有得而有失。然以愚見曰得、曰失，未必中理，則斷當體驗自家事爲，然後可益知其得失矣。益加勉旃如何？

別紙

> 心則一而已，其未發也，只是虛靈不昧，因其已發，方有人心、道心之分，而曰"二者雜於方寸之間"，何也？抑以交發之際而言歟？

心合理氣，故方寸之間，固有或原、或生之理，是所謂"雜"也，豈以交發而爲言哉？

> 在天爲命，在人爲性，在事爲道，性爲大本，道爲大用。而以《首節章句》"人物各循其性"云云看，則性似在內，道似在外；以《二節章句》"道者日用事物"云云看，則又有先後之不同也。蓋理一而已，具於心則曰性，見於事則曰道。性之所具卽道之當然，道之當然卽性中分派條理，然則未嘗有內外先後之可言。而但自性而言，故先

性後道，體立用行也；自道而言，故先道後性，用不離體也。

盛見是。

答卞夏卿【源忠】

謬詢《大學·止至善章》始提出"敬"字。蓋《止至善章》上以包三綱領，下以該八條目，故以敬爲成始、成終之要也。

答李孟舜【鐸英】

謹審視膳餘翫讀，以義理難究、光陰易得，爲切己憂，此誠此世之好志尙也、好說話也。近來嶠南諸家各樹一言，至使後生迷所着跟，果如來諭之云。然我東退陶之論卽程、朱之論也，程、朱之論卽孔、孟相傳之旨訣也。欲求門路之正，舍此而何求哉？

答李見可【貞基】

奉前月惠書，知於性理書用工篤至，至有聚要。然以賢史盛年，此非急務也。須將《四子》書，熟復玩味，益求其未知、未能者，爲躬行體驗之資如何？

答李見可

“心本善”之說，程子本意，以心之所發，有善不善，只可謂情，不可謂心。而朱子以爲“既發，不可謂之非心。但有不善，則非心之本體”。蓋心之本體卽性，性無有不善，而發而爲情，始有善不善。

答李見可《朱書》問目

《答黃商伯書》曰：“論萬物之一原，則理同而氣異；觀萬物之異體，則氣猶相近，而理絶不同。”謹按一原、異體之別，固如此。然若就這裏互換說去，則萬物雖異體，而所賦之理一也，此則一原之妙不離於異體矣；萬物雖一原，而一原之中，自有萬象之森然，此則異體之別已具於一原矣。如何如何？

然。

《答陳器之書》曰：“性是太極渾然之體【止】名之曰‘仁義

禮智'。"謹按仁義禮智分言，則各是一事，而各有體用矣。對舉而分陰陽之象，則仁陽也而禮爲仁之著；義陰也而智爲義之藏。義智是體而仁禮是用。以存心制事而言，則又仁爲體而義爲用。然苟究實狀，則仁不得義不行，不得禮不立，不得智不知，不得信不能守。義不得仁不公，不得禮無別，不得智不明，不得信無實。禮智亦然。始知四德雖各有界限，而脈胳貫通之妙，又有如此者。

然。

《答張敬夫書》曰："思慮未萌而知覺不昧，是則靜中之動，復之所以見天地之心也。"《記論性答藁後》曰："思慮未萌者，固坤也，而知覺不昧則復矣。"其《答呂子約書》則曰："至靜之時，但有能知覺者，無所知覺之事。此於《易》卦純坤，不爲無陽之象，若論復卦，則須以所知覺者當之，不得合爲一說矣。"《中庸或問》亦曰："至靜之時，但有能知覺者，未有所知覺。"謹按坤、復說有前後之異，恐當以《答呂子約書》、《中庸或問》爲定。

見得善。

《答黃直卿書》曰："武侯所謂'鞠躬盡力，死而後已，成敗利鈍，非能逆覩'。"謹按武侯此言，實與董子"正其誼，不謀其利；明其道，不計其功"之說一般。竊以爲王·伯、理·欲之別，爲己、爲人之分，只在於此。

盛見得之。

答張莘老【相學】

向書獲奉於戀頭，至今愛翫，如接淸儀。卽惟番風，侍候康安，工履珍相。前冬今春，讀得何書？更勿分力於攟掇之工，而益究乎聖賢成法，以至成就，此區區所期仰者。能知之否？福衰暮之年遭此生受，皆知不明、學不固之致，自反曷追？

答曺仁玉【秉善】

癃廢未有一字慰於賢史倚廬時，自謂見絶矣。包容善恕，損惠垂問，封未及坼，愧先於感也。靠審禫月已屆，冠服就平，孝思慨廓，安得不爾也？聞賢史以妙齡，無改父道，凡義之所當爲，一一殫誠竭力，豈意此世之有此人也？不任嘉賞。

謬詢異宮支子吉祭，元無行於宗子家之文，則先夫人奉合一櫝，待吉月設奠私祠，具由行之，似合禮意，未知如何？

答李重可【澈厚】

來諭云"求文義，到理會不通處，徐步庭畔，誦詠他，興起感動，而涵養吾胸中意思，更加求索"等語，不覺三復歎賞。

至若心、性、情。析言之，則性，形而上之道；心，形而下之器；情，普偏萬物酬應發動。而其所具者靜，其所發者動，故性情之名立云者，恐有合商量處。蓋謂性靜、情動則可，以動靜而立性情之名，則未知如何？

答宋繼祖【鍾述】

每以尊王考之思，期望賢史者甚至，今奉㧞幅惠訊幷數條疑目，可慰、可念。亟庭患節一向緜綴，掃如之家，調將之道，莫非賢史所焦慮處，爲之奉悶。

夫士之爲士，不但窮晷誦讀而已，凡於家幹無失於緩慢疏闊，亦實地中事，勿泛忽如何？謬詢似非憤悱之發，而撈摸於口耳之餘，恐涉沒緊。願益加篤着切問近思也。

答張君弼【翊相】

令妹成婚一年，尙未奔姑喪，甚失禮意。今雖過練祥，旣曰"奔哭"，則入門以素服，先見其舅於私室，仍就殯宮哭拜，似得宜，未知如何？

答崔孔善【孝根】問目

《盡心章》註張子曰：“由太虛，有天之名，合虛與氣，有性之名。”竊意上“虛”字，是氣之中有理，下“虛”字，是帶氣言否？

上、下“虛”字，專言理。

“學、習”二字，皆兼知、行，而小註朱子曰：“已知、已能而行之不已之謂習。”此獨以行言習何也？

知自有知底學，自有知底習；行自有行底學，自有行底習。朱子說何獨以行言習耶？

答李元行【敬字】

近讀《魯論》，若於求仁爲己、涵養本源之功，一一精思而深體之，則自不覺手舞而足蹈，寧有骨董看過之歎哉？朱夫子釋經非不盡矣，猶曰“未盡釋”，欲使後學因其釋而求以極乎所未釋者也，此非所當窮究者耶？

答李聖宗【基魯】

癃病轉深，違握至再。賴有瓊章留案，每神氣稍定，使兒輩一番朗讀。其文詞之夙就，志尙之高遠，逈出流俗，不任嘉尙。但法門後生罔不有初，鮮克有終，以其受變於外慕風聲耳。幸勿爲俗淄，益懋大業，念始圖終如何？

答李叔衍【墩永】

賢者持志慤實，慮事周詳，儕流少及之，心竊期望。但恐擧世奔趨於場屋，能不變於外慕風聲耶？隨分應擧，自是奉下道理，固不可全廢。然專意向上，無負受中以生之責如何？

今見與我書，胡亂寫出，多有放心處。程夫子曰"某書字時甚敬，非是要字好，心要不放"，幸念此訓也。義敎之下，擬做好箇人，故敢此奉告。

答李叔衍問目

性者，未發之名。未發時，氣質謂之無，則不可以性字當之；謂之有，則恐與本然性爲兩物相對。其未發也，氣未用事，惟理而已，則雖有若無，不可謂之有。其發也，氣方用事，始可以見。然於未發時，若無根柢苗脈，則七情之發於氣者，從何處出來乎?

方寸之間所具者，只是理氣而已。故主理而言，則曰“本然性”；主氣而言，則曰“氣質性”，豈有兩性相對幷峙耶?

未發是性，已發是情，而兼未發已發者是心也。蓋心具此理而能動靜，故有性情之名，則性情非與心相對爲二物也。心非性，無因爲動；性非心，不能自動，而性發爲情，心發爲意，心乃兼情而包意者歟!

大體固好。

知覺固心之靈，而非氣專爲之也，亦非理自爲之也。理氣合而爲心，自然有虛靈知覺之妙。未發而心不存，則理不明而無以養性；已發而心不宰，則氣易拚而不能節情，此所謂合理氣、統性情者歟!

來示似然。

養心莫善於寡欲，能敬則可以寡欲矣。然“寡欲只便是敬”云，則恐入於釋、老虛靜去了，而非敬之活法也。必夾持以方外之義，然後體用兼該，表裏如一，眞得其養心之本矣。只此毫釐之間，便是儒、釋之分。

人能敬，自然提掇，自然惺惺，人欲自然退聽矣。此是敬、靜合一處，豈與釋、老同日而語哉？

外孫女爲外祖父母服，適人不降，未知如何？

外親之適人不降，已有明文。

答金文佐【昌淑】問目

“子在川上”《集註》“天地之化，往者過，來者續，無有一息之停，乃道體之本然也”，程子又曰“此道體也”，川流何以謂之道體也？

川流非是道體，乃形容道體之流行也。

答崔順若【鴻烈】問目

“湯三使往聘之”云云。伊尹以“何事非君，何使非民，治亦進、亂亦進”之意，必待三聘何也？

伊尹自任之意，則固當治、亂可進，至若出處大義，則豈可輕易從人哉？

程子曰“公而以人體之謂仁”，曾見盛批，有曰“爲仁之道也”。故心常信及，或曰“是乃仁之體段”，請更質焉。

公非仁，公則爲仁。程子所謂“以人體之”，豈仁之體段之謂耶？

答河聖權【經洛】問目

鄙先祖不祧廟，頃在東燹，祀孫專被其禍，故徑忽埋主。今欲改造，則於廟所當設位告由，因又題主否？然則祝辭當如何措語？

改造，當於前日安神之所。而祝辭則似曰：“昔在東燹，昧於智計，莫能保主，痛貫罔涯。玆於前日，安神之所，設位改造，神主旣成。仰冀尊靈，是憑是依。”未知如何？

答李孟久【基恒】問目

世俗行祭，率皆鷄鳴爲準，往往有前日行祭之弊。且《家禮》只言“質明”，則無論四時，以鷄鳴後行事如何？

當從《家禮》。

忌是喪餘之祭，則是日不可稱以罷齊而飮酒、食肉，無異平日。當從《家禮》"是日"以下之訓，而一革世俗之弊如何?

所論甚善。

答李乃純【鋂】

匪意尊府戾止，繼以惠問，深慰病懷。審近讀《中庸》，此乃吾道之極致。以賢史茂才，能致無疑中疑，其進可想。須循環熟復，融會貫通，使之疑漸漸釋如何?

答曺仲謹【兢燮】

枉而旣虛歸，書而又稽覆，每自訟愆。賢史以卓異之才，謂有慥慥不已者矣。今承十數箇月，失之悠泛，緣何以致此?無乃惜寸之心，偶發此歎耶?

且從事敬、義，將如朱子"知之甚易，而爲之甚難；爲之甚易，而守之爲尤難"之訓，則旣知所以用力之方矣，雖欲悠泛而得乎? 大抵立志不固，造理未深，鮮不爲事物之所動、私意之所誘。期望之至，敢此奉告，益加勉焉。

答曺仲謹

《冥翁集》三百年刊行之文，到今重刊，輕易刪改，雖曰十分是當，猶不敢爲，況未必皆當者乎？審如此，反爲貽累之資，而難免來後之譏怒。

來諭云"刊所僉議，將以是寄示於福"。以福也咫見膚識，實無一辭可贊之道，亦無一辭可贊之心。賢史若遇那邊人，期於從中止之，毋使老物致此卽當如何？

俯示"未發"云云，盛見似然。然昏昧不自覺，只是坐忘、坐馳而已，豈以未發爲言哉？未發時，敬以直內，故衆人無未發。苟無未發工夫，何能發皆中節乎？此吾輩猛省處也。

別紙

> "繼之者善"，旣以心之感通當之，則"成之者性"，當是處事，各當其理處，蓋其先後次序，自不可亂。若以此謂陰之靜體，而擬"各正性命"之化，則得無次序之未安。

"繼善、成性"，在天則上一句，爲一元流行天人賦受之際；下一句，爲萬物各正性命之理。在人心則上一句，卽感通之時；下一句，卽處事當理之處。有何次序之未安乎？

> 氣質之性，朱子所謂"只是此理墮在氣質之中，故隨其氣質而自爲一性"是也。只爲今之言性者，多以性與氣質，

> 分作兩截，所以論氣質之性者，只說得氣一邊而已。殊不知周子所謂"各一其性"，亦只謂五性之體，隨其五行之氣質，而自爲一性，而初不相通，故謂之氣質之性，而其所謂"性則乃仁義禮智之理，初不害其本然也"。

見得明快。

> "祭思敬，喪思哀"，子張此語，亦恐有病。蓋此二者是人之眞情，所不能自已者，不必臨事而思之也。若易"思"以"致"，可無弊也。

有思而不能致者，有思而能致者，有不思而能致者，然所謂"不勉不思而中"，豈易言哉？子張所以不曰"致"而曰"思"者，實出勉後之至意也。以是摘疵於前賢，則好高之譏，不幸近之矣，更思之如何？

答許惟一【允中】

昔寓伽峽，旣爲之再顧，今返故里，又爲之辱存，多感不外。昏耗無知，一未助發，愧赧曷諭？

俯示十數條疑目，亦擧其一，僅僅塞責。如"可畏非君"，反曰"可愛"；"可愛非民"，反曰"可畏"，致無疑中疑。大抵莫嚴者君，徒知畏而不知愛，則何能盡有犯、無隱之道乎？

卑下者民，徒知愛而不知畏，則何以示天明畏自我民明畏之義乎？ 餘外，惟望致思自得。

答許惟一

承審向行費了十數日返侍。道之云遠，其艱關可想，惟以省體無僨害爲慰。

示諭朱子《與陳丞相書》"祠官"云者。按《宋四朝志》云："設祠[9]祿之官，以佚老優賢。" 熙寧以後，又以三十月爲任。官卑祿輕，人皆可以求得，故爲親乞養也。

《汪尚書書》東州二先生。按《貢舉[10]劄》云"通經好[11]古，莫如孫復、石介"，蓋指此二人也。若薛昂鄙陋甚，徽宗時尙書左丞，附蔡京，擧家避"京"私諱，金陵是王安石所居，故因號金陵。俱載《講錄刊補》，或未及照管耶？

答沈應章【鶴煥】問目

子夏篤信聖人，其流爲莊周何也？

9 祠：底本에는 "司". 本文 및《宋史·職官志》에 근거하여 수정.《宋史·職官志》에 "宋制，設祠祿之官，以佚老優賢. 先時員數絶少，熙寧以後乃增置焉."으로 되어 있음.

10 擧：底本에는 "學".《唐宋八家文鈔·議學校貢擧劄子》에 근거하여 수정.

11 好：《唐宋八家文鈔·議學校貢擧劄子》등에는 "學".

篤信不如篤行，觀於曾子之傳之無弊，可知已。

子貢以聖門高弟，貨殖何也？ .

有是說，然聞性與天道之後，恐未然。

程子變忠言仁何也？

忠便是仁。

答鄭士文【之純】

讀書之法，先就其切吾心身者，知所以用力，則其他小小文義，不待辨說而自曉。竊瞷今時學者，務從艱險難曉處。謾將多少說話，自相牽合，欲人求解，雖解得，顧何益哉？盛見非無切實，而欲求正於昏耗無知，寔出不外之盛意。不可虛歸，撥昏略答，諒之如何？

別紙

“亂邦不居”，而夫子居於衛輒之邦何也？

夫子居衛時，適値衛輒之亂耳，豈以冒居爲疑哉？

答宋順翊【鴻來】

承審滿紙縷縷，回頭轉腦，有向上之意。顧此聲響，沈寂之世，誠好消息，不任嘉尚。但人之患，有其志，無其成矣。賢史能免此患否？勉旃如何？

答李致三【炳台】

賢史父子昕夕相將，擬榆光之與朝暉而幷明。世事難期，遽然作一西一東，悵惋常切。匪意物幅辭旨，苦無孤峽過從，深有眷顧於老物。以賢史才抱，能濯舊來新，日臻昭曠之域，則千里外應之如比隣矣。何戀乎空空昏耗人之去留哉？益懋大業，以副區區。

別紙

明德不可以兼氣看否？

心譬則鏡也，鏡之光明譬則明德也。以明德專謂之理、專謂之氣，可乎？必理氣合而自然生光明，諸先生說皆然。

朱子曰“七情是氣之發”，栗谷曰“《中庸》七情，亦可屬之氣乎”，兩說恐不相入何歟？

對四端而言七情，故分屬氣；包四端而言七情，故只言理，何不相入之有耶？

與盧禮卿【莊容】

秋氣向深，倘親燈讀書，嚴立課程否？君之親年漸高，若失此時，恐難得開卷靜對之暇，能諒之耶？向疑《詩傳》中草木鳥獸之名，問于堂上，而或有未曉者則記之，以爲日後相確之資，似好耳。

答卞夏瑞【載鉉】

向奉觀於外而知其中，以病未能叩存，別來爲恨。匪意惠書，足當面目。謹審工履日有强輔之益，甚慰甚慰。福樞癃病支離不絕，誠苦事。賢史一見傾心，顧余素無心得，一無開發進益，古所謂"朋誤遠方來"者，非此漢之謂歟！幸極加勉勵如何？

答諸應善【慶根】

來諭以"一事纔了，他事如蔴又生，何暇專心於格致？"云。

然人生世間，未有無事時節。事至物來，各得其當，是乃格致之切務也，豈外事物而別有工哉？

答白和玉【鑾洙】問目

女子成人，未歸而死，未見舅姑，未見廟，則此未成婦也。其葬而祥，誰可主之，祝文當書其夫名歟？

古者親迎，有未三月，未成婦之稱，而今則親迎禮廢矣，今古異宜，恐不可一例論也。

過先賢墓，當拜謁，而若合窆，則恐似未安。

合葬先賢墓，偏向外位拜，尤菴有云。

答洪而浩【護燮】

日前會席，意謂更枉以續向未罄緒矣，以舞斑稱慶，竟違焉，悵悵。

家兒出外，而渠之所托禮抄，其亂稿尚在修道山中，故未克如敎耳。

答韓周相【基鎬】

示諭中分業漸廢。幸以"心勿忘"三字，爲進修之資如何？尾示《大學》帝典之"帝"字，似尊之之辭，盛論可自爲一說，不任嘉尙。

答楡谷 李氏門中

承聯札，謹審先先生遺墟與墓所失傳之地，逈別設壇行祀，果無於禮之禮。然壇旣設，則追思遺詩之意，年年寒食，以鵑花等羞，用伸子孫情禮，似得宜。而至若白日原野之中，多士俎豆之奉，則有損體貌，恐駭觀瞻。同室之事，敢竭愚衷，幸廣詢博采，務從至當，千萬。

答昌寧 成氏門中

伏承聯札，審先先生貞節公壇享一款，爲子孫者依古望墓爲壇之規，權行於配位墓傍，猶有可據。若多士之爲先賢設壇於無墓無遺躅之地，逐年祭享，愚未之前聞。幸更詢禮家，俾無遺憾如何？

答昌寧 洛濱士林

貴所重任，自顧愚分，有難久冒。其遞單轉付桂八 金兄歸便。僉賢未及登覽，致有此歲問之使。自訟不敏之不暇，況可冒受儀物乎？兹封還，諒宥如何？落葉分飛，更合無期，祇自南望悒悒。

與再從弟應七【時杓】

安平姊氏喪事，痛矣何言？平日仁孝之德，不見佑於天，生無依賴，死無主喪。凡爲至情者，自不堪悲悼，矧伊篤友之地乎？

服制，此姊氏雖曰外成，有歸宗之義。君之服期，似不當降，而內有主婦，以《備要》"有女子子，不可以無子論"之說推之，恐依例降服，如何？

答弟叔厚【禧樞】、季崇

見君書，掩抑不能讀，衰腸易弱之致耶？前日不暫離之弟兄，今隔遠之故耶？歲色倏改，叔則無告之窮，何以經過？季則赤手措備，難免無飢之歎。思之臆塞，言之口辛。目今海內波盪，惟不失本心者，庶可圖生。然造次顚沛之中，吾有吾心，豈可預料耶？君其念之戒之。

吾與季兒及呂應瞻，餞歲別莊，此亦客地也，舊感新懷，自難裁抑。且昏耗轉甚，遺矢而不知出，當食而不知味，其爲朝暮人必矣。審如此，死於衣衾棺槨所在，子孫所寓之地，於理是當。將轉向伽北，自此邱壟漸遠，親戚亦落落難合，無乃一脚誤出，致有此狼狽耶？

吾則已忘情於君，君亦忘情於我，勿虛費心慮而生病也。俱在七八九十之年，在天之命，無容人爲。若病不病，惟在我謹愼。幸以"平安"二字相傳，實是癃兄苦心。

達府事構虛揑誣，天監自在，不足爲慮。但營關所督，不可無一番分疏，兒輩之冒寒往來，寔庸憂念。

答再從姪錫裕

詢及幷有喪葬時，內艱題主，恐不可以內艱之差先於外艱之故，而遽書"亡室"，當曰"顯妣"。然亦不可昧然行之，則前一日，恐當告妣云，"伏以孤哀子某，罪逆不天，家禍孔酷。某月某日，又遭先考喪事，服雖依禮壓降，至於題主，則難用不忍變在之禮，書以'顯妣'。情禮罔極，痛貫靡逮，敢告"，如何？

答再從姪錫藎別紙

退溪答"中路遇喪，未及殮殯而過四日，則以路次所用之物，食時上食之問”，曰“甚當”。蓋上食是成服後禮也，未及殯殯而遽行，似甚未安。只取路中所用之物，進饋於朝夕奠時，則果無違禮歟？

退溪先生豈以成服前上食爲當也？只以路中所用之物，進饋於朝夕奠時，如上食儀，恐如來示。

宗子母在，爲宗子妻服，張子已有定論。然則未幹宗事之妻，若宗子父在而宗子長成，未久而死，亦當有服歟？

以“有適子、無適孫”之文推之，則未及幹宗事之宗子若宗子妻，恐不當服。此與宗子只母在，而與共承宗事之妻，似有別。

許猛曰“出祖母無服”，沙溪曰“出外祖母有服”，《通典》云“所後母出無服”，蓋以非生己而義已絶也。至於妻之出母嫁母則有服。然則妻之出母，義重於己之所後出母歟？出外祖母，義重於出祖母歟？出服雖非今俗所行，而古人制禮之意，亦不可不究其本，竝此仰稟。

祖母與所後母出，旣得罪於祖，而不得入於祖廟。故繼祖者，與祖爲體，而不敢以私親服服之。至於出外祖母，妻之出母嫁母，雖不入於外祖與妻父家之祖廟，實無與於己，而安往而非母之所生、妻之所生哉？所以有服。

家親屢年旅宦，亡仲之祭，錫藎常攝主，而兄告弟，雖無書名之例，當書"父使子某"云云矣。尊者雖使於亡者兄也，若以英弟或濬兒，代行似便。而推之以《家禮》"親同則長者主之"之意，則亦不可知也。卑者如代之，以弟歟？以子歟？

"父不主庶子喪"，已有明文，而況父已旅宦遠在，則不必用父使子之例。依"親同則長者主之"之文，君自主祭，似無不可。

答再從姪錫藎

向詢板谷新舊合窆原野之禮，煞異於殯廟，恐不可以主喪之異於前，有所告由。然若改遷歸告之日，則不可昧然遽主其祭，恐當前期一二日，而告于母殯曰"子某罪逆不天，荐遭先考喪。將以今某日遷墓，奉祔于先考，而勢將身自主祭，玆敢告由，尤增罔極之私云云"，如何？

至於合窆節次，如父葬前遷母墓同葬。服則退溪曰："當喪改葬者，當處以偕喪之例，則改葬時，仍服斬衰，正得不敢變服之意。"

如遷舊合新，在同日，有守喪次臨啓墓之碍，則又曰："新喪未窆露處，則不可無守，留昆弟一人，奉守爲當。蓋喪次爲重，此一人雖不往遷墓所，恐無不可。"

如改母墓，合父新葬，而行母虞，則葛菴曰："偕喪，服斬從事，固出於父喪未葬，不敢變服之意。然旣葬而虞，則於改葬之虞，似當服緦。行事旣畢，反重服。”此則先儒說已備矣，玆錄示，采用如何？

答再從姪錫英

來書意寄高遠，以若美資地、好志尙，若得賢師友，爲之向導，則其進何可量焉？而世鮮其人矣，固可自著力而已。然竊瞯今日後生，非無聰明博洽，有過人者，而率多馳騖聲名，纔有一二新知，惟恐人之不速知。如是而鮮克有終，豈非大可警省處乎？

無論讀書與應事，無不理會，而驗之於踐履之實，則知日明，行日高，而小小文句疑晦，自當漸見瀜釋矣。試依此用工如何？疑問雖悉，而精力比益昏耗，舊忘新昧。僅僅條答，豈能中理耶？

別紙

> 欲誠其意，便卽加誠之之工，可也，何必待知至以後也？愚謂初學工夫，不得不以知爲先，然格、致、誠、正，亦自竝行而不相害也。窮、格不以誠，則所謂格物，往往有閑思慮之驅遣不去者，未知如何？

意乃善、惡之分路，誠是存眞而去妄，故誠意爲行之始也。欲行而不先致知，則眞、妄相雜，無以異於擿埴冥行，而鮮不踣矣。

> 陸象山曰："隨事討論，則精神易弊，不若但求之本心之明，則無不照。" 此說雖誤矣，然若於窮、格之際，或致思慮之膠擾，則暫用如此工夫，姑置所格之事，而求之是心何如？

窮、格之時，或致其思慮膠擾，是持敬之工未至也。持敬之工若至，則寧有是患耶？如許之時，斷當敬以自持矣。若無所事敬，而只求本心之明，恐無處下手，愈求愈昏矣，體驗則可知。

> 已發之心，蓋有偏、正之異，未發時，亦有氣稟偏、正之異耶？

氣稟雖有偏、正之異，其未發時，則只是渾然一理而已。何論氣稟之偏、正哉？

> "庸，平常也"，註曰："夷、齊所爲，都不是庸了。" 第十章註說"夷、齊中立不倚處"。然則夷、齊所爲乃中而非庸歟？又曰："未有中而不庸，庸而不中者。" 旣是"都不是庸"，則何謂中立？旣是中立，則何謂不庸？朱子於

《或問》，以湯、武放伐，謂之平常。以事雖異常，而合當如此故也。然則夷、齊所爲是不當如此否？愚意湯、武、夷、齊，皆是非常，而恐合當則一也。以湯、武爲平常，以夷、齊爲怪異，何也？

中於淸而不中於和，故夷、齊則中而不庸也。處非常而合於常，故湯、武則時中而庸也。

喜怒哀樂是七情中事，而七情卽氣也。七情亦自有發於性命之正、公共之義者，而七情通謂之氣發，何也？

四端、七情皆情也，而性發爲情，則七情豈是性外之物？亦豈非發於理者乎？然而對四端言，則四端是理之乘是氣而直遂者也，七情是氣之載是理而用事者也。各因其所主而發，而有理發、氣發之分。

十二章費、隱上看理、氣，則何者爲理？何者爲氣？

費、隱俱是形而上者，則純是理而已，何氣之可言？

李星湖《四七新編》曰"孟喜舜怒，原其所自，則亦只是氣發也。七情雖中節，而發於氣則不可易；四端雖昏蔽，而發於理則不可易"云云。竊以爲四端，豈有昏蔽？才說四端，只是天理；才說昏蔽，已非四端。星湖此說，恐甚害理。

四端之發，或不無爲氣所蔽，理隨以昏。此非理之本然，而原其發之之初，則不可不謂之理也。星湖說恐然。

星湖曰"七情謂之易流於惡則可，謂之本兼善惡則不可。聖人不免有七情，聖人亦有兼善惡之情耶?"云云。竊以爲七情之粹然出於公共義理者，卽純善一邊，乃四端之無異也。其外知寒、覺暖，飢食、渴飮，出於一己之私，卽兼善惡者，七情之本然也。君子不至肆於人欲，卽氣之善也；小人誘於物欲，卽氣之惡也。由是言之，七情安得不曰兼善惡乎?云云。

謂之可善可惡則可，謂之本兼善惡則不可，星湖說極精白。

答兒錫贇

見書知眠食無他，讀書頗專一，慰意不淺。汝本才疏意闌，未易作刻苦工夫。須小作課程，緩讀深思，令其意味，浹洽於胸中。其有疑晦不通處，與諸益反復辨論，終必有透到處。讀書之外，一語、一默、若動、若靜，件件點檢，毋或有惰慢鄙背之容。是汝父日夜之望。

寄兒錫贇

送汝已數月，思想寤寐，不自已也。汝以不健，攻苦山房，何以堪耐？所服菁根與寒水，幾試而有效應？所讀《詩傳》，果了畢而有稍進否？汝本志氣昏柔，每事無奮發向上意，極以爲悶。觀諸益之穎悟者，思齊而取善焉，則歸日當慰吾心矣。

汝之前母墳，術家云"向背不合法式"，故以十一日將爲改莎草、正外面，而寒事可慮，汝須擇溫日來焉。

四未軒集

卷六

雜著

雜著

《太極圖說》問答

楚叟曰: "《太極圖解》曰 '水, 陰盛故居右; 火, 陽盛故居左, 木, 陽穉故次火; 金, 陰穉故次水', 竊疑其由, 穉而盛者, 物之理也, 今此五行圈, 金木之穉, 反次於水火之盛之下, 何也?"

曰: "陰陽變合而生者, 原於對待之體。故成質之位, 則盛者上而穉者下矣; 五行循環而生者, 本於流行之用, 故順布之序, 則由下穉而爲上盛矣。此是自然而然也, 豈容人爲哉?"

又曰: "'無極而太極'如何釋?" 楚叟曰: "無ᄒᆞᆫ極이, 가장極홈이니라。" 曰: "不言極而先釋無字, 則其無形之意, 已包在於無ᄒᆞᆫ之中, 而下極字, 便爲太極矣, 又何贅說太極耶? 昔寒岡先生答張敬堂曰'極이업ᄉᆞᆯ시, 가장極ᄒᆞ다ᄒᆞ니', 愚意則如此釋恐當。"

楚叟曰: "游誠之嘗言, '《易》有太極, 而周子加以無極, 何也? 試卽吾心驗之, 方其寂然無思, 萬善未發, 是無極也。雖云未發, 而此心昭然, 靈源不昧, 是太極也', 此說何如?" 曰: "當日聞者, 皆服其簡明, 然愚意則心之理是太極，其理之無形是無極也，恐無未發、已發之間矣。”

楚叟曰：“朱子曰：‘如君之仁，臣之敬，此是一事一物之極，總天地萬物之理，而便是太極。’然則太極，是萬理總會極至之謂，而一物之各具一理者，俱謂之太極者，何也？”曰：“一事一物之理，亦各具全體，故曰：‘一物各具一太極也’。”

楚叟曰：“陳北溪以水銀爲太極體圓之喩，其說何如？”曰：“朱子云‘合而爲統體太極，則如一箇大圓物；分而爲各具太極，則如萬箇小圓物’。水銀之喩，誠然矣。”

楚叟曰：“橫渠太虛之說與無極太極，同歟？異歟？”曰：“朱子曰‘無極字，落在中間，太虛字，落在一邊’，此可見語意之不同也。”

楚叟曰：“落在中間，落在一邊，何謂也？”曰：“無極則該虛實，故曰‘落在中間’，太虛則只說虛，故曰‘落在一邊’。”

又曰：“朱子曰‘周子之言有無以有無爲一，老子之言有無以有無爲二’，願聞其異。”楚叟曰：“薛敬軒曰：‘形雖無而理則有，理雖有而形則無，此純以理言。故曰「有無爲一」。老氏謂無能生有，則無以理言，有以氣言。以無形之理，生有形之氣，截有無爲兩段。故曰「有無爲二」’。”

曰：“‘太極動而生陽，靜而生陰’之生字，如何看？”楚叟曰：“周子立說之本意，則恐是太極，動處生出一箇陽，靜處生出一箇陰。”曰：“非謂動然後始生陽，靜然後始生陰也，動便爲陽，靜便爲陰。”

楚叟曰：“‘動而生陽’，延平先生以爲只是理做已發看不得，這已發字，指《中庸》喜怒哀樂已發而言也。故延平答書後段，以爲就天地本原上說，與人物上推來，不得不異。”

曰：“太極動靜，固無異於人心之發未發。然所謂‘喜怒哀樂’，人情也，不可攙說於說造化處也。延平本意恐只如此。”

楚叟曰：“生陽處已是氣也，而延平以爲只是理者，何也？”曰：“‘太極動而生陽，動極而靜，靜而生陰，靜極復動’四句，是就至理之原，實涵動靜陰陽之體段而爲言也。‘一動、一靜，互爲其根，分陰、分陽，兩儀立焉’四句，是就氣已用事而爲言也。然則分陰、分陽之後，是氣也，而生陽、生陰之處，非理耶？”

又曰：“‘動靜者，所乘之機也’，‘所乘之機’四字，當如何釋？爲氣之動靜？爲理之動靜？”楚叟曰：“若以爲乘흘바機，則動靜重在理一邊；若以爲乘흔바機，則動靜重在氣一邊。必以爲乘흘바機，然後其爲理之動靜明矣。”

曰：“若理無動靜，氣無自而有動靜。然指其主宰而言，則是太極動靜；指其造作而言，則是陰陽動靜。觀於朱子‘太極者，本然之妙，動靜者，所乘之機’，對言之文，可知氣機之動靜。若以動靜爲太極，而所乘者又爲太極，則是以理乘理，安有是哉？”

楚叟曰：“‘各一其性’之‘一’字，是太極之一歟？抑五行各一之一歟？”曰：“各一其性之一，是五行各全一理之謂。禀其潤下之理者爲水；禀其炎上之理者爲火。然五性之理，初未嘗不具於‘各一其性’之中矣。然則太極之一，卽五行之一也。”

楚叟曰："各全其理，與太極全體之理，差殊看，則其性亦各差殊。而今曰'五性之理，莫不各具於一性之中'，何以別差殊也？"曰："原其賦與之初，則非不均，而氣之所拘，所性各不同。觀於虎、狼、蜂、蟻之或通一路，自可推知矣。"

楚叟曰："形既生則易流惡；神發知則易爲善，善惡分者，以此歟？"曰："形生之氣、神發之氣，同一氣也，而陰陽無定，善惡相乘。則恐不必以註解之，形生爲陰，神發爲陽，分屬善惡，如是之截然也。"

楚叟曰："'聖人定之以中、正、仁、義'，動亦定，靜亦定，則此奚獨言於靜也？"曰："衆人欲生於動。故動則難靜，而人極之所以不立也。聖人無欲故主靜，以一其動而人極之所以立也。'定'者，安也、止也。人極之立，顧不在安於靜而止於靜乎？"

楚叟曰："或以中、仁爲體，正、義爲用；或以正、義爲體，中、仁爲用，何也？"曰："分而言之，中、仁有中、仁之體、用，正、義有正、義之體、用。合而言之，互爲體、用。故朱子嘗云'以陰陽言，則義體而仁用也；以存心制事言，則仁體而義用也'。"

楚叟曰："周子以是圖，手授二程，二程未嘗以此圖示人，必有微意焉。"曰："朱子嘗曰'某竊謂此圖立象，盡意剖析幽微，周子蓋不得已而作也。觀其手授之意，蓋以爲惟程子爲能當之。至程子而不言，則疑其未有能受之者耳。夫既未能默識於言意之表，則馳心空妙，入耳出口，其弊必有不勝言者云云', 則二程之未嘗以此圖示人者, 其出於此意也歟!"

慕遠堂講義

問:《論語》"道千乘之國"章註"其地可出兵車千乘者", 四馬駕一車, 謂之一乘, 則千乘之國, 何如其大也?
曰: "司馬法, 六尺爲步, 步百爲畝, 畝百爲夫, 夫三爲屋, 屋三爲井, 井十爲通, 通十爲成, 成出革車一乘。然則千乘之大, 不過千成, 而千成之地方, 亦不過三百一十六里有奇也。"

曰: "一成爲幾家? 幾家出車一乘?"
曰: "朱子曰: '馬氏說八百家出車一乘, 包氏說八十家出車一乘。甲士三人, 步卒七十二人, 牛馬甲兵芻粮具焉, 恐非八十家所能給也。恐當以馬氏說爲準'。"

問: "夏禮章, 夫子志在述夏、商之禮, 而特言杞、宋之不足徵何也?"
曰: "杞是武王之封東樓公者, 宋是成王之封微子者也。祀禹祀湯, 禮樂大備。逮宋戴公, 日益壞廢。而有正考父, 得商頌十二篇于周之太師, 及至夫子刪詩時, 僅存五篇, 則此非不足徵者耶? 《左傳》僖公十七年, 杞桓公朝用夷禮, 則此亦非不足徵者耶?"

問:"述而章,老彭事實,可得其詳歟?"
曰:"備考老彭,姓籛名鏗,帝顓頊之孫。至殷之末年,七百有餘歲而不衰,故曰'老彭'。老彭少好恬靜,惟以養神治生爲事。及爲大夫,稱疾不與政事。好觀覽古籍,以政教大夫,以官敎士,以技敎庶人。揚則抑,抑則揚。綴以德行,不任以言,蓋古之賢人也。'竊比'云者,心慕其人而效之。然其通節精神,尤在信好一句,以信而好古,爲述而不作之本也。"

問:"禘自旣灌章,魯之郊、禘,果是成王之賜、伯禽之受耶?成王其在尊尊親親之義,猶可有賜,伯禽則知其非禮而受之何也?"
曰:"當成王之賜伯禽,以其君賜,故雖不得已受之,而不擧以示不敢擅用天子之禮樂也。至平王東遷,惠公因魯向有此賜,而只用周公之廟矣。降而徧用於群廟,非禮甚矣。是豈伯禽之事耶?"

問:"《孟子》浩然章,'其爲氣也',兩節所指,同歟?異歟?"
曰:"上節是言氣之本來體段,下節是言氣之養成功用。"

曰:"下'餒'字之爲體餒,不辨而明矣,上'餒'字,無乃道義餒耶?"

曰:“論‘配’字本面，則以道義爲主而氣輔之；論‘配’字來歷，則是氣爲主而道義從之。然則上‘餒’字，亦是體餒。譬如人不曾喫飯，餒不在人之腹，而乃在飯云耶?”

問:“‘必有事，勿正，勿忘，勿助長’四者，是相因說歟?”

曰:“朱子曰:‘不可萌一期待之心。待之不得，則必出於私意，有所作爲。有事勿忘，是集義工夫。勿正、勿助，是論氣之本體上，添一件物事不得’。由是觀之，有事與忘相因，正與助長相因。若正與忘、忘與助，則未嘗相因也。”

問:“北宮錡章，天子、公、侯、伯、子、男，稱謂之實，可得聞歟?”

曰:“凡天下之大統于一，故父天母地而爲之子者曰天子。天下可以一人統，而不能以一人治，故于以封建。以無私爲德者曰公。斥堠於外，以君人爲德者曰侯。體仁足以長人者曰伯。子，字也、養也，其德足以養人者曰子。男，任也，任，安也。其德足以安人者曰男。蓋公、侯、伯、子、男，爲天子分治天下者，而位有一定之分，截然不可亂也。”

講訖，與希元論《心經》首章“允執厥中”。

希元曰:“人心有中有不中，道心無有不中，則此中字，無乃專指道心之中乎?”

曰:“《論語》註云‘理之在事，而處事得宜者，執中也；理之在物，而隨物得宜者，執中也’。此指事、物之中，非指道心之中也。"

曰："人心之中節者，爲道心，則雖專指道心，而安知無兼該人心也?"

曰："發出之苗脈，本自不同，故學者之用工，亦自有異。精以察之於始，一以守之於終。凡一念之萌，必察其發於形氣乎? 發於義理乎? 發於形氣，則節制之；發於義理，則擴充之，乃所謂'精'也。又從以堅持固執，念念不忘，使前之擴充者，益著；使前之節制者，愈約，乃所謂'一'也。旣精且一，則心之所發，身之所爲，無一非合於中也。"

曰："誠如是說，難免二心之病矣。"

曰："未發之前，元無人道之分，及其發也，有知覺之不同。故不得已異其名，豈可以已發後異名，謂有二心乎?"

曰："方從形氣上去時，更無別樣道心，在於人心之外；方原性命上出時，更無別樣人心，在於道心之外。至人心得中之後，卽可謂道心，不可猶謂之人心也。若猶以謂人心，則非二心而何?"

曰："心一也，而其體也，理、氣合，故有曰人、曰道之名；其用也，善、惡分，故有主理、主氣之訓。然於是乎有擇執精一之工，則所以主宰者，常一也，惡在其二心之病乎? 但其發也，道行於人心上，天理流行於事物間。故朱子有合而言者，'飮食、男女人心，而得其正爲道心；喜、怒、哀、樂人心，而得其當卽道心'，此一說也。理、氣，元不相離，而亦不相雜。故朱子有分而言者，'飮食、男女之得正，這個畢竟是生於形氣'，此一說也。由是而默會，則一而二，二而一，可心得矣。"

曰："厥中之'厥'字，似指以人心而合於道者也；厥中之'中'字，似指合於道而得中之中者也。然則此'中'字，非人心、道心之外，別有一個中，可以執着者也。"

曰："厥中之'厥'字，恐指事物而言也；厥中之'中'字，恐指事物之中而言也。以中謂道心之中，而以厥謂人心之合於道心，則恐非經文之本旨也。舜、禹授受十有六言，皆就做工夫上說。使人心之有不中節者，裁制防限，皆得中節，以道心之本自中節者，宣著擴充，不失中節。只是於事、於物，隨宜得中。若無事物以爲之中，則人心、道心之無形者，將何所據依而用功乎？須於事事物物上，以本心之權度，量度以取中，無乃允執厥中之意乎？"

月川講義

問："《論語》'啓予足'章，啓手足而先言足者，無乃《檀弓》所謂'以曾元 在足傍'故耶？"

曰："此恐未然。愚意跬步之間，易爲忘孝。雖樂正子之平日謹嚴，而下堂傷足，然則足之傷，豈不易於手耶？先足後手，恐是此意，豈以曾元之在足傍而先之耶?”

曰:“末句呼小子，不曰免也，特曰‘免夫’者，有義歟?”
曰:“也字是質言之辭，夫字是然疑之義也。曾子戰兢之心，至於易簀之時，雖一息未泯，猶有餘戒。故不敢質言而示以然疑，其惟聖賢之至意乎!”

問:“逸民章，‘無可無不可’之義，可得其詳歟?”
曰:“此乃聖人無意、必、固、我，無偏、倚、適、莫，而廓然大公，物來順應底道理。就考本註，‘仕、止、久、速之當其時’，則說得大煞分曉。如伯夷偏於淸而過中，柳下惠偏於和而不及於中。故諸侯雖有善其辭命而至者，不屑就，是有不可而無可者也；袒裼裸裎而與之偕，而不屑去，是有可而無不可者也。惟聖人於出·處、去·就之際，當其可則可，而未嘗執一以爲可也；當其不可則不可，而未嘗執一以爲不可也。其可與不可，蓋不存乎心，但隨其事，各適其中，此所謂‘無適莫’，此所謂‘不可知之神’也。”

問:《孟子·離婁》章五音。最濁者爲宮，稍濁者爲商，微濁微淸者爲角，稍淸者爲徵，最淸者爲羽。宮、商、角、徵、羽之淸濁不齊，何爲其然也? 陽律六、陰律六，又何隔八位相生也?”
曰:“陽律，三分其數，而損一分，以下生陰；陰律，三分其數，而益一分，以上生陽。陽主進，陰主退。如黃鍾之數八十一, 管至長、聲至濁, 爲正宮。損二十七, 得五十四, 下生林鍾。林鍾之數五十四, 管次短、聲次淸, 爲正徵。益十八, 得七十二, 上生大簇。大簇之數七十二, 管次長、聲次濁, 爲正商。損二十四, 得四十八, 下生南呂。南呂之數四十八, 管至短、聲至淸, 爲正羽。益十六, 得六十四, 上生姑洗。姑洗之數六十四, 無損、益, 管不長、不短, 聲半淸、半濁, 爲正角。下生應鍾。應鍾上生蕤賓, 蕤賓下生大呂, 大呂上生夷則, 夷則下生夾鍾, 夾鍾上生無射, 無射下生仲呂。又自仲呂上生黃鍾。此十二管之長短, 因天地自然之數, 而有隔八相生之妙矣。長者聲濁而下, 短者聲淸而高。故宮、商、角、徵、羽之高下, 無定準, 必以管之長短定之, 而其淸濁不齊如此。每律之宮, 各有商、角、徵、羽之不相亂, 則長短之度, 不差分釐, 聲乃調均。先儒說已備, 潛心求之, 可認得矣。"

問: "不忍人之心章, 仁義禮智四實、四端之辨。"
曰: "實, 比則一碩果之有核也; 端, 比則一團絲之有緒也。就其含具而言曰'四實', 不容虛假之謂; 就其發見而言曰'四端', 不涉私僞之稱。"

問: "景春章, '公孫衍、張儀豈不誠大丈夫?' 當時蘇秦之雄辯權力, 非衍、儀之比, 而不及蘇何也?"
曰: "蘇秦合從連六國、擯强秦, 而未見諸侯懼處。若張儀則散六國之從, 橫挾强秦以令天下。衍又或從、或橫, 眩幻無常，使諸侯畏懼焉，故特擧此二人歟!”

問:“匡章章‘章子子父責善而不相遇’，未知責善是甚事?”
曰:“以《戰國策》考之，章子責善而得罪於父者，必因力諫其父之殺母埋棧，而不相得也。其出妻、屛子，終身不養者，必有至痛在心，以不得父命 而不敢改母之葬故也。此孟子所以原其情而特禮貌之。”

墨坊講義

問:《中庸》‘武王身不失天下之顯名’，不曰得天下顯名而曰不失何也?”
曰:“處君臣之變，而猶不失天下之顯名爲難。故特著‘不失’字。然視上文‘德爲聖人’，恐有差等。”

問:“夫子對哀公問，不言堯、舜、禹、湯，而特言文、武何也?”
曰:“政至周大備，而哀公又周之子孫，則文、武之政，乃祖宗之家法。故不言堯、舜、禹、湯，而特言文、武，使哀公自然生欽慕感動之心也。”

問:“悠久、博厚、高明，朱子以爲氣像、功效。然則博厚屬功效，高明屬氣像，悠久則兼氣像功效看否?”

曰:“并指功效、氣像,恐不必如此分屬。”

問:“《大學傳》於臣不曰忠而曰敬何也?”
曰:“孔子所謂‘事君盡禮’、孟子所謂‘陳善閉邪’,皆是敬也,則敬是忠之大者。且文王之爲西伯也,所自盡於君者,敬而已矣。”

問:“‘視而不見,聽而不聞’,視與見,聽與聞,果有別歟?”
曰:“視從物上說,見從目上說。蓋物之視于目也,心不在焉,則雖視而不知其物之爲何如者,與不見同。聽從聲上說,聞從耳邊說。蓋聲之聽于耳也,心不在焉,則雖聽而不知其聲之爲何如者,與不聞同。此非無心之病耶?”

問:“饒雙峰以章內上下二節,分爲無心、有心之病,此果然歟?”
曰:“心不可有偏主,故因指出‘有所’之病;心不可無所主,故又指出‘不在’之病。然有心、無心,俱爲心失主宰,恐不是兩病也。”

問:“三引詩,首言家人,次言兄弟,終言四國。然則治國之道,獨在家人兄弟之間歟?”
曰:“全章總要,在‘不出家而成教於國’一句,‘孝者’以下四節,俱發明此句。第五節,通結上文而無復餘蘊。然《桃夭》,其風化之首矣;《蓼蕭》,其王道之始矣;《鳲鳩》,其王敎之四達矣。復引此三詩，嗟嘆詠歌，使人諷詠而得之心。且以齊治言之。《大易·家人》之象，特言'女貞之吉'，而楊誠齋曰'天下易正，而莫難於兄弟；兄弟易正，而莫難於女子'，非此之謂耶?"

問："《大學》一篇全是'敬'，而至於'文王於緝熙敬止'章，始言'敬'何也?"
曰："第三章爲綱領之終，條目之始，故露出'敬'字，上以該二章，下以包七章。"

問："'敬'之一字?"
"伊川曰'整齊嚴肅，主一無適'，上蔡曰'惺惺法'，和靖曰'其心收斂，不容一物'，多般名目。"

"抑有用工次第先後否?"
曰："持敬，必自'整齊嚴肅'始，則自然'惺惺'，自然'主一無適'，自然'其心收斂，不容一物'。此內外交養之工，恐非有次第先後之截然也。"

讀書瑣錄

《大學》經一章首節，明明德卽明德之明於吾身，本也、體也；新民卽明德之明於天下，末也、用也，止至善卽明、新之要而體、用之極也。然只言止至善，而不及所以止至善之事。故以“知止”一節繼之。知止，知止至善之所在，定、靜、安、慮、得，皆以效言，以爲明明德、新民、止至善之行程準式。

然而本·末、先·後，一失其序，則又無以至於道。故以“物有本末”一節繼之，承上起下，爲一章用工夫節度關鍵。使知、行幷進，格、致是知，誠、正、修是行，齊、治、平是推行。

下面逆推工夫，言明明德、新民之條目，以釋首節之意；順推功效，言知止之事、能得之序，以釋第二節之意。既言工夫、功效，而又以“自天子”一節，因逆推工夫而順結之，言本之當先；“其本亂”一節，因順推功效而反結之，言末之當後。以總申第三節之意。

蓋上三節爲經中之經，是擧其綱，下四節爲經中之傳，是發明上三節之意。體用義意，節節相應，自可見聖人義理文章之妙。

《明明德章》。首節“克明德”是統說，“克”有眞箇會的意思。第二節“顧諟明命”，是從源頭說。天命本明，顧之欲其常明而不昏也。第三節“峻德”，以此德全體之大言。末節結語“皆自明也”，“皆”字、“自”字當着眼看。

《新民章》。首節“日日新”，原新民之本；第二節“作新民”，著新民之事；第三節“命維新”，明新民之效；末節結句“無所不用其極”，卽止於至善。槪可見明明德、新民、止至善，相接續貫通也。

《止至善章》。首節借邦畿天下之中而四方有所歸止，形出"止"字，言人而兼包物。第二節，剔起"知"字，言物而重在人，以起下諸節。第三節，言至善所當止，而舉文王之敬止，以立止之極。第四節，言明德止至善之實。第五節，言新民止至善之實，而結之以"沒世不忘"，蓋新民之止至善，於"沒世不忘"上見得。

《本末章》。似當先明德、後新民，而其曰"使無訟"，則是新民之事也。必先此新民之事者，擧末以該本。蓋我之明德既明，然後得以使無訟，則無訟只是民新，亦不是本。使無訟中，便有箇明德在，乃本耳。

《補亡章》。"欲致"二句，釋致知在格物之義，"人心"六句，言所以格、致之由，"是以"六句，言格、致之工，"至於用力"四句，言格、致之效，末二句，總結。大抵致知，自是意未誠時工夫也。於意誠之前，講究得道理極精，則意發可得以誠。故致知在誠意之先。

《誠意章》。首節，戒欺求慊，全在愼獨，是誠意之方也。第二節，言惡之實中形外，以見獨之當愼，而申明首節之意。第三節"指、視"二字，更說善惡之不可掩如此，以總結上兩節。蓋傳十章，皆是述曾子之意，而此特以"曾子曰"引之者，蓋曾子平日之言，非專爲此章而發。然其意有切於此章，故以其言述其意。末節，言誠意功效，以結一章之意。

誠意知之終、行之始，自爲一章，故無承上起下。大凡意有善有不善，而惟誠意之意，乃爲善也。若兼善與不善看，則善者固可實之，而不善者亦可實之乎？好善、惡惡，意也。惡如惡惡臭而決去之，好如好好色而必得之，是誠意也。誠意之工，在於敬以直內；誠意之效，著於心廣體胖，則誠意爲正心、修身之要。故正心、修身兩章，只言不正、不修之病，而不言所以治病之方，以見于上章故也。

《正心、修身章》。首節，以心言，心爲一身之主也。若一有留滯偏係，則心不正而身不修。故經文言“先”，而此曰“在”。第二節“心不在”，言心馳于外而不存主其內也。蓋上面“有所”二字，雖若病于有心，然其有也非實有也。如實有而無一偏係，則湛然虛明，如鑑空衡平，到得應物，一一得正矣。況於視聽食之粗且淺乎？末節順結，勉使學者，期於敬直以存心也。此“正”字，是說心之用，用正則體自正矣。

蓋爲學，誠意而後正心，正心而後修身。誠意則惡念已絶，然不能無浮念。故司馬溫公平生誠意之工，雖無不可對人言之事，而猶有困於浮念，中夜不寐。此所以既誠意，而又須正心也，正心則浮念已息。然不能無所偏。故朱子中年，心豈有不正？而論贓吏，怒形於色，猶不免小偏，此所以既正心，而又須修身也。大抵爲心害，惟浮念、惡念、偏念最切，能盡去此三者，然後靜虛動直，而聖可學矣。

《修身、齊家章》。首節五辟，朱子以爲非在人欲上。如非人欲，則可知其病之在於知不到矣。知不到，而身何能修哉？第二節緊承上文，而引子惡苗碩說向家裏去。知子莫如父，而子惡不知；知苗莫如農，而苗碩不知。然則兩節“知”字，最宜着眼。

《齊家治國章》。首節“治國先齊其家”，權陽[12]村曰“承經文'所厚者薄，所薄者厚，未之有也'之結語，而分厚薄"，此無乃立傳之規耶？惟孝、悌、慈爲化家之要，而治國亦不外此，故章內申言之。第二節"慈"者，人情所不能已者，故於此獨擧一"慈"字，以例孝悌也。第三節卽以"不出家而成敎"之效言。第四節承上"一人定國"而言。求人、非人應"令"字，有已、無已應"好"字。末節通結上文意，蓋言孝、弟、慈之敎于家者，可以敎于國也。

又三引《詩》，第一節，美女子之被化如此，第二節，就齊、治君子言，第三節，又言父子兄弟足法，以示齊、治緊要工夫。末節，結得《詩》意。大凡三引《詩》，都是化，自國以上，治於內者，嚴密而精詳；自國以下，治於外者，廣博而周遍。故繼之以絜矩，此平天下之要道也。

《治國、平天下章》。首節，絜矩只在公好惡以同民。第二節，覆解矩以絜之之義也。第三節，承上絜矩說來。第四節，"辟"字指好惡之不可辟說。"辟"字，與上好民好、惡民惡相反，天下僇，與上爲民父母相反，極言公好惡之道。

第五節，言得、失，以結之主民心說。第六節，先愼乎德乃明德也。格、致以明其理，誠、正以致其實，能絜矩以公好、惡，則有人、有土、有財，此必然之應也。第七節，承上言德之本對財，財之末對德。第八節，緊接外本內末說去。第九節，言外本內末者之不能有其民，與有人、有土反

12 陽：底本에 "楊". 《陽村集·陽村先生年譜》와 《保閑齋集·翼平贈諡權公神道碑》에 근거하여 수정.

看。第十節，言外本內末者之幷其財而不能有，與有財、有用反看。蓋此三節，一意相貫，兩"是故"字，緊承來。第十一節，再言得、失，以結之主天命說，以結前五節之意，與前引《文王詩》相應。

第十二節、十三節，始言不專財利之意。第十四節，言與民同好惡，在乎用人也。好善之利及子孫，不好善之害流後世，亦由絜矩與否之異。第十五節，能好、能惡兩"能"字，含公明剛斷底意。蓋仁人之心，廓然大公，絶無私係，見得善惡，十分明白，好惡皆當於理，故謂之能。

第十六節，"見賢而不能擧"，"見不善而不能退"，無他，不眞知善之可好，惡之可惡。故雖言好之，而有一毫不誠之心，拒其內；雖云惡之，而有一端善恕之意，挽於中。致有此不能擧、不能退之失。

第十七節，就用人上，申言好·惡、公·私之極，其好、惡之私，關于用人，最爲深且大矣。第十八節，三言得、失，雖結上兩節，因前所言得、失，以決其機，主君心說。蓋忠信者，盡心而不違於物，絜矩之本也；驕泰者，矜肆而不得於人，絜矩之反也。

第十九節，言生財之道，以起下第二十節"仁者，以財發身；不仁者，以身發財"之戒，俱就心而言，以廣其意。第二十一節，上好仁而下好義，申明發身正意。第二十二節大旨，重在不畜聚斂之臣，以見用人與生財之相關也。

昔陸宣公曰："民者，邦之本；財者，民之心。心傷則本傷，本傷則枝幹凋瘁，根柢蹷拔。"呂正獻公曰："小人聚斂，以佐人主之欲，人主不悟，以爲有利於國，而不知其終爲害也。賞其納忠，而不知其大不忠；嘉其任怨，而不知其怨歸於上。"若二公，可謂深得此章之旨，而推廣絜矩之意乎！

末節，反復義、利，幷及用人、務財，深戒有國者不可求利也。大凡能絜矩與否，皆由人君心術之微。故三言得、失，而以忠信、驕泰結之。末乃以義、利二字，應上忠信、驕泰，皆從人君心術，決天下治、亂之機。

此傳者，探本窮原之論也。

《論語》。

日三省章。日是日復日日也。省是密察力行，無所間斷也。三"乎"字是問心之辭，而心常戰兢，惟恐有失也。曾子一生用功，全在一"身"字上。

君子之於天下章。適莫，是意之可否也，義是心之權衡也，適、莫與義，政相反。然無適、莫而不精于義，則却無是處。惟精於義，然後事到面前，先無適、莫之念，而只看義之所在，何如。義所當爲則爲之，義所不當爲則不爲，此君子大公順應之妙，所以能成天下之務。

季文子三思章。三思是展轉反復之意也。天下事，以義理斷之，則是非、可否，再思可審；以私意揣之，則利害、得喪，交戰胸中，愈思愈晦。夫子可再不可三，是爲文子而發也，非槪論用思之道也。若道理之精微處，雖百思千思，斷當不得，則不措焉耳。

子以四教章。教以學文修行，欲其知、行幷進也；教以存忠信，欲其表、裏俱實也。夫子立教，不出此四者，而四者，總是心身切務也。文而無行，則無以踐其實；行而無文，則無以考聖賢成法。忠而非信，則不能至誠接物；信而非忠，則不能發己自盡。文行而不忠信，則文行亦失之虛矣；忠信而無文行，則忠信亦失於朴矣。四者相須并進之中，略有次第。不是文學到了，然後教之以行也；行到了，然後教之忠信也。

衛君待子章。"正名"一言，可以見夫子之微意也。名是名號，正名者，使名與實稱，而君臣、父子之名分，皆秩然有序耳。蒯聵[13]避罪亡奔，不得以父靈公，然未始不可以子輒。輒以適孫，禰其祖纂祀，可令國人有君，而何得令吾身無父耶？彼蒯聵若以君衛之心來，則在輒道理，當迎其父，遜其位。若蒯聵或有愧心而不自立，則輒雖辭不獲而受之，能以一國孝養其父，豈不肅名分、正人倫之大者乎？

《孟子》。

許行章。曾子曰："江、漢濯之，秋陽曝之。"蓋直從心體上，推究說到，一私不存，萬理明淨，以假借形容他聖德耳。設無曾子此言，其在有若，自知之明，平日尊慕之義，豈敢輕據宣尼之座，而以師道臨同學哉？然而猶有《史》遷之妄議，以爲其始也，以其貌之稍肖也，而擁而崇之，其繼也，以其

13 聵：底本에 "瞶".《史記·衛康叔世家》에 근거하여 수정. 이하 모든 "蒯瞶"는 모두 "蒯聵"로 고치며 교감기를 달지 않음.

一二事之不能中也，而一朝斥而去之。其所謂“一二事”，卽不過星巫、卜祝小智曲數之末耳。孔子之爲孔子，豈以是耶？知與不知，又奚足以輕重於有若？而聖門諸子之斥，有同優戲，甚矣，遷之妄也！陸象山輕信《史》遷，遂詆有子爲支離。賢如有子，而《史》遷誣于前，象山詆於後，在有子何損哉？

桃應問章。桃應之問，事係於兩難，孟子之答，意在於各盡。蓋臯陶執法處，爲臣之用心，何如也；大舜全親處，爲子之用心，何如也？莫非天理、人倫之至。故朱子曰：“此只論聖賢之心耳，權制有不暇論。然到不得已處，亦須變通”，於此自可見無限意思，包在其中矣。

有布縷之征章。布縷粟米。按《讀禮疑圖》“織麻曰布，析絲曰縷，帶殼曰粟，脫殼曰米。力役有二，其一軍賦，以冬更番；其一工賦，以冬應役。”據此，則粟米之征，自百畝之田出；布縷之征，自五畝之宅出；力役之征，自丁口出，唐之租庸調法，皆起于此。

《中庸》。

首章。首節，從原頭上說萬物皆同。此一原頭，故人能盡其性，則能盡人物之性，由其同一原故也。如率性之“率”，修道之“修”字，不是泥定行道人用工說。自第二節“是故”以下，至第三節，始教人戒懼愼獨工夫。第四第五節，則子思申明首節之意，而推及功效。

第二章，因首章性情中和之德，而就德行上，不失其中。

然此理原是平常，故說個“庸”字，非中之外又有庸也。

第三章以下，將論中庸，故承上章，更提以起下諸章之意。且子思引《論語》，而添一“能”字，蓋此“能”字，帶得“勇”字意。所以不違於中庸之道者，以知仁勇。然勇非在知仁之外也。能以知知、能以仁守者，非勇耶？

第四章，承上章而言知行之過不及，以明所以鮮能也。且繼之以“鮮能知味”，對上過不及二者說，而含包了人自不察意思耳。大抵飮食是日用，味是日用中道理，此喩最親切。

第七章，承上章大知而言之，若不及行然，末句“期月守”之守，爲行之張本。

第九章，與引舜、回處一例，若知不若舜，仁不若回，則中庸便不可能。當激勵奮發，以勇輔知仁，必如下章所言“四强哉”，然後可能擇、能守。故所以爲承上而起下也。

第十章，夫子告之以君子之强，而必先設此三端，將使之激勵奮發。然後乃說出君子之强，方是明白剴切，與《孟子》浩然章，黝、舍先於曾子，一義也。

大抵自第二章至此，皆論中庸，以釋首章之義。如君子中庸，舜之知，回之仁，子路所聞于夫子之勇，以“至依乎中庸，不見知而不悔”者，便是能存養以致中，而天命之性立，省察以致和，而率性之道行，教亦在其中。若小人之反中庸，民鮮能久矣，智愚賢不肖之過不及，人之不能期月守，中庸之不可能，以至索隱行怪，半塗而廢，其間人品高下，各有不同，然均之爲不能致中和，而無以立教于天下者也。總是首章內所含之意。

第十三章，“道不遠人”一節，總冒下三節，而“忠恕違道不遠”，尤爲通章關鍵。事事能推己之實心，則於人倫交接處，自然言顧行、行顧言。故又以言行結之，道不在言行之外矣。兩“庸”字，當深味之。

第十六章，即鬼神體用，以明“道不可離”之意。蓋至費、至隱，無所不包，莫如鬼神，而道體之流行，卽此可見。故於此忽說出鬼神。雖若恍惚難狀，然亦不過是將天道來，包括上下諸章之義。末節“誠”字，自首節“德”字來，誠者，德之實。凡事物著見之實，可易知，而惟鬼神最眇茫難見。此處看得實有，則天下事物，無非此理矣。此中庸言誠，發端于鬼神之意也。陳氏嘗以“誠”爲對“微”說。然鬼神之貫乎顯、微者，總一誠之所爲，對說恐未安。

第二十一章，“自誠明”，指誠者言；“自明誠”，指誠之者言也。分性教，言天人道，爲下諸章分承張本。蓋自誠明者，不思、不勉，全其所性之全體，本乎天賦，故以性屬之天；自明誠者，擇善、固執，由教以成己德，係乎人事，故以教屬之人。曰性、曰教，雖有天人之異，而要其歸則一也。誠明，非由誠而後至于明，誠則明矣。明誠者，尙須由明而後至于誠，然明則亦誠矣。誠無不明，天固無待于人矣。明可至誠，人豈終異於天哉？是以君子貴自勉也。

第二十三章，致曲之“曲”是誠發見之端倪。其次于至誠者，未免爲氣禀所拘，善端偏而不全。如人溫厚者多是仁、剛毅者多是義。惟隨其善端發見處，一一推致其極，是爲致曲。

其工夫不外乎擇善、固執。不擇乎善，則理、欲混淆，終無以知其爲曲而致之矣。擇善而不固執，則雖知其爲曲，終爲私欲所奪，而不能致之矣。大抵"曲"字對上"性"字，"致"字對上"盡"字。盡則全體皆誠，無待致曲，致則漸致擴充，以至于誠。故此以至誠結之，以明同歸于混全之至誠也。

第二十九章，承上兩章，而言有德、有位，以作禮樂。考三王、建天地而不謬、不悖，質鬼神、俟百世而無疑、不惑。遠之·近之、在彼·在此，無不合於人心，有譽於天下，則下章配天之功效，自可馴致矣。

第三十章，以聖學明中庸之道，貫古今，徹穹壤，惟仲尼乃當之。首節盡仲尼之大處，次節是喩其大。末節是言天地之所以大，而仲尼與天地同其大，承上數章天道、人道之極，而復以仲尼終之，以示群聖之道，至仲尼集大成也。

第三十二章，至誠以實心，言經綸，一誠之盡綸也；立本，一誠之盡性也；知化育，一誠之知命也。總擧至誠之大用，以申結之，一篇之大意，更無餘蘊矣。且以三十一二章論之，一章，以小德之川流，結至聖之德，二十七章以下總結也；二章，以大德之敦化，結至誠之道，二十一章至六章總結也。以章次言之，似當先結至誠，次結至聖。而有上章至聖之德者，以其有下章至誠之道，則雖若雙結，而實所以申結上章也。故下章末句，以上章首句結之，以明此二章爲一篇總結也。

第三十三章，凡八引《詩》，其首尾則言進德之功、成德之效，以示學者之準則。中間五節與首章，節節相應，而總結一篇。首節"衣錦尙絅"，應首章統說例。只言爲己立心，而未及工夫。“潛伏孔昭”，應首章“莫顯、莫見”，故便言愼獨工夫。“不愧屋漏”，應首章“不可須臾離也”，故遂言戒懼工夫。其云“不言動”者，與首章“不睹聞”，互足之辭。奏假、不顯二節，效有淺深，先說民勸威，而後及平天下。至此而中和位育之量，全矣。

蓋首章總說道之體段、名目，故由體及用，而先存後省；此章約言入德次第，故由用及體，而先省後存。此兩章之相爲照應，所謂以天始以天終也。

《易》。

三畫卦。三爻皆陽者，爲乾而健之象也；三爻皆陰者，爲坤而順之象也。二陽一陰者，爲兌、爲离、爲巽而悅之、麗之、入之象也；二陰一陽者，爲艮、爲坎、爲震而止之、陷之、動之象也。蓋健之爲德，必資乎動、陷、止而後全；順之爲德，必待乎入、麗、悅而後備。則徒陽無陰，不可以成健之功矣；徒陰無陽，不得以致順之效矣。此八卦之陰陽，必須相備、相濟，不容相無者也。

六畫卦。三才而兩之。蓋五六二爻，象天之陰陽二氣也；三四二爻，象人之仁義二德也；初二二爻，象地之剛柔二質也。三才之道備，然後天得以爲天，地得以爲地，人得以爲人，而事事物物，皆得其所矣。此《易》卦大成於六畫，而開物成務之業所以立也。

乾、坤、坎、离，反覆之而不變，故居四方之正位；艮、兌、震、巽，反覆之則皆變，故居四隅不正之位。此伏羲八卦正反卦位也,《易》之時義,大矣哉!

以《乾卦》言之,初九之潛,九二之田,九三之乾惕,九四之或躍,九五之利見,上九之有悔,因其所居之位、所遇之時,而各當其可,是乃時中也。其進、退、消、長之道,吉、凶、貞、悔之機,備載於此,推之六十四卦,自是一理。讀《易》者,不必就玄妙處求索,只於眼前物事及日用常行上,比擬推變,因時度宜,則庶可見作《易》之本意乎!

先儒曰"仁者,心之德",猶言潤者,水之德;燥者,火之德。"愛之理",猶言木之根、水之源。推此則仁之體·用、動·靜,自可見矣。

仁之用是愛,而愛父母,愛兄弟,愛鄕黨朋友,便有許多差等是義也。履此是禮也,知此是智也,實此是信也。蓋仁爲萬善之首,故義、禮、智、信,皆從此出。

朱子曰:"七情自於四端,橫貫過了。"蓋七情自是公然平立之名,則何謂其橫貫也?四端爲經氣所隨,而粹然直出,故七情爲緯氣所主,而橫貫出了。

談理者,以《語類》"理只是箇淨潔空闊底世界,無形迹"等語,指"空闊"二字,爲理之本體。然此非指體而言,蓋言其無形之意也。不然,則朱子何以曰"太極,不是空底物事"?勉齋黃氏何以曰"無極而太極,非佛氏之所謂空也。乃斯道之本體,萬化之領會"耶?大抵理,雖無形象聲臭之可見,而其中自有眞實無妄之體,"於穆不已"之妙存焉。恐不可以"空闊"二字,直指其本體也。

胡氏《知言》曰:"枯木死灰,有性、有心。"朱子曰:"心無死生,則近於釋氏輪回之說。"天地生物,人爲最貴,而虛靈知覺,心也。天地,通古今而無成終;人物,隨形氣而有終始,何必言心無死生,以駭學者之聽乎?蓋有性,如大黃之有以治屎、灰治之有以去垢,可見矣,至於有心,則無處可驗矣。

老氏尙淸虛,釋氏尙空寂,所尙雖若少異,而其遠事絶物則一也。老氏於天下事之是非,一是謝却,只淸虛而已;釋氏於心念之善惡,一是掃除,只寂滅而已。

有問止謗之道,文仲子曰"莫如自修"。請益曰"無辨"。與其自辨而益其過、重其謗,不如速改之爲愈。至於橫逆之來,亦如孟子之訓,當直受之而不報。以今觀之,橫來鮮矣,我若盡善、盡美,豈有人言於其間哉?罔知、罔覺之中,必有毫末未盡處在耳,此宜猛省。

辭、受、取、與,是士君子大節也。無名之饋,固不可受,有名之饋,亦有可受而不可受者。觀人,不以窮視其所不爲,貧視其所不取耶?

取人爲善,存理遏欲,敬直義方,不怨天尤人等訓,終身用之,有不窮矣。

摭幽錄

朴文叔同余校《投巖集》,宿嘯院。語余曰:"吾世貧也,稱家有無，四代諱日，只奉一器飯羹而已。吾季父公，誠孝出人，亦於朝晡難繼之中，無間祖禰。趁鷄作一升米食，來奠宗室牖下，餕餘，分盡與祭子孫。”此似易而實難，故姑記前聞，以備後勸。

李君萬膺，吾亡友大賢之子也。天性至孝，未嘗違父母旨。及大人公年老，患司視，夷險扶護，日夜如不及。睫毛刺痛，隨鑷得安寢。宿患未祛，百祟交侵，十載床褥。時則母夫人已下世，賢相又喪矣。內無主饋，外乏樵蘇，君躬執爨饌，不遑食息。常竹筒吮屎，或泄穢滿口，猶恐親知，凡染溷之具，晨夜手濯，不使人見。所命之事，雖難爲，聞斯行之。適値天寒氷凍，而思烏魚，君鑿池，得以供。其病革也，割股得以延數歲，人以爲孝感也。余以隣近之故，知君平日事行甚悉，撮其大略如右。

黃君在昊，卽商山之新川居士叔浩之第二子也。在昊孝事無違忤，及其親以疾臥三載。在昊與丘嫂，凡適口適體之物，與夫利病之藥餌，補元之肉汁，靡日或懈。竟使稍饒之家業，剝落無餘。宗族稱之以孝，已成口碑。

日家雇採於家近野山，取松根一負，曝之爲薪，其丘嫂將取而爨之，有一物着在松根，大如指，長可三寸。熟視之，乃山蔘也，告于其叔，煎獻卽效。

噫！此非野山之可產也，亦非松根之可着也。彼雪筍氷鯉，求有於有處，而得之猶爲孝，況此物，本非此山之有，而不求自至，天實爲之。豈非誠心所感耶？

劉君遇錫，金烏山下崇山里人也。余從江西父老遊，話間道君至行。自幼不敢忘父母，與群兒戲，必返面以時。遇珍果，必懷歸以獻。雖遭家窘乏，樵漁以繼甘肥。丁父憂，哀毁踰制，殯肂稱情。替事八十祖母，日夜咳喘，無一適口，猶思鯉汁。時天寒氷凍，難以力致。君至江剖氷，號天有頃，尺鯉躍出，一試見效。

事老母積祟難醫，夢遇神人，叩頭問藥。神云"鳩湯最良"。蹶起開戶，天已向明，忽有雙鳩入房，連用得差。遠近耳目之者，以爲此事不可泯，將齊籲官營。君堅執之曰"是偶然耳"。

當盛暑，有老衲飢仆於路，君募丁負歸，予之食飮而得活。辛卯，遭祖母喪，奉襄無地。夢有一老夫爲言"金谷有道師，速往見之，可占名穴"。君如其言，果有老衲，熟視起拜曰："積年阻候，今幸逢着。"君心訝之曰："尊師眷眷於我，而我未能記得。"僧曰："某年月日，飢仆崇山路畔者，卽僧也。"仍與偕來占山，果名穴云。

李仁爗致顯，有一婢子。欲使其主自放良，一夜火于家，致顯撲滅之，以爲是適然。翌夜又如之，連十夜不止。致顯乃知婢所爲，遂收拾其所蓄貲，而好顔放送之，誠難矣。

致顯與余，居同隣、齒同庚矣。自齠齔同學于吾先王考。致顯才穎敏，性又至孝，刲指療親。蓋其孝有自，致顯先親白首之年，見家犢失母叫號，輒泫然曰："微物猶知思母，可以人而不如此？"非天性之流出來耶？且致顯有子基斗，以其親之寒節，或出而行無寢具，在家而不衾不席，眞可謂食息不忘親也。噫！致顯以宗室後裔，雖微而不振，原其三世懿行，安知無來後昌大乎？

吾里中有星山李基煜應晦者，以編戶世族，能奮然自立。嘗受業于吾先王考，性本沈厚，才長窮究。早自喜《易》，肘不離案三十年。凡伏羲作《易》、文王演《易》、孔子贊《易》之旨義，無不融貫會通。著之爲圖若說，累數萬言，一一發其精蘊，有非世儒窺測其萬一也。

於乎！以若深工，生世祿之家，則宜其顯名當世，而不幸生編戶之族，不見人知。晚來隱遯于城南不知村，窮餓以終其年。人之知不知，固無加損於應晦，然余嘗同里之故，知之深而愛之切，略記所覩云。

徐道致昔吾同里民也。其父病於風，而道致日夜焦勞，凡利於病者，爲求萬方。有言他無良方，惟千年華蛇最良。道致卽壞家近坊築，得以用之，病乃已。一日忽有大蛇飛入家。擧家驚惶失色，道致戒其家人曰："勿爾也，吾當順受之。"顧謂蛇曰"殺此千年物，實出於人子迫切之至情。然吾於汝乎讎也，爲雄、爲雌而復讎，理固然矣。汝復汝讎，吾瘉吾父病，皆爲所當爲，則雖死無憾"，遂脫身臥房中。蛇纏繞道致一身，自足至頂，有頃輒解去。

於乎！使道致一有畏死欲害之心，則非惟身死，全家叵測之禍，亦可立而待也。能順其理處皆得正。故以獰毒無知之物，而猶爲之感化。身以全、家以保，其卓然知見，可尙也已。

善山荊谷里崔姓人妻，貧無以生，賣酒爲朝晡資。一日有幽雅一媛，自言"吾居金海之某村，將五百金財，欲移于此等地，而無託財之人。今見主媼，甚廉介，請以此物留置，秋間當來推"。媼固辭不獲，受藏之。雖有窘乏，一不犯用。秋而不來，明秋而不來，又明秋而不來。其家人以爲不些之物，一年空留，已極固矣，況又二三年之久乎？强而後可。遂買良田，使之耕作，而逐年分半。拮据五六年，多至屢千。因使其子，往探于前日所指言之地，則本無有矣。又旁求境內及隣近邑，亦不見其形影矣。

嗚乎！以無知之婦豎，猶尙廉介，受人之財，而一不犯用爲難，旣買田而分半以殖爲難。又不遠千里，搜覓爲尤難，視世之沈酣富貴，不知身陷於不義者，奚啻鵠蟲哉？

李晚喆吾族季膺家奴也。其父不幸遠竄于咸鏡之富寧，距家近數月程。晚喆雖窮，以父在極北極寒之地，每艱辦衣資，而一歲一覲。及其死也，又爲返葬計，與子一人，晝則負尸窮日趲程，夜則撫尸達曙號泣。未半道，力不能堪，憑尸號天曰："勢窮力盡，將與父尸，幷爲烏鳶之食。"因以負起，輕輕可遠到，人皆以爲孝感云。

崔任逑善山元堂民。歲丙子恒暘，千里赤地。六七月之交，得小雨。將代播蕎，一石價，至二三百金，秫一升，亦不下八九十。任逑素以力田之人，兩穀儲蓄，殆近十餘石。謂家人曰：“待其有餘而後濟人，則元無可濟之日。吾家雖不贍，當此人類將盡，豈忍以見在者爲乘時賭利之計哉？”遂分隣近之不能備種者，見盡乃已。雖愚夫愚婦，猶爲感化，及秋具息以償之，任逑皆不受其息。

噫！東俗尙世類，雖有卓異之迹，在賤族，則例卑微而不之數。然能不爲士大夫昧義理、沒廉恥，而爲自私、自利者之所羞愧乎？

金聖孫善山坪城金氏之家奴也。其主以孤寡，無以爲生，離廟流寓於遠鄉。聖孫每當其主之四世忌日，潔具饌品，趁鷄，通于其主之至親，使之輪番祼薦，至於十數年之久而如一日，此豈非爲人臣，循私忘主者戒哉？

金烏山遊錄

夫金烏之爲山，周馳四五十里，雄鎭數三邑，非不高且大矣。譬之妙香、楓岳，則有若邱垤者，然而特表表稱於吾南者，固不在山之高大也，亦不爲山之形勝也。得賢人君子之隱而名著焉，卽與許由之箕山、子陵之富春，有異世同符者矣。

余嘗有一登之願，拙懶未之屐焉。歲壬子秋八月，有事于塔洞墓道，歸路歷抵木城，語到金烏。自不覺兩腋欲羽，要與一遊。申景賢、朴士震、李元仲倡之，金丈致可、申幼賢、金明允亦樂赴。

囊若干銅，取路崇山村。午饍，至山下望見，高峰一朶，半沒天際。微逕中斷，石氣參差。相顧愕眙曰："陟險升高，宜勿急、勿緩。急則易倦，緩則不達。"乃寸寸移跬，恒若不足，而顧後漸遠、仰前彌近。日未暮，忽躋冢頂，却哂韓文公爲枉用力，而始得朱夫子前行奇觀。

山氣之蜿蜒盤屈，石氣之爭爲奇壯。擧在吾目前，如抱兒、如蹲虎、如人立、如龍蟠、如剖大甕、如垂天闕。一片落照，直射于丹崖蒼壁之閑，若蜃樓之橫亘，月柱之流耀，目眩神迷，不可俱象。

轉過一嶺，山勢平曠，四路阻遠，當亂世，可藏兵以禦寇也。在昔龍蛇，吾先祖文康公，嘗避地于此，而遺躅莫徵，寓感無地。步下城東門，投宿。

翌朝遍觀城西南，蓋山城壬辰後設也。城有別將，其鈴軒公廨，頗類邑樣。其沃田平邱，足容數百民戶；有九井七澤，可飮萬千兵馬；有三邑倉庫，可支數歲軍糧。地利天險，誠吾南之一。

四時之景，春宜花，冬宜雪，夏焉而嘉木葱蘢[14]可悅，皆余之以耳而不以目者也。至若四山楓葉紅酣，直成錦繡

14 蘢：底本에는 "籠". 문맥에 의거하여 수정.

世界。而往往流照鏡波，展碧撓紅，則淡粧也、活畵也，在秋得三之一焉。此非筆力可攀模而已。

白雲四起，英英若烟橫練鋪。狂馳相遇，遇輒族而成海，尤何變態無常也？楓林泉石，千村萬落，沒入杳冥。而但隱隱螺髻，乍露雲隙者，非西鎭之與天屹立者乎？非伽倻之一抹橫翠者乎？非三鶴之若跳若躍、八公之若朝若拱者乎？杖屨之間，白日淸朗，而脚底乾坤，茫如混沌未竅時也。

前此余觀東海之大洋，驚波怒濤，噴白翻空，殆類今日之見，山耶？海耶？山遊而兼海者，雲耶！

流眄久之，自以爲樂于燕，不若窮于巓，遂促數友，行東轉于帿望臺，臺高萬丈，勢摩九霄。茫不可俯視，乃合眼定神，微吟"直愁平地無時下，頓覺中天半日浮"一句。吟罷小憩騁望時，雲烟初霽，洞天寥廓。目力有盡，而望勢無際。所可記者，向所稱倻、鎭、公、鶴諸山，累累如邱垤。

洛水一帶，遙分燕尾，有似跨山而南注。外他遙峯遠嶼之牛伏蛇行，有云"彼爲某水、此爲某山"。而余時惝怳，未能辨，第唯唯而已。

臺左一大危巖，擎空陡立。中坼呀然爲大穴，窄窄爲石門。穿入數十步，爲藥師菴。菴結巖穴，無甍瓦而雨可庇矣、非窓櫳而風可禦矣。中有一老釋，迎候於門曰："此則金剛所未有。金剛有普德菴，銅柱鐵鎖，奇則奇矣，譬之於此，風斯下矣。"未知何物好事者，緣何着手足，構此危懸數椽耶？其下藥泉冷冷出石竇中，同諸伴瓢而飮。

回從石門出，過鎭南寺，弊古不足觀。自寺下大惠倉，倉後百尺瀑，無雨久，已絶飛流矣。瀑下有穴，穴在巖壁上十數仞。非步捷者，高危不得入，卽世所稱冶隱窟也。以集中《閑居詩》考之，無乃麗祚將屋之日，先生義不欲屋處，而處此窟耶?

行數里，翼然臨于川上者，採薇亭也。炳炳乎首陽之淸節、昭昭乎松京之日月。園有竹，種御田之餘根；階有菊，祭伯夷之遺馥。拊感想仰，尙能使人廉頑立懦於百世之下。儘知金烏之勝，得先生尤著，而先生之名，與金烏齊高矣。

竟夕逍遙，三復吾先祖“竹有當年碧，山依昔日高。淸風猶竪髮，誰謂古人遙?”一絶詩，相與感慨，一宿而還。噫！余醯鷄也，守甕三十年，幸賴一二同志，暇日登臨，有足暢敍。卒卒山未得領要、水未得窮源，又未得飽賞先賢遺躅，以資身心之工，其見與樵牧奚異？可愧也已。

不改名說

吾先王考覺軒公，名余曰“福樞”，字余曰“景遐”，蓋期勉之意也。善則必福，福亦享遐，豈一朝一善之可致哉?

余素貧賤。客有過余者，問余之名，若有慽慽色，而自言曰“名可使富人之貧也、貴人之賤也”，請余以改名。

余整襟危坐曰：“此名乃吾祖之肇錫，則余何敢改爲?噫！貧與賤，亦莫非自反處也。余若知善之當爲，而爲善孜孜，則天必降福，惟日不足。顧不肖無狀，不體吾祖錫名之本意，甘心暴棄，年今四十，而尙無一善之可稱。其貧賤理所然矣，何關於名之改不改哉？古人云‘禍福無不自己求之’。” 客憮然而歸，因記其說。

冠誡

歲戊戌日，奎月第三孫熙遠，以十六冠其首。冠者，所以責成人也。成人，莫要於惇五倫，以盡吾性分而已。人於天地，受中以生。如欲踐形，汝能心愛父母乎！汝能禮敬兄長乎！汝能交朋友與善善乎！旭朝𠽾鴈，親迎有期，則汝能敬婦如賓乎；天爵旣修，人爵自至，則汝能事君盡禮乎！人生百千萬事爲，皆權輿此五者。故推本吾旅軒先生戒衛率公冠辭之旨意以責汝，須服膺而無忝熙遠。

兢齋說

吾友鄭趾善以“兢”名其齋，蓋取諸子曾子“兢兢如臨深履薄”之意也。兢之爲兢，非爲兢一事、兢一物而止。惟吾一心，一於兢，然後怠氣日祛，莊敬日强。以之讀書，知自明；以之律己，體自正。以之應事接物，雖十百千萬，紛至沓來，不待一一致敬，而有皆中節之效矣。然則“兢”一字爲持敬節度，而非成始、成終之要乎？若吾友顧齋名，而亟加兢兢，常使吾心，如臨深履薄，毋敢少須臾忘忽，則倦怠輕易之氣，無得間其間。必將大有成就矣，吾友勉之！

惺齋說

昔南冥先生，常佩惺惺子，坐臥起居，以自警覺。今曺友忠可，以先生之姓孫，亦嘗有志於明心復性，以“惺”名其齋，常寓目，如身佩而不離焉。

蓋惺爲敬之要訣，而敬是心之主宰也。若心失主宰而不惺惺，則冥昧放逸，無所不至。非敬曷治？非惺曷敬？忠可之志於惺惺，眞得用工之方。然人鮮克有終矣，終日欽欽，如在行陣，如朱然；居處暗室，必自修整，如張湛。惺惺照管他許多道理，不小間斷，則自然鏡明水止，無一點滓，而與天地同流矣。忠可其勉之！

書贈李星五【璟均】

吾夫子嘗曰“躬自厚而薄責於人”，此呂東萊變化氣質者也。非吾輩所當體念乎？古語曰“不爭爲深爭，不勝爲深勝”，此非處淆世、處族黨之要道乎？竊觀君性氣，剛直有過而溫厚少欠。故書此贈之，念之勉之！

書贈許明現

明現自雅士。今髮種種，而重繭遠路，訪余於荒間寂寞之濱，意甚勤。顧余年迫期頤，神精耗敗，無以發子之志，於其行也，援古訓以贈之。《易》曰"君子學以聚之，問以辨之，寬以居之，仁以行之"，苟子實心從事於斯，則終身用之，有不窮者矣。君其勉之！

書贈張子洪【翼臣】、衡國【鳳相】

吾同貫二君，不遠四三百里，再訪余于甪里山中。與之語，其懋學飭行之意，隱然見於色辭之間。心乎愛矣，奚但以百代諠而已哉？於其行，援古以贈之。夫子不云乎？"德之不修，學之不講，聞義不能徙，不善不能改，是吾憂也"，二君其歸而求之！

梁定夫【象止】字辭

梁君南原古閥，文襄華胄。乃生其家，才高識富。
名曰象止，字曰定夫。知止有定，思罔或逾。

四未軒集

卷七

序 記

序

《家禮補疑》序

人所常行者禮，而禮之最要者有四曰冠、昏、喪、祭。冠以成人，昏以正始，喪以愼終，祭以報本。其經、其儀，優乎大哉！用於家而家化之，用於鄕而鄕化之，用於國而國化之，達之天下，莫不皆然。

凡天地間事事物物，至理寓焉。因其理而節文之，以合乎人情，其不可須臾廢也，明甚。子朱子因溫公《書儀》而損益之，著爲《家禮》一編，卽有家日用之常經，而爲禮家三尺者也。

然而人家事爲多端，往往反於常而爲變，卽其變而生疑者，不幸千歧萬端。如《儀禮》之常變禮，《禮記》之《曾子問》，猶不能以盡之矣。是故漢、唐以來，至于我東諸賢，相與辨難，開示後學，昭乎若昏衢之照燭。

第其爲書也，散出而有取舍之不同；爲說也，同條而有交互之不一。雖贍才博解，誠難一一領會於急猝之中，苟無宿講之工，有不免舛做錯行之患。

粤在癸亥秋，余丁本生憂，人客之暇，蒐輯常變禮若干編。其常則依《家禮》舊目，其變則摭衆說而類附之。兼采邦國、臣民、鄕、學之禮，別爲一儀，如《通解》例。閱四年編始成，名之曰《家禮補疑》，爲晚暮遺忘之備，又爲迷子弟考閱之資云爾。

《夙興夜寐箴集說》序

人於天地之間，以眇然之身，能參三才，靈萬物者，以其有心耳。夫心之爲物，虛而具衆理，感而應萬事，其體則本眞矣，其用則本善矣。然一爲氣稟之拘，物慾之蔽，而不以敬持守之，則體昏用亂，其不爲歸禽獸、同草木也者，無幾矣。

是以聖賢千謨萬訓，皆從心上惓惓，而要其幾，則不越乎一箇"敬"而已。《書》之"精一執中"，《易》之"閑邪存誠"，孔、顏所謂"博文約禮"，思、孟所謂"明善、誠身"，何莫非一於敬而爲始終之要也哉？

肆昔南塘陳先生，卽其躬行心得之餘，而著之爲箴，言句簡嚴，意寄精深。與朱子《敬齋箴》爲表裏，而有地頭時分相須之工矣。

蓋自夙興至夜寐，夜寐復至夙興，無一事之或忽，無一時之或怠。時積而日，日積而月，月積而年，年且積而終吾之身，終始一於敬，而不知老之將至，南塘所以警己惠後之意，至矣。

王魯齋以爲甚切得受用，嘗以敎授諸生。退陶李先生爲之圖，采入《聖學十圖》，蘇齋盧先生，誦以愛之，亦爲之註解。顧其註解之例，只從字句訓釋而已，則入得門路，行得節次，必於宋若東諸先輩之說，而類推旁通，然後可以盡指意歸趣之所極焉。

福樞竊不自揆，據圖而依退陶分章，逐章而引蘇齋本註，附錄則用寒岡鄭先生《心經發揮》例，摭註則略采退陶、蘇齋、寒岡、大山說而補明之，若吾先祖旅軒先生說，則以追慕之私，間亦撮錄。裒成一冊，名之曰《夙興夜寐箴集說》，僭妄固多。

然竊惟大山李先生於《敬箴》，鋪敍地頭而旣集說矣。愚自妙齡，盥讀而興感焉，略倣規例，亦鋪敍時分爲此書，蓋其相須之工，有不可廢一也。得以正有道而資晚工，則庶乎有居敬存心，日乾夕惕之一助云爾。

《西巖集》序

余曾奉讀西巖先生呂公祭吾旅軒先祖文，輒愀然興感曰："有是哉！當日事契之重也。苟非公懸河筆力，何能說得到此？"此特彩鳳之片羽，以未見其全書爲恨。

今公胄孫成淵，收拾詩、文及箋、疏、誌、祭若干編，屬福樞以校而弁之。余惟於公，以世則九世之河南也，以屬則三世袁顮之傳也。

敬受而讀之，蓋公初年，以博學宏詞，中司馬，繼又大闡於君東堂。聲望藉菀，庶可賁餙皇猷，而不幸不調，其所施爲，不過是割鷄之刀也。彼東華門外，紆青拕紫，只止於一時之榮。若公內行純備，孝友爲基根，詩禮爲茶飯，則有足以百世未泯矣。豈求公於文藝之末而已哉？

噫！遺集之精校而壽傳，惟公後孫之責，若乃弁文，則幷辭不獲。敢將寂寥一言，以寓高山景行之慕云。

《松川集》序

余觀夫近世刊行諸家文字，不爲不多。其文質彬彬者，孰有如善山金氏《松川集》哉？ 蓋以眞純穎敏之資， 早自得師如桐溪鄭先生，木攻鍾撞，刻勵樹立，孝忠爲基根，詩禮爲茶飯。

奉庭命，入荊圍，得遂揚顯初志。洎乎八選淸要，六典郡縣，內外服勤至死，五爲學校授，引進遠近生徒，三掌增試監，不受勢家私囑。

至若文章，雖云餘事，進賀之箋，當道之箴、頌，一任忠愛，聯編累牘而不知止。慕節義而有作，則發諸衷素之蘊；泣劬勞而有述，則溢于言意之表。

噫！詩文，心之聲也。苟無有得於心，何聲之不可掩如是也？惜乎！巾衍寶藏，屢經崑火，百不能存一。至五世而海山公宅洛收拾之，又四世而鳳來繼述之，以數編冊子，方謀壽傳，奉示福樞曰："此吾祖松川先生志行之所寓也。幸勘正編次，仍惠一言弁首。"以老耄辭不獲，略采遺集中一二，以塞慈孫之請云。

《弦窩集》序

弦窩尹公吾王考覺軒公之所畏也。 覺軒公嘗稱說公不已曰“以我出入月峯公門，從公也久，而知公也審矣。志尙高潔，一芥不以非其義，取諸人。才藝敏捷，架揷萬卷書，一覽輒記。禮圍十三屈，終無怨尤。不惟過人者此也。抑尙賢之誠，興百廢於龍泉精舍；牖後之任，移心亭於華谷先臺。使儒風文物，燦然備具，一則公也、二則公也”，不肖從傍耳之，如昨日事。

日公曾孫成道、族孫冑夏， 奉公遺集， 屬福樞以弁其首。顧昏耄不敢當是寄，然平日欽慕之私，拜而讀之，詩文高古飄逸，有出塵之想。尤善楚詞，有屈·宋、唐·景體制。至若就正於崔百弗、鄭立齋、李默軒書，則疑無質之意也；往復於李遲菴、崔蠹窩、鄭芝厓、鄭制菴、姜皓隣說，則輸的眞之見也。爲桐溪先生重設菊薦之議，追復墓田之狀，則專出於炳炳一心。

不幸遺野，不大厥施，竟以一畝宮、一床書，飽飫晩暮之工，無乃天之意？抑有在也歟？噫！釋倫敬牌等著，皆公躬行心得者，而逸而無傳，餘存亦爲塵蠹中物。公之諸宗，相與慨愰， 各自出力，方付諸剞劂氏，豈寶玉明珠終有埋沒之理耶？忘其猥越，敢以前所聞、今所見者，書諸卷空以歸之。

《螭窩集》序

《易》之爲書，包羅萬理，人孰不讀？讀而能有得焉者，蓋鮮矣。若螭窩李公，一生精力，專於《易》學。仰混淪而知爲天之理，俯博厚而知爲地之理，處群群之中而知爲萬物之理。知旣至，著之圖若說。至於四子百家書，亦無不支分節解，各極其趣。若公眞篤信好學之君子人也。

於乎！公生大有之世，飮水甘於列鼎，弊袍華於佩玉，顧所樂在此而不在彼也。

日公冑孫在默，奉公手輯冊子來，請以弁其首。余雖年老荒廢，艶公知人所鮮能知者，敢書諸卷空。公諱逸協，字而宅，螭窩其號也。

《聖巖遺集》序

士生斯世，負奇氣，蘊經綸，出而試之，致澤君民，是士之素期者。然其於時 有幸不幸，何哉？

於乎！聖巖呂公生長詩禮家庭，以才行幹局，館學推公，爲妙年掌議。當日藹菀聲望，謂將大有爲於世，爭柰俗尙巧佞？鸞、鳳未得致瑞世之聞，楩、楠未得需巨廈之用。晩而纔司馬，壽而止護軍，此非公遇世之不幸者耶？

余在墨坊別業之日，公玄孫坦行，使子塤奎齎公遺集二冊，委書責弁文。余惟公與吾高祖通德公相友善，義不敢以昏耗辭，遂書所感而歸之。公諱八擧，字子才，聖巖其號，又其號臥雪也。

《寒泉遺集》序

《語》曰："有德者，必有言。"夫言也者，心聲之發也，因其言而可不知德之得於心者乎？

寒泉李公以孝友仁明之姿，生長詩禮家庭。滄叟爲父，復齋爲世父，畏齋爲從祖祖父。齠齡受學，長而擩染益深，敦本實而厭浮華，追前修而味澹泊，乃其立心制行之要也。雖以福樞之固陋，生後數百年之久，聞知夙矣，猶恨未得其詳。

日公之七代孫承馨、承國，奉東阿李公濟永之所校遺集，屹峯李公贇望之所撰行狀，踵門而揖余曰："不幸鬱攸之災，吾祖嘉言懿蹟，蕩無餘存。存者只是收拾燼餘耳，懼其愈久而愈失，方謀壽傳，子其惠一言以弁其首。"言甚慽慽，有足動人。

拜而讀其集，曰詩、曰書、曰序·記、曰狀·碣，言言是流出性氣，帶得蒼雅古味，絶無葷血俗習。又讀其狀，孝於親，友於兄弟，隆於師友。行餘之學，則一心孜孜，沈潛乎經史，講究乎義理，樂不爲疲。

雖登薦剡，而應世之心，泊如也。猶有憂國一念，不以巖穴而少弛；愛人以德，不以疎遠而有間。《感吟三京失守之詩》、《賀人疏請備軍粮之詩》、《戒人博戲之書》，有足以扶世敎、範後輩矣，苟非德之有得於心者，心聲之發能如是也？此可知公之萬一，何恨乎遺文之無多也？

《虛生堂遺稿》序

夫世之擅文章者，其詩爛然而光，其文燁然而華，初讀，無不犁然悅於心，及至再三，怠氣隨之。蓋以詞溢故理隱，理隱故其味自小也。

若虛生堂下公詩文，流出孝友仁明之性、惻怛感慨之氣。如《霽月詩》“月光如水水如藍，助我胸中一鑑淡”，如《喜雨詩》“穀腹絲身生計足，康衢烟月頌唐堯”等句，與夫《虛生堂記》“父母恩深，未效反哺之微誠。業儒平生，無所成名而與下品同流。有生如此，安得不謂之虛也？”等語，皆天然去雕飾，令人讀之，怠氣無自而生。信乎！非口耳掇拾者之可比也。

公早遊金松川門，其所存、所養之發於性氣者，有不可掩，則豈但以詩文求公哉？且其弟愚谷公廬墓還，感吟一絶曰：“慈烏未盡哺，夜夜夜深呼。我獨不如烏，窮山此一愚。”拙窩公和之曰：“如何失母烏，中夜每相呼。血淚今收盡，人而我輩愚。”文行之幷休匹美，可謂三難，何其猗歟？

余與公後承滎奎、麟錫，交隣數載，情好甚密。一日奉公燼餘逸稿，示福樞而因要一言弁其首。是稿之可傳與否，在具眼者，何待余言耶？公諱時瓘，字瑩仲，號虛生堂，春堂先生十一世孫也。

《癡史遺稿》序

於乎！此吾友故國子進士癡史安公遺稿也。昔余南遊，自道東聽流而下，捨舟而踵其廬。行禮事于朝陽別業，遂同舟至龍華山下，逍遙數日。日聞其所未聞，繼以緒餘往復，益見其識解超脫。自擬榆光，與朝暉竝明。天不假之公以年，忽焉墓木拱矣。

潛居閑寂，追念其孝友敦睦之行，溫雅淳厚之氣，周急款接之義，今世無復斯人，未始不悽然作惡懷。

日公肖胤英濟，收輯若干卷，求余文爲序。噫！老謬荒廢，尙忍讀吾友遺文而題其端乎？詩文各二卷，誌、祭、告文幷雜著，各二卷。其中如《四七理氣》、《太極陰陽動靜辨》及《定命》、《知命》、《心君》等說，其於踐履造詣上，尤爲後生面目。古人云“不見元賓，見所與如元賓”，況其遺稿乎？三復嗚咽，遂書爲《癡史遺稾序》。

《柳下遺稿》序

於乎！此余亡友柳下鄭公晉叔遺稿也。余嘗從公遊，丰神秀朗，志氣高遠，如天馬之長鳴，秋鷹之整翮，又如天外朱霞，暎望倒影，匪可以人世坌塵，與之梯接也。

能折節向學，未弱冠，已自通儒。嘗曰"學問之要，只在積眞踐實，寧學聖人而未至，不以一善成名"，於彝倫事物之著，天人性命之微，禮儀常變，音律象數，究極其當，思有以反諸身。又曰"文章餘事，本之四子六經。參之《左》、《史》、《莊》、《騷》、韓、柳、歐、蘇，而會之於《朱子書》，韜鋒斂彩，然後庶幾門路得正，體製兼備"。勉焉孜孜，見高識富，成於辭者，以法勝，而得於氣者，不盡露。世之剽竊爲文、記問爲學者，靡不望門而却走。

於乎！斯人也而不幸運値闕齾，竟不得大有所成就，其有憾於天地之大，何如也？

公歿之十九年，而其弟五錫建叔甫，收拾遺文，泫然謂余曰："吾兄所著若干編，不忍泯沒於塵囊中，願吾子勘校而惠一言。"余敬受而讀之，詩、文皆贍麗可喜，性理諸篇，尤多見解超脫。與其如余之生而沒、沒無稱，寧公之死而有不朽者存？建叔之不請於當世能言之士，而必於我荒拙，以其知乃兄也。是尙忍無言？遂書其所嘗言者，爲亡友遺稿序。

《青松堂實紀》序

青松堂先生都公，與吾先祖忠貞公入杜門洞。其罔僕大義，竝爭日月，第恨文蹟盡逸。日公之後孫在元景翼甫，奉公《實紀》，責余以弁文，拜而按記。

公父以簪纓名閥，被人甚誣。公痛父非命，攀柏叫號，如不欲生，尤無意於榮途。及麗運告訖，慨然有蹈海想，隱伏海曲，名其洞曰魯隱。

我太祖以微時之舊，有超遷廪繼之命，凡五徵而不就。謝以遜辭曰："國破家亡，不能殞軀晝邑、辭粟首陽，豈忍復蹈不義之科？願遂光武時子陵之志。"聖朝嘉其節義，賜號曰青松堂。手書"愛看青松節，貞幹手以摩。寒岡千仞上，霜雪不能磨"。一絶詩以褒之，此可見後凋之特節，而亦曠世優典也。

噫！公平居不喜著述，有著輒棄去。惟《黍離詩》十二絶、《辭爵祿箋》一、《戒兒曹說》一，僅存於千百，而臠可以知鼎矣。附錄則《御賜詩》一、《杜門洞碑表》十四字、《賜祭文》一、《不朝峴聯句》一。大哉之王言，足徵當時諸賢，如沈翰林綦、權梅軒遇、吉冶隱再、車雲巖原頫之《賡御賜詩》。李判尹岷、李容軒原之撰遺事、墓銘，亦千古信筆。

至若公之第四子婦貞夫人達城徐氏，有烈行，庭竹淚濕處，生白竹。世廟命工圖之，褒賜二絶詩。其一曰："號天抱竹涕汍瀾，一夜新篁白數竿。高節凜然驚世俗，九重模上畫圖看。"其二曰："千古瀟湘怨不窮，年年竹上見斑紅。須知素節無今昔，白筍新生一兩叢。"

恩渥所及，附爲一冊，付諸剞劂氏，一室三綱，開卷肅然。青松孤節，傳之白竹，白竹貞烈，光于青松，非眞所謂世其家者耶？以余不肖，體念吾先祖相求相應之誼，尤有感焉。遂書此以歸之。

《月巖實紀》序

贈吏判孝子權公八世孫用漢載皐，奉公《實紀》一冊，踵門責福樞以弁卷，顧耄廢辭不獲。

謹按記，公根天之孝，自辨字義，見紙上“父母”字，未嘗踐越。及讀經、史、子、集，至古人純孝卓節處，輒嘖嘖言爲人子當如是矣。生而躬稼獵，供甘肥，病而進黃魚得痊，灌指血復甦，歿而廬墓終六載。推孝及功緦之親，同爨幷耕，湛翕無物我。鄕人爲畵屛幛而愛慕之，遠近士大夫過閭，皆敬禮之。

噫！孝也者，百行之源也。惇於源旣至，則其他日可見，焉有一毫之未盡哉？蓋公平生需用，盡在於《小學》一部書矣。士林以之腏食檜祠，方伯以之上聞增秩旌褒。至若邑誌之摭載，三綱之編錄，尤何公議未泯也？譬若沈水之寶珠，莫掩其光；焚谷之幽蘭，猶播其馥。

不幸屢經鬱攸，無片言傳於後，後生無由得尋逐其彷彿。然寔公餘事，豈以詩文求公哉？百歲之下，聞公至孝，必有感發興起者，爲世敎，當何如也？公諱龍見，字紀爾，月巖其自號云。

《草堂實紀》序

吾夫子嘗曰:“天地之性, 人爲貴, 人之行, 莫大乎孝。”夫孝雖平常時人, 鮮能盡之, 況於艱險之中, 能盡其孝, 如草堂先生李公者乎?

公十二, 喪母夫人, 三年不近酒肉。成童, 出而就鑑湖呂先生學, 入而養先公志體, 常如不足。値島夷孔棘, 奉老奔避刈麥, 遇賊而奴乞代命。獵雉山谷, 而虎隨衛身。亂已後十年, 遭大故。時公年已不毁, 而守制猶嚴。攀號墓樹, 樹爲之枯, 如公之孝, 夷險一致, 豈人人所可能哉?

於乎! 孝移於君, 憂國一念, 未嘗以處江湖而小懈。聞南漢下城之報, 忠憤所激, 爲詩以見志, 其義理之得於家庭師門者然矣。奚但以孝求公而已也?

噫! 尺璧埋土而其光自著, 寸珠沈水而其瑩莫掩。鄭桐溪敬重之, 鄭寒岡與吾旅軒先祖贊許之, 李月澗與尹侯、金侯之薦剡, 趙龍洲之褒啓。此其闡幽摭實, 有足一二徵於千百, 則何恨乎遺文之散迭? 只以絶句詩二三幷附錄, 合爲《實紀》一冊, 方謀剞劂。公九世孫雨均、璟均, 屬福樞以弁卷之文。辭不獲, 略書平日所感而歸之, 以寓高山景行之思云。

《灊湖實紀》序

忠與義天彝人紀之大者也。忘軀命，捍邦難，以殉君父之急，何間於廟堂草野？

粵在龍蛇島夷孔棘，六龍西狩，三京俱陷。金鶴峯、金松菴據險守要，爲之當一面。時則公甘守草野儒分，所業者詩禮也，所講者忠義也。倚斗雪涕，奮不顧身。與文茅溪召聚生徒，赴松菴陣，而鼓動英豪，響應者數千。斬捕沿江賊八十餘級，以所獲珍寶，送之鶴峯，轉上于行在所。麾軍直前，遂解晉陽圍。鶴峯壯之而啓聞，特授主簿，公辭以寇未退。

噫！忠臣不以爵賞而勸沮，志士不以顯晦而欣慽。國家昇平二百年，雖守城之將、宰邑之吏，擧皆偸生畏死，獸駭鳥竄。若公娥林一韋布，窮林邃壑，固是莌難之善地，而義不欲草間苟活，提烏合，赴虎吻，視死如歸。微公見義理而不見利害，知君父而不知一身，何能扶天彝、植人紀之爲己任，若是哉？

蓋公道義之交，如文茅溪、鄭桐溪、郭存齋、柳漁適諸名德，相與講《庸》、《學》，“誠敬”二字，乃公一生躬行心得者。及北黨肆行，見幾告退。以聖眷暫試牛刀，竟卒于官，若公豈但以忠義求之哉？抑得於學問者，有如是夫！

於乎！世濟其美，公四五世孫，又死於戊申之亂。正廟錄劵，有曰“首先倡義，徑死陣中，豈不誠卓爾”，令該曹訪子孫錄用。然則是祖之忠義，以是孫而有傳，是孫之忠義，于是祖而有光，何其壯也！

公之十世孫胄夏，收拾公疏章、祭文於燼餘，又求散出於他錄之輓、祭，若事實、若狀、碣若干以附之。兼采監察公戊申殉節事實，合爲一冊，屬福樞以弁文。拜而讀之，鶴翁之啓、聖朝之褒、諸賢之述，有足以輝暎百世，何待寂寥之一言也？顧余忝在外裔，不敢以癃廢辭，謹敍此，以爲負國者戒。

《龍溪實紀》序

幽蘭在谷，竟歲無采，而含薰自知，古之人比爲己之君子，余於龍溪處士沈公亦云。

公生有異質。兒時嗜雀炙，奴輩日供，隨而往視之，皆抱卵懷雛者。公曰"生，生理也，吾何忍害生"，絶不復食。出遊溪岸，見群蟻依物浮水，收置山腰。

嘗侍親癠，日夜焦煎。其革也，斷指延垂盡之命；其歿也，廬墓極居喪之節。塤篪唱和，藹然情愛，溢於色辭之外。好是懿德，人之秉彝，當日耳目之者，孰不推重而艶頌哉？

鄉褒雖擧，上聞旋遏，竟至湮沒。而惟公出天之行，及物之仁，則不以人知不知，有所加損，是何異於歲晏谷蘭之含薰自知哉？

公所著詩文及所編冠昏喪祭等書，俱逸火，只有記實一否在耳。公後孫宜洙、衍澤，不遠數百里，屬福樞以弁文。自惟藐然晚生，全昧事實，屬此遲暮昏謬及之，其何以形容萬一乎？略采《實紀》中一二，書其端而歸之。

《冶城世稿》序

《語》曰"源遠則流長，根深則葉茂"，余讀《冶城宋氏世稿》，益信然矣。蓋宋氏自冶城君，種德流祉，代有鴻碩。其邃學卓節，德業文章，有若倻溪、新淵、啞軒、松磵；立朝廉直，居家孝友，有若龍溪、丹邱、晚悔、梅軒。延及苗裔，亦以文行勿替引之，允爲山南名族。

嗚呼！冶城君之厚蔭，篤生倻溪先生之賢，而大其家。倻溪先生之遺敎，推及伯仲之後裔，而世其業，如長川巨流，派派益淸；瓊林玉樹，枝枝相承，豈不猗歟？

蓋此世稿之規，沿上而有刊行文集，則拾其遺漏；沿下而有富完箱簏，則採其精核，凡八九世志行，俱載其中。至若滎川之《訥翁行狀》、山淸之《兩世忠孝》，亦爲隨昭穆幷附，蓋出於祖先均視之意也。

噫！宋氏之繩武，不惟前乎八九世而爲然，抑後乎千百世而可推。誦其文、讀其狀，自然興起感發，惟恐有墜失，則世稿之作，烏可已也？編旣成，求余文者，倻溪之孫浚弼、晚悔之孫鴻來也。追念世分，不揆僭妄，書此以歸之。

《延城世稿》序

世家作世稿，何爲而輯也？憂祖先遺文之泯焉而輯也。李氏自先世，天之降才，如火傳薪，而升沈有殊，以時有幸不幸耳。用行則有若忠簡公之佐命王國，垂名竹帛；舍藏則有若草堂公之誠孝出天，感賊感物。其後承有若聖巖、中峯、訥齋、處士、鳳皇、醉山、鶴圃、菊下、蓮湖，五世九賢，以文行勅躬訓後，允爲鄉黨矜式。

噫！忠孝其家，代不乏碩德聞人，理其然矣。嘗聞樊侯樹漆，猶易世而獲其用，而況於種德者乎？第其文蹟遠而傳之者無幾，近亦久而易失其傳。

鶴圃公肖胤鉉汶，夙夜憂歎，博采國乘與家乘之在在懿蹟，旣爲世家。又將弆莊中詩、書、狀、行、輓、祭、楔、頌、序、記、跋、《疑禮考證》、《七書問答》，幷忠簡公詩與書之散出《東國詩選》及知舊家者，編成一稿，爲世家之源本。後之讀是稿者，不惟求之於文，抑亦繩家學、關世敎，有以間其間，則小不爲小，多不爲多矣，世稿之輯，烏可已乎？輯之旣，屬福樞以弁文。余感其闡先之至意，收拾昏精，略敍一二如右。

《星山世稿》序

綷羽知苞族，豊條識鄧秀，余于《星山呂氏世稿》，益信然矣。

呂氏之初尙矣。惟圓亭深仁厚德，蘊之於身，而發之於後。至五世而有若休叟、晩翠、百拙公祖子孫，倡義牖後之策，孝親惇宗之行，尊賢慕先之誠，允爲士友所推重。又四世而有若慕軒、縮翁從祖昆弟，《明書》之撰，刲指之孝，世濟其美，眞所謂藍田之寶玉也歟！

嗟呼！鳳凰好音，不能揚爲瑞世之珍；杞梓美木，不能需爲巨室之用。卒乃遺野，直與凡翎散榦同歸焉，是誠世道之責。幸有遺文藏在巾衍，其後承大護泰會，編爲世稿，將付諸剞劂氏，責福樞以弁文。余忝在外裔，不敢以耄廢辭，略敍平日志與事善繼而善述者，如此。

《和順崔氏族譜》序

先王孝、友、睦、婣之敎廢，而譜牒之法作，爲著系世，而明昭穆也。蓋系世著，則高曾以上之寖遠者，不至遠；昭穆明，則緦袒以下之寖疏者，不至疏。每於寓目之際，克知一氣之無間疏遠，而不自覺其油然生孝、友、睦、婣之心矣，其功詎不大歟？

和順崔氏著自烏山君，至忠節公，爲國殉身，海民以殉日祭之。

至文惠公，仕我文廟朝，學問精粹。眷遇隆深，爲圖象而表崇之。光廟受禪，徵贊成不就，當時從遊，吃吃稱松筠志操。至三池堂，以逸爲縣監，卒己卯禍。至守愚堂，早從南冥先生學，望實俱隆。薦除持平，爲群小所惎，縫掖至今慟惜。

但累經兵燹，譜系失傳，烏山君之下，無稽世次，中一而錄之，自忠節公而始爲序次。噫！源遠則流長、根深則葉茂。八孝子、四烈婦、六文章、一名筆、十八文科、三十三武科、三十八蔭官，又出於節、惠、池、愚四賢之家，猗歟盛哉！

粤仁廟庚子，郡守公始輯家乘，粤英廟癸巳，因家乘而衍爲族譜。今上戊子，又設重刊之役，役幾成，文惠公之後孫元根，奉其宗札，屬弁文於福樞。辭不獲，作而曰："譜牒之有關於世道，誠如向所云者矣。烏山君之子孫，自緦而袒免，自袒免而至于千百世之遠，苟能以祖先之心爲心，相愛相恤，則庶乎先王之教，由是譜而明矣，豈曰少補之哉？"

孔巖書堂重修契帖序

孔巖之有書堂，古也。是堂也，誰因而興？何時而廢？興廢固無憑。若當日芋躋之賢，則有若李學稼、李歸巖、都竹軒、藥塢諸公，與吾六代祖訴梅堂，相與講道於斯，斐然成章，名位俱著。奎聚不常，衛完難恃。蘧蘧百年之間，漠然徒見高山流水，秀松老杏，至今有精彩。藥塢公胄孫錫龜甫，將汲汲重設，謀四姓修契，屬余以敍其事。

余作而曰："凡物有興、有廢，數也；廢之、興之，人也。廢而不興，奚獨於堂憂也？今士風日卑，人家後生，趨榮貪利，不壞廢了先德者，無幾矣。諸君推興此堂之誠心，毋自俗淄，志先祖之志、行先祖之行，以仁孝誠敬，爲立身之本；忠信廉義，爲律己之方。餘力學文，爲需時牖後之資，則其繼述克家之美，不但興此堂之廢而已。此吾與諸君之所共勉者也。”遂書爲孔巖書堂重復契序。

贈張君 聖維【性奎】序

吾同貫張君聖維，漢拏山人也。年甫二十六，志在北學，拜堂闈，走海陸數千里而來，人以爲難。

去年冬，將一部《小學》書，從余讀山房。志尚之高遠，見解之精白，詞章之清婉，果不易得者。但平常論說好高，竊有想於朝耕暮穫，其才氣使然也。

大抵《小學》書，是做人樣子。聖維讀此，往往發扞格之歎，苟能存是心而培養之，實其言而擴充之，則何渠古人之不若哉？

於乎！吾東素稱鄒、魯，降而士趨不古。舉走長安塵，其不走者，亦膾理口舌，不知操存踐履之爲如何。

昔朱夫子晚年，使學者却就收斂上用功，非有所偏重，救時之弊，自不得不爾。今聖維勿復有使於才氣，惟循序而喫緊。自一部《小學》，推之諸經，毋作紙上之空言，則終身用之，有不窮者矣。聖維乎！有老在堂，式遄其歸！爲學之方，維孝爲大。

送張性初之鶴山小序

吾同六世親性初，自修士，以事育無資，去住鶴山中。耕鑿盡菽水之歡，餘力治詩禮之文。原其本情，亦一古之董邵南也。

余嘗一迹其地，可愛其林邃境幽，第其風俗甚野。性初乎！以其所學，丕變野俗，則林下平章之功，豈其微哉？性初！

記

考槃精舍重建記

修道山之下有立巖，立巖之上有考槃精舍，卽文貞公東岡金先生棲息講道之所也。幸而興於萬曆戊寅，不幸而廢於壬辰兵燹。星霜屢嬗，溪山失守，實爲輿情所興愴而齎咨矣。

粵乙巳，遺墟碑得於墾田而改竪矣，粵丁丑，一鄕章甫爲修契事，以寓羹慕。今年丁亥，又與先生之冑孫頀林，相地於碑右十數步，謀復舊礎。雖僻巷窮村之無知賤品，亦皆趨事，如恐不及。閱數月而功告成，華而不侈、儉而不陋，宛然如初。苟非後生擩染於先生遺敎之至，何以辦此哉？

適成之日，屬余記之。其重建顚末，諸述已備矣，無庸架疊。若夫興廢無常，物皆然，惟道爲甚。物之興廢，固在天，而道之興廢，惟在人。僉賢推重建精舍之誠，以慮夫先生之道之或墜，常存畏敬之功，亟加修省之方，則家而鄕而先生之道，其將復明矣。尙賢述先之美，奚但精舍之重新而已哉？乃敢爲吾道申勉焉。

山花齋記

山花李先生，麗代名賢，歷事忠肅、忠宣。嘗奉使聘上國，其專對事實，上焉而無徵。惟"旅舘挑殘一盞燈，使華風味淡於僧。隔窓杜宇終宵聽，啼在山花第幾層？"一絶詩，載在《青邱風雅》。當時元之諸學士，爲之贊曰"《山花詩》與兩儀俱存"，因以山花號焉。

元帝又圖畵所居，特命"梒"字名其地，苟非和順積中，英華發外，有以感動人者，何能致萬乘之寵遇如此？廷臣之一見，傾心如彼乎？

輿論所歸，腏食龍安祠，幾百年，不幸混入於邦撤。冠舃之藏，亦失其傳，後人之寓慕無地。其後承萬洙元河，刻石洞口，以表遺墟，周謀域內諸宗，辦得數間屋於梒谷之陶山下，扁之曰山花齋。歲一寒食享，蓋追感遺詩之意也。

於乎！年年春三月杜宇聲，想仰乎先生之高風，一以忠孝，隨遇自盡，而不以世間得喪利害爲心，則山花古家，安知無復有繼述之賢耶？遂書此，爲山花齋記。

追遠堂記

遠者人所易忘也，而能追之，孝之至也。於惟我江湖金先生，以東方理學之祖，不祧之主，別奉于德山之下、寒溪之上，而飮餕烍饌之所亦具焉，政合先生平日考槃之趣。其胄孫鎭學，以牖下之奠，稍間爲憂，越甲午，挈而居之，扁其堂曰“追遠”。

夫爲人子孫者，凡於祖先一闥、一開之戶牖，一草、一木之栽培，某水、某邱杖屨攸及之地，尙切追慕之情。況此堂先生之遺芬剩馥，至今未沫者乎？扁號之日，屬余一言以記之。

余惟追遠之孝，不惟自盡於報本。抑齊一家、處一族、應萬事，心先生之心，行先生之行，庶無愧於追遠之名。又不爲世之奔走歧路，荒墜先德者之勸乎？鎭學其勉之念之！

葛川書堂重建記

嗚呼！堂之興廢，其有關於吾道之幸不幸歟！昔我先生於葛川三舍地，得磨學洞，爲伯、仲、季論道講學之所而興之。以仲公粹資純行，遽先夭折而廢焉，其幸不幸一也。因成石谷、鄭嶧陽之幹其事，鄭八玩、愼聽松之贊其謨。季先生瞻慕公之授其制，知州二李公之厚助米粟，乃徙葛川西、石潭下、回巖上而興之，後値兵燹而廢焉，其幸不幸二也。亂已，一鄕章甫，慨依歸之無所而興之，旋遭回祿之災而廢焉，其幸不幸三也。

今上丁丑，八玩公之後孫，與先生之後孫芳洙、秀基，勤心董役，鄕人亦爲之捐貲。仍舊貫而不日興之。

噫！此堂之設，一于磨學，三于葛川。願僉君子，推重建此堂之誠心，思不墜先生之道。無變於外慕風聲，而從事斯學，日加敬畏修省之工，則家而鄉而先生之道，其將復明矣。尤豈非吾黨之幸歟？是爲記。

九老齋記

此齋之揭以“九老”，蓋追九老好古之意也。九老俱以南鄕古家，平居讀古之書，行古之道，其言也古，其心也古矣。蒼遒古氣，隱然於韶華榮衛之間，當日從九老遊者，皆知爲古君子人也。

不幸畸於時，老白首，寓樂詩酒，嘐嘐然曰：“古之人古之人！” 迺於春三秋九，齊會于李南岡故居，或講磨道義，或商確經史，或陶寫毫墨。切切通靈，如釗[15]遇胡；落落寡和，如琴遇鍾。結社結契，因以稱“九老”。大抵此會，直與香山九老，跟千古而相上下，苟非九老好古之意，何能以耶？

歲庚辰，九家後承，相地于吾道之陽厭俗峯下，林巒泉石之古，允合古君子藏修之地。鳩財募工，始遂宿營，名其齋曰“九老”，名其洞曰“九老”。地之勝因九老之賢而名益著，九老之靈，因地之勝而陟降如平日，則若子若孫，眞可謂善繼而善述者矣。猶有一轉語，繼自今，遊斯、樂斯、歌詠斯

15 釗：底本에는 “釗”. 문맥에 의거하여 수정.

者，體念當日求道之誠、超俗之趣，則不惟無忝爾生，亦不愧夫玆山之名歟！

於乎！九老以異姓天倫，共主一代文盟。時我覺軒公有唱酬詩，詩曰"敢忘先誼重？猶恐後來疏"，不肖每讀此，慨今之落落不相合。適有二友奉九老結社詩若序及建齋實紀，屬余一言以尾之。余與之講舊，忘其猥越，爲《九老齋記》。九老爲誰？姜恥軒【履武】、姜竹下【體淳】、呂老日【學祖】、李南厓【緜成】、李花溪【僖】、金廣居【宗泰】、李菊下【之培】、李一峯【昌益】、李錦厓【章益】也。二友乃錦厓翁之曾孫廷五、老日翁之孫震龍也。爲之記者卽覺軒公之孫玉山張福樞也。

慕義亭記

淸道郡慕義亭慕古朴義士十四公而作也。噫！壬辰之亂，列壁瓦解，雖握兵之將，守土之臣，擧皆鳥鼠竄伏，莫有抗其凶鋒。惟十四義士，以草野韋布，奮不顧身。父子、兄弟、叔姪，聚謀倡義，分爲三堡。

四十戰而芟夷捕獲，三友公也；病創甚而屬子誓復，龍淵公也。飛檄剪寇，讓功於地主；閣書腰韃，立功於吉屯，悌友、菊軒兩公也。挾賊投崖，毋全身殞，承命起復，以盡孝思，承旨、槐亭兩公也。出奇設伏，盡殲檢賊，雲翁公也。妙齡從戎，招集逃散，杏窩公也，赴義餘忠，勳甲殉丙，杞圃公也。進士公之蒙恩報效，龍巖公之丱角突陣，同知公之獲數百級，部將公之灑血登壇，判官公之據險守要，何其盛且壯也！

一家一士之義，猶爲之難，況此十四士之義乎？於乎！兵死地也，而父詔其子，兄詔其弟，叔詔其姪，以赴君父之急，如恐不及。至今凜烈，孰不聞其義而欽慕哉？

蓋此亭爲其後孫寓慕之所，而昔在龍岡尸祝之傍，不幸混入於毁撤之中。今於己卯，仍設舊址，而扁以"慕義"，屬福樞記其顚末。余亦平日欽慕之者，略敍十四公事實，兼悉亭之興廢，爲慕義亭記。

睡足堂記

睡足堂卽全州李氏讓寧大君八世孫諱秀元字公直之攸芋者也。公以孝友之性，精博雄渾之文，三入科選，爲當路所惎。擬上經綸十策，遇遯而止。退處安陰，別構小堂于錦水上鶻山下，山水以自娛，又取"草堂春睡足"之意以自況，若公非阨窮不怨，遯世無悶之人歟？

於乎！世代玄遠，文獻無徵，公之事行，百不存一。堂之廢，亦不知何年何日。其後承相與慨慌，歲乙未，鳩財募工，拓舊址而創新之，揭舊號而瞻慕之。功告訖，李君在三、在寬、在寅屬福樞以記之。

顧耄廢，不敢當是寄。然念吾旅軒先祖於公祖禰二公，有輓詞與往復書，契誼之有別，踸而告曰："堂廢而興，僉賢之孝思可則。若能推是心，而不忮不求，一如睡足公之爲，則其將勿替家聲，永世昌熾矣。豈但以此堂之輿，爲張老頌已哉?”遂書此，爲睡足堂記。

伊樂齋記

江陽之南有伊泗洞，沈氏之居也，築小齋，扁之曰“伊樂”。沈氏之先有僉正公，忠孝貽家謨，有子如松湖公，當丙亂南漢受圍，以蠟書達行在，奉命歸路，罵賊而死，時人比之於杲卿、巡、遠。

當時隨行僧，繪其事狀以進御，仁廟賜詩奬之曰：“見此功臣像，汍瀾有所思。空山蹤寂寞，南漢事留遺。忠義明千古，死生慟一時。爲君蹈白刃，從此保王基。”有孫月溪公，文章孝行，薦爲戶曹佐郎。

噫！輿論所歸，松、月兩先生，奉享伊溪院，不幸見撤，滿目蕭然，孰無感歎？此伊樂齋之所以作也。

乃尊奉宸章，間與鄉隣士友，遊斯、樂斯、歌詠斯。山川邱壑，無非當日杖屨之攸及，烟雲草樹，盡是後人羹墻之所寓。

齋既成，其後孫相吉，屬余以記之。余惟松湖公忠節，大哉之王言足徵，月溪公孝行，朝家之恩命自在。無僉正公義教，何能成兩公之忠孝？微兩公忠孝，何以明僉正公之義教乎？祖子孫三世，眞可謂世濟其美矣。聞而嘉之，書此爲後勸云。

合敬堂記

堂卽判官呂公所創，而庭有八梅，因以八兄揭號者也。與弟玄叟公，攸芋攸躋，和樂且湛，使後世子孫之登斯堂者，油然有興感之心矣。不幸中世，八兄公之胄孫，以喪禍，不能守此堂。玄叟公雲仍，以爲此堂吾八兄公揭號之堂也，不可歸于他人，遂與伯派合謀，爲兩派祭奠合奉之所，寔出於體先敦族之至意也。

雖然，世道日降，後屬漸遠，謀始裕後之道，不可以舊號遵奉。故菊伴翁擬將“合敬”二字，幷爲扁楣而未就。今其兩派相與遂菊伴遺意，扁之以合敬。旣兩派後孫大會，秉淵奉其門長老札，囑余敍其顚末。

余跽而曰：“知夫合敬之意乎！非徒合敬於祭先，抑會宗族於斯，燕賓友於斯，亦遵是道而合敬焉，則庶不忝八兄、玄叟公之貽謨，而亦可追菊伴翁之餘意矣，勉之哉！”

白谷精舍重建記

白谷古之谷名也。谷在金陵鑑湖之上，頗有泉石之勝，而慳秘幾百年。國子生李公熺奎夢得其地，構數間屋，扁其顔曰

"白谷精舍"。蒔花種桃，鐫其洞曰"武陵"，爲晚暮藏修之所。後安母夫人衣履之藏于舍北，昕夕攀栢，在公何以異於甄氏思亭也？

公歿後二十年，從祖孫鉉汶，慕公遺意，與同堂諸彦，結契而脩潤，挾笈而征邁。歲月寖久，棟宇將不免傾圮之患。今年己亥春，公胄孫鉉參，以不匱孝思，鳩財招工，增舊制而新之。其山川形勝，營建顚末，前述備矣。

若公孝友至行嚴明弘毅之度律之，以家傳詩禮。樂山水而絶外慕，味澹泊而遂初志。公之後承，能遵守遺謨而勿墜，則尤不有光於肯構之道乎？鉉參送其子壎永，致書責記於福樞，以耄廢辭不獲，書此以歸之。

石琴室記

日訪石琴翁于石琴精舍。翁以"石琴室"三大字，出而示余曰："此金秋史筆也。筆尙無恙，而有尾敍屢十言矣，今也失之。子盍爲我識其顚末？"曰："石琴之義，可得聞歟？"

曰："朱詩不云乎？'琴書四十年，居然我泉石'。石琴二字，有以該書與泉也。"余矖然曰："琴書泉石，是絶意名途，托跡山林者之所尙。如翁立朝四十年，歷敭闈闑。其爲責任，重且大矣，當進憂退憂之不暇，有何念及於琴書泉石哉？"曰："我今老矣，桑梓古里，棟宇重新，一區泉石，一架琴書。不但爲自家怡神養性，抑將爲勿壞先業，垂裕後昆也。”

余聞而歎賞曰：“翁以晚爺雲仍，所至聲蹟，有絃歌言武、儒化文、蜀之褒。秋史一見，甚器重之，號以贈之，敍以述其義，不亦宜乎？夫石以介操，琴以禁邪，顧名思義，足爲晩暮持養之資。翁其懋勉哉！”翁謂誰？張吉州斗衡也。

敏窩記

敏窩李稚千卽定憲公之第二胤也，與余善。一日語余曰：“我之爲人，吃言不猶人，行亦不猶人。定憲公取聖訓中‘訥言敏行’之敏，而手書‘敏窩’二字，命名我所居。不肖奉承幾許年，百不敏一，盍爲我一言，使我終身勉勵也？”

余聞而愀然曰：“如翁其眞孝思不匱者乎！余觀翁，克體定憲公命名之至意。事二親，承順自盡，翁所敏也；友昆弟，湛翕因心，翁所敏也。早升國庠，聲名藉蔚，翁之敏於文翰也；爲卽不調，固守東岡，翁之敏於勇退也。以翁之敏，到今遲暮之年，猶恐有一行之未敏，益求其勉勵。噫！微翁孝思，何能若是哉？吁！亦可敬也。”

棄巷記

棄巷翁嘗不我遐棄者也。余今爲床簀間[16]廢棄物，與翁別六七年。余扶衰叩翁門，翁題其楣曰"棄巷"，要余記之。

余曰："翁以花山名閥，流寓吾鄕，凡幾世。惟翁隨遇而安，如顔氏之陋巷，固也。但棄之爲言，則亦奚取焉？夫棄者，取之反耳。翁之地閥蟬嫣，人所取也；翁之天性淳謹，人所取也；翁之子若孫成就文學，人所取也。人之取之也，若是其多，而翁何以'棄'自號焉？"

翁笑曰："子其知我耶？顧我生平，拙儉爲長物，枯淡爲本分，業農桑以資朝晡。使子孫文種不絶，是吾分內事，無足有取於人，而如以世之辯說相高，侈靡相尙，名場相徵逐者，視我，則我乃天地間一棄物。甘心作兩棄之君平，我之以'棄'爲號，不亦宜乎？"

余曰："幽蘭生谷，棄之不採，而其薰固自若也；璞玉視石，棄之見刖，而其光固莫掩也。翁能盡自己分內事，無以異於谷中蘭、石中玉，則彼棄不棄，何與於我哉？嗟！余自棄，一於棄而不知反，能不愧夫翁之自貶爲棄，而爲此不棄之道也哉？"姑記其問答，歸于棄巷翁。翁金鍊璡稚見也。

16 間：底本에 "間". 문맥에 의거하여 수정.

四友堂記

崔友達善豈弟士也，事二親孝，友仲、叔、季深篤。粤戊子，奉庭命，創四兄弟肄業之所於紺山下灐水上，屬余而爲之名。余惟名者，實之賓也。與其托山水爲名，曷若因其實，而名以四友？達善起而請敷其義。

余曰："如欲加勉，顧名足矣，何義之可敷？夫兄弟，一體而分，親之愛之，能盡其情。如楊幃、姜被之爲，猶爲後世法，況書於斯、讀於斯、歌詠於斯，互相征邁者乎？然敦行本也，尙文末也。依吾夫子'行餘學文'之訓，顧名思義，循'友'一字而上之，自有無限好意思。《詩》曰'張仲孝友，萬邦爲憲'，《傳》曰'宜兄宜弟而後，可以教國人'，達善其勉之。"

日强齋記

余閑居，甚愛《表記》"莊敬日强"之訓，而但以徒能讀爲愧心。吾友李見可嘗有志于此，扁其肄業之室曰"日强"，屬余以記之。

余惟日强亶由於莊敬，而莊敬必自正容貌始。故《樂記》"外貌斯須不莊不敬，而易慢之心入矣"。蓋莊敬則四體羈束，而日就規矩；中心收斂，而日就自强。一日敬，有一日之强；二日敬，有二日之强。强而又强，日日無間斷，則非徒志日强，氣亦日强；非徒氣日强，體亦日强。日强之應，捷於影響，無有邪氣間其間矣。士無志則已，如其有志，舍此何求？今見可之取"日强"二字，爲持身持心之要，其志固可尙也已。《詩》曰"靡不有初，鮮克有終"，見可勉之！

悅乎齋記

齋以"悅乎"名，蓋取諸《魯論》"學習之悅乎"也。吾友呂應瞻，以純謹之姿，嘗有志于學，同余寓墨坊，於所居齋，欲得一二字用工。

噫！吾因子而語"悅"。彼珍膏之悅乎口，聲色之悅乎耳目，固非有志者所可尙。若乃學之時習而有得焉，則自然中心悅豫而學不厭矣。今子盍思聖訓"悟往而追來"，念始而圖終？沈潛乎句讀、文義之間，體驗乎操存、踐履之實，積習旣多，觸處豁然。不但爲一己心悅之資，抑遠方之士悅而歸之矣，常目勉勉，不亦可乎？是爲悅乎齋記。

贈判書金公旌孝閣記

晉陽府東幾里許，有粉牓朱楔，巋然特起而輝暎者，孝子贈戶曹判書金公、孝婦贈貞夫人盧氏之雙旌所瘞也。旣成，其後孫麟杜奉禮曹文案，屬福樞記其事，三辭不獲。

謹按公諱彦祥，號介菴，濯纓先生之五世孫也。自齠齡，承順備至，長以孝配孝。入廚上堂，相與具甘旨，問起居。先公患癨，百藥無效，公與盧氏，日夜祝天。盧氏潛割其股，和魚醢以進，果效。洎乎疾革，公裂指注血，幾絶而回蘇，三日而觀化。哀毁幾滅性。廬墓終三年。仍遭內艱亦如之。

天監孔昭，生而階通政，歿而中樞之帖繼至。粤辛巳，章甫駕前呼籲，特蒙雙其旌，復其家之命，加贈資憲。

於乎！北魏王崇之止雹，皇明劉氏之齧蛆，俱以孝旌門。未聞有夫婦之同其孝而同其旌，則如公夫婦，古今誠絶無矣。嶠南士女之過而式者，孰不曰有是夫、有是婦哉？

昔韓文公作非《鄠人對》。噫！壽命之盡，非不知無容人爲，而人子之心，雖暫時延息，尙有倖望。故毁傷肌肉，有不暇顧恤，乃是迫切之至情，豈非人之所難乎？退溪先生常曰："孝爲百行之源，而一行有虧，則孝不能爲純孝。"以若純孝，他行可推，書此歸之，用勸來後。

都正林公旌孝閣記

難矣哉，公之孝也！夫孝者，處於變而一時盡孝，難而易；處於常而終身盡孝，易而難。若公之孝，其眞孝之難乎！

公姓林氏，諱慶源，字禮可，系出恩津。裕山諱致龍之子，坡平尹氏月峯諱檍之外孫。天性至孝，才齔已知養志，有教無違。遇美味，必懷而進之。長家業猝窘，甘肥難繼，而爲求萬方，不使見艱苦之色。

且於九期衰癃，三載床褥，凡一息、一飮、一臥、一起、一溺、一屎，乍高乍低之枕，數擁數披之衾，一晝夜，不知其幾許度。公以七耋之年，衣不解帶，目不交睫。猶恐有一事之不適意，一味之不適口。至於濯溷，雖有子姪僮僕，夜自躬親，俾不得人見。

及丁憂，易慽備至，逐日展墓，掃雪除惡草，手爲胼胝。每當喪餘日，泣涕漣如，哀動傍人。替事伯公，生而安其寢處，歿而終三年，朝夕悲哀。孀妹無依，公挈而同爨，樹家隔一衣帶水，而非甚病，日一往見。

先世文字，收繕而藏弆之，外祖之忌，歲必獻賢。賓客之供，貧猶預蓄，蓋公日可見罔一非孝之推也。當日耳目之者，相與歎異，交牘聯章，爲褒美之擧，公見輒裂去，事遂寢。

壬午，以壽授都正，年癃氣憊，寧日恒少。從子秀基，日夜侍側，至螟嗣克家，而後乃家焉，人皆謂稱其家者也。公歿之日，士林相弔曰："孝子歿矣，名可泯乎？"復籲方伯，方伯特啓于朝，當宁辛卯，命旌其閭，復其戶。

噫！公吾先考之姨弟也。夤緣拜床，不惟著於外者，端潔爽朗，抑蘊於內者，至誠惻怛。其於生、死、葬、祭，能盡其孝，終始如一，不暇修爲而爲之，則在公何難之有哉？向所謂"難"，誠淺之知公也。

公之胤秀賢，使其從姪上庠泰熙，賫公遺事，屬福樞以記其顚末。遂書所感而歸之，以寓平日景仰之思云。

李氏忠孝雙旌記

忠孝兼全，曠百世而猶難一人，況一家而兩難乎？斗川【晩番】、斗村【晩景】李公兄弟，當英廟戊申之變，傾家財、點家僮，又召募鄉勇，將赴難。斗川公爲府伯趙裕壽差本陣千部將，往陣于省草嶺，激勵諸將士曰："人孰無死？死於忠義，死乃得所，一乃心力，無敢前却。"因游擊射殺，賊不敢踰嶺，一境賴安。

斗村公則尤惇於行源，就養之方，靡不用極。父年高病痹[17]，嘗思雉炙，冬又思魚。公泣雪而雉入，剖氷而魚躍，誠之所到，物亦感焉。

鄉里驚歎，聯章呈褒，而公不自有，盡投於火。歿後公議不泯，當宁戊子，以倡義之事蹟，孝行之卓異，幷褒旌贈，此盛代優典也。公之五世孫婦張氏烈旌，亦在其傍。一家三綱，何其壯也！

其後孫時發、時郁，以門老命，來伽寓，徵余一言。彝衷所激，有難終辭，遂爲記。

權氏表烈碑記

茂朱豊東居士河在晩子範，齎其族兄繼配權氏褒烈狀，踵

17 痹：底本에는"痺". 문맥에 의거하여 수정.

門而語福樞曰:“權孺人烈行，前旣壅於上聞，未蒙棹楔之典，今又後嗣零替，未免有泯無傳之慮。諸宗相與之謀，豎石于先祖文孝公影閣之傍，以圖不朽，子其惠一言。”

余按權氏系出安東，初祖菊齋諱溥，以忠勳九封君。高祖春堂諱重熙，以孝行享竹林祠，忠孝其家，孺人乃生。自幼檢身以禮，不使家人見肌肉。

長歸名相河敬齋諱演之後諱永朝子在翼。孝順溫惠，備盡婦道。及夫末疾，晝夜焦勞，濯溷調藥，祈天禱山，六載如一日。竟不效，奄至崩城，哭擗幾殞。手檢襲斂諸具，旣殯，撫孤長慟曰“汝雖未室，年可屬汝父祀矣。苟延非吾志”，勺水不入口，凡七日而下從之。

噫！好生惡死，人之情也，孺人能舍生取義，視死如歸，苟非生質之美，擩染之深，何能容易辦此哉？生而盡婦道，死而殉身，古今豈無其人？而一出至誠惻怛，雍容自盡如孺人者，未之有也。何其烈哉！

河氏諸宗，不吝已貲，不念疏族，不問其家之興替，爲此伐石之擧，非觀感之所致耶？《詩》曰:“民之秉彝，好是懿德。”

烈婦崔氏旌閭記

嗚呼！古曺令女、李節婦之凜凜義烈，三綱所扶，百世所難。然其死也，刀鼻經頸，不暇顧恤，與其毁體，寧全而下從, 如金州士人金允世之妻崔氏之爲者, 尤豈不難矣哉?

崔氏慶州人三伯之女也。幼有至性, 于歸承順備至, 稱於夫黨。不幸所天, 客殞于高靈府。崔氏於承賓之日, 婉辭慰舅姑, 泣託夫弟允奎以奉老撫孤。遂入寢室, 安枕忍息而下從之, 卽夫亡後五日也。合窆眞木里負艮原。

噫! 人之所惡, 莫甚於死, 而視死如歸爲難。死而恐毁遺體, 忍息全歸爲尤難, 如崔氏其孝烈兼全矣。

鄕道聯章, 營官褒聞, 粤辛卯, 自上命旌其閭、復其家。孝子秉禹、秉鎭, 方營棹楔, 不遠四百里, 再踵門, 請爲閭銘。

銘曰:

天與之淑貞, 歸又配其良。
胡不終天之祿, 而罹此不祥?
惟其殉之義與同藏, 銘于棹楔以永其光。

四未軒集

卷八

跋
箴
銘
贊
上樑文
祝文
祭文
誄文
哀辭

跋

《李忠簡公實紀》跋

余讀忠簡公李先生《實紀》曰："嗟乎！文詞特德業中一藝耳。在昔韓魏公圖像之傳，陳侍郎砥柱之望，皆以德業見稱焉，何論文詞著述之有無哉?"

蓋公以聰明精粹之姿，孝友慈惠之德，際康靖休運，立朝四十年，有訟獄明允之稱，蒙佐理功臣之號。在政院、藩閫也，俱有內賜眞像。病革也，遣珍羞；訃聞也，輟朝市。此則公德業之表著者矣，何待於余言?

公歿後幾百年，精爽猶未泯，以賜像之埋塵，發於文僖公宵寐，亦異事也。今尊奉在堂，想望其風采，則使人感發之、興起之，何啻誦其詩、讀其書而已哉? 第其遺文逸火，卓蹟懿行，僅一二存於千百，子孫之心，雖若可恨。然列聖朝《會盟錄》、洪處白碑撰，與夫影宇祠院營建時諸賢詩文，有足徵信於百世者矣。宜其慈孫淵性、舜性、鉉汶甫，收而輯之，付諸剞劂氏而壽傳也。書此爲《實紀》跋。

《澗松趙先生續集》跋

澗松趙先生原集八編，刊行于世，已百有年所矣。至今一開卷，道德光輝之盛，瞭人心目之間，猶有當日所未盡刊者存焉。其後孫善秀爲營續刊，奉數卷本草，跋涉二百里，屬福樞以丁乙之役。顧蔑識淺見，何敢當何敢當？

恭惟先生嘗摳衣吾先祖之門，學具體用，功事始終。高蹈山林，三徵不就。尤惓惓於衛道尙義，及北黨之疏誣退老也，引逄蒙事而力詆之。又想仰乎南陽、桐江、栗里之風節，歌詠其事，若先生眞可謂“不能屈、不能淫、不能移者歟！”

盥薇奉讀，自不覺警昏而起懦矣。今續刊，爲原集之演翼，嘉惠後學，烏可已也？抖擻昏精，與善秀議定爲四編。其歸也，重語福樞曰：“子於吾祖事，不可無一言。”余亦以厠名卷末爲榮，敢如其請，而以寓高山景行之思云。

《淸州世稿》跋

右世稿卽淸州楊氏之四世遺文懿蹟也。謹按忠憲公，自華而東，革四大貢，上斥佛疏。至拙軒公，早遊成芙蓉門，深究性理之源，鄭寒岡稱南鄕師表。漁村公師事鄭桐溪，性又倜儻。自光海廢母逮丙子講和，遂遯于荒野，絶意名途。許眉叟銘其墓曰“不淄、不磷”，無禁公嘗從眉叟、趙龍洲、姜寒沙、朴無悶遊，磨礱道義，成就德器。

噫！以若救世經邦之才，敦倫盡禮之行，通明精詣之學，生于一家，見推當世，直與蔡西山之父子、柳公綽之祖子孫，相上下，豈不盛哉？

蓋自周衰以降，小人恒於幸，而君子恒於不幸。故一不見用於世，卷懷邱園，嘯詠自適，天意固安在也？然而有立言若干編在耳。苟百世之下，誦其言、讀其書而得其心，相與慕仰而效法於無窮，則與得志行乎一時，而名磨滅者，果孰優而孰劣？余于四賢，竊有感焉，遂書爲淸州氏世稿跋。求余文者，無禁公之七世孫膺奎也。

《完山世稿》跋

宗室之親，至德貽謨，有若司直公、忠義公、處士公三賢，竝萃一室，世濟其美。樂善尙廉之風，盡孝敦禮之行，於鄭喘翁重元墓碣銘、文茅溪緯言行錄，已盡之矣。早從鄭寒岡、文茅溪學，多少辨質，尤有眞詮至論，可傳於後。李承宣秉遠弁首文，亦詳之矣。若夫處士公與吾旅軒先祖尤善，往復書札，多至數十度。

今公十世孫承來，能修世好，源源從余遊，自雅士。慨先燬之久在巾衍，奉其傍祖鴉湖公所編詩、書若挽、祭、撰述諸作，合爲一冊，方謀壽其傳。請余一言以跋其尾，感古念今，義不敢終辭，書此以歸之。

《天彝錄》跋

《天彝錄》是烏城縣芝谷里孝子錫胤諱光衆字號老川曺公之事行也。其肖彧秉萬、欽一，不遠六百里，與其胤晶煥再踵門而曰："吾王考通孝篤行，升聞而蒙敎官之褒典。又有裒成數百言，宜爲後輩矜式，'天彝錄'三字題目，得於許性齋傳，弁首文，請於鄭顧軒來錫。願吾子惠一言以盡其未盡也。"

余作而曰："人於百行，惟孝爲大。懷陸績之橘，致王祥之雀，養志如曾子，居喪如顏丁，諸賢已有備述矣，無庸更贅。若夫公之婦梁氏，療舅之病，而夢得神藥。公之孫欽一，移孝於君，而十年匪所，可謂世濟其美。微公餘敎之所及耶？噫！公嘗有詩曰：'世人徒讀六經字，終日費心分魯魚。知行兼備方爲用，除却義理便不書。'夫詩言志，觀於此，研幾極深之工，可知。奚但以孝尙論而已哉？"

《塤篪錄》跋

嗚乎！此《塤篪錄》卽近古小南、丹崖、美南、山石、華下、訥軒尹公六昆季之手寫唱酬詩也。詩凡五七律百九、聯句二、短引二。蓋其沖澹口氣，流出孝友之性情；典雅心畫，帶得蒼古之氣味，苟無存諸中，何能發於外，有如是哉？

噫！讀其詩，玩其書，可知其人焉。自古稱兄弟之盛，必以王之六、崔之六爲先，今文行之兼備者，孰有如尹氏之兄弟乎? 開卷像想, 尚能使人生油然之心。矧伊子孫之寓慕興感, 當何如也? 其爲寶藏, 不啻如孔壁之琬琰。吾友宅遂仁哉, 其克守先緻, 世世塤篪唱酬, 如此錄之爲也夫!

敬書六代祖考訴[18]梅堂府君遺文編輯後

吾六代祖訴梅堂遺文, 散逸無傳矣。漠然數百年之間, 何由得尋逐其彷彿乎? 福樞心常慨惋, 旁搜姻戚知舊家, 得詩、書、輓、誄、狀、行文若干, 合附錄爲一冊, 是亦爲泰山之一毫芒。噫! 後之人, 嗣而收拾吾未盡者, 則吾祖事行, 庶可一二, 徵於斯也歟。

題《問辨至論》後

余嘗奉閱諸先生文集, 至明辨義理深奧處, 欣然有契心者存。如議論苟當其理, 則不問顯晦, 而皆收錄之。始以理氣、心性情, 次以道德、慮念思, 終以存省、誠敬, 名之曰《問辨至論》。非敢爲播示外人計也, 只爲我蓋棺前便考之資。《傳》不云乎? "朝聞道, 夕死可矣"。雖余八旬之年, 如有聞焉而死, 則死亦幸矣。敢此妄率, 知我者, 或不罪我也否?

18 訴 : 底本에는 "訢". 족보에 의거하여 수정. 이하 통일함.

題《甪里懶一》後

懶一何? 存一於懶也。噫! 余之不之道、不之德, 性又懶。雖不喜作文字, 每爲知友所迫而作, 不爲不多。擧皆虛車之飾, 故意不自滿, 輒不自惜而棄之, 爲覆瓶而塗壁矣。到今老且死而思之, 使吾子孫, 知吾性氣之如何, 莫如吾流出性氣者一二遺之耳。

遂收拾其餘存者, 蓋百不能存一。其存、其棄, 自是一口氣而無優劣, 則棄之, 懶也; 存之, 亦懶也。時一起懶, 抄成一沓, 而將署其面, 謂之文可乎? 文非載道之文也; 謂之言可乎? 言非有德之言也。非文、非言, 無名可名, 名之曰"懶一"。凡爲吾子孫者, 觀此二字, 庶可知乃父乃祖之性氣而爲一分面目矣。七十九歲翁題。

箴

訓家九箴

事父母

父生母育，欲報罔極。
養志養體，是人子職。
西日易昃，承事幾時？
由負不常，裒在何知？
爲所當爲，如恐不及。
皮閣瀡滫，供奉日給。
斑衣嬉戲，慰悅交臻。
於養則可，謂孝未純。
其孝維何？ 全歸爲大。
體固無傷，性可有害？
體姚[19]法曾，戰兢夔齊。
得全所受，萬善足兮。

19 姚：底本에는 "姒". 문맥에 의거하여 수정.

友兄弟

生爲兄弟，幼相愛好。
聯枕共被，分甘折少。
及有妻子，各私所私。
田訟起羞，布謠用規。
念厥初生，分形連氣。
於父母心，則靡不愛。
如醫手指，厥痛惟均。
人能體此，無失親親。
疾痛休慽，不啻若己。
情意之孚，無相猶矣。
常棣交輝，鶺鴒相扶。
矧伊人矣，可以不如？

謹夫婦

君子之道，造端夫婦。
匪敬曷莅？匪誠曷有？
以體則敵，以性則偏。
情欲難制，褻狎相因。
教有不待，憤怨容易。
家室乖和，乾坤失位。
肆厥哲人，先正其綱。
威儀不忒，居處有常。
閨門雍穆，百福來享。

永兄弟樂，安父母養。
克謹倫始，人而爲人，
屋漏雖隱，敢不如賓？

教子孫

《易》著蒙養，《詩》贊謨貽。
古有胎教，矧其有知？
自在孩笑，無誑有獎。
啓發善端，責在家長。
家長所行，爲下具瞻。
少或失正，兒口猶慚。
求己之有，敢有不率？
興孝興弟，尙德尙質。
餘力學文，必誠必勤。
遂成大儒，拔萃出群。
於千百年，令名不朽。
祖考咸喜，曰余有後。

敬祭祀

神之享矣，享于極誠。
與豐而褻，寧約而精。
戚嗟備物，神理不屑？
西禴二簋，亦福其潔。
不誠無物，敢求格思？

愨愛當日，齋沐前期。
官備內外，禮供粢盛。
物與心齊，有斯明享。
洋洋如在，一氣流通。
祭畢餘懷，感慕交中。
胙以純嘏，孝孫有慶。
彼獺猶祭，人而無敬？

接賓友

人生世間，不暇接應。
致人誚謗，由我驕矜。
尊尊父行，長長兄齒。
推及諸幼，幼吾幼耳。
雖親勿狎，雖賤勿輕。
盡其在我，開心見誠。
況與爲友，友心友德。
禮意往來，先覺是式。
非法不道，非職不諮。
內省思齊，善惡皆師。
數而無疏，久而能敬。
五倫之一，顧天明命。

敦親戚

水派分源，木柯同根。

氣血所屬，親疏何論?
內外諸親，由一父母。
父弟爲叔，母兄爲舅。
聖人立敎，曰睦曰婣。
禮有所隆，情有所伸。
胡彼不令，於厚爲薄?
貪財爭利，蔑貧淩弱。
憤怨之積，化爲仇讎。
秉彝所在，聞者亦羞。
罔念祖先? 始也一體。
怵惕戒謹，篤倫正禮。

勉讀書

卽物觀理，隨事度宜。
卽此學矣，奚徒讀爲?
然而經傳，聖賢成法。
萬理之會，衆善之集。
一有不讀，何啻面墻?
卓彼先覺，博洽精詳。
在我後學，寧敢放逸?
嚴肅整齊，虛明靜一。
乃啓方冊，如對古人。
耳提聖訓，面承至論。
時以存養，事皆體驗。

日復一日，心心念念。

勸農桑

民重王政，農爲民職。

況我世貧，匪農何食?

勿嫌賤執，伊所耕於。

勿難兼治，寬猶帶鉏。

且具田器，毋乞隣比。

乞或相妨，失時爲易。

糞治之道，聽此家僮。

地無遺利，天不能窮。

暨我婦子，桑麻之績。

月計有餘，四十五日。

資之事育，庶盡禮情。

無謂鄙悖，聖訓惟明。

自警箴

沈潛乎聖賢之訓，從容乎禮法之場。

精思力踐，常患欲速而不達；眞積體驗，庶幾闇然而日章。

寧有一息之間斷？而敢窺古人之門墻。

克敬克誠，勿助勿忘。

銘

指紋銘【右手有仁字紋】

人以仁德，能踐人形。
形能有踐，豈我顚冥？
天猶不棄，荷此昭示。
每啓仁紋，警惕自至。

坐杖銘

養中之道，貴生腰坐。
年今七十，靠依尙夥。
俾爾中立，以我表正。
豈徒貌爲？爲此心敬。

引道巖銘

吾道顯，爾屹砥。

吾道晦，爾趺水。
一臥起，關氣數。
道與爾，何時古？

悱巢銘【爲鄭孔厚作】

有斐鄭君，早年志學。
洙泗教衰，孰覺後覺？
悱之爲悱，欲能未能。
能孝能友，非悱可名。
惟玆物理，牛毛蠶絲。
得豈易焉？言亦難爲。
用是憂勤，揭悱常目。
心思所到，精力所蓄。
勿謂無師，顔竭曾篤。
百世準則，如鑑幽燭。

愚軒銘【爲李舜文作】

昔柳柳州，得溪名愚。
乃家其上，謂契吾愚。
今李君居，伊道非愚。

以愚扁楣，奚取於愚？
愚虞智秦，百里之愚。
愚不可及，甯武之愚。
潦霽任天，隨時用愚。
士所可尙，惟顏氏愚。
聞一知十，如愚不愚。
愚豈易言？愼勿小愚。

如臨齋銘【爲李舜弼作】

淵淵其淵，衆流之萃。
俯身臨于，戰兢自至。
推諸事爲，何用不臧？
人鮮能久，庸憂無疆。
惟君宅淵，於遭可賀。
如臨扁楣，有契那箇。
矧爾滿腔，孝外無他。
誠具甘肥，色養溫和。
臨深一念，在全歸己。
將是心去，萬善足矣。

逸巖銘【爲鄭應天作】

遺逸不怨，志柳惠志。
苟有邪累，孰敢擬議？
鄭君新寓，門對汶巖。
巖惟懷玉，人視何凡？
引喩有契，以逸因號。
詩禮明見，氷蘗淸操。
若將有爲，世路多舛。
誰咎誰尤？ 分甘林泉。
時義之大，《易》利肥遯。
心絶忮求，寧違尺寸？

贊

梅雪軒趙公殉節贊

人能死於義，是死忍說當日死？
臣爲君死，弟爲兄死，子爲父死。
一家三綱，彌千百祀。
而凜凜乎，死猶不死。

蟠香贊【幷小序】

惕齋主人鄭友晉叔修士也。蓄蟠香數株於庭畔，愛其貞操繁陰，屬余識之爲之贊。

爾以百越奇品，直養而無害，則宜爲渠渠廈棟樑。
胡乃僻處嶺海？屈蟠而曲繚之，堪作處士家屛障。
愛爾亭亭醲郁，耐風霜而彌章。
蓋以物觀物，直不過一一是悅目之爲。
以我觀物？何莫非切切然反身之資？
有斐吾友，修潔其人。

曲能致誠，屈能求伸。

馨香其德，與物俱新。

上樑文

御筆閣上樑文

信爲冑、義爲櫓，樹大勞於策盟；苞如竹、茂如松，歌聖化於輪奐。得專如彼，足徵在玆。

恭惟仙菴劉公，實是儒林宗匠。入而問學，則心法於圃老，準則於牧翁；出而事業，則翼德於經筵，羽儀於文苑。鼎定偉烈，佐萬世之丕基；泰礪深盟，致兩朝之休命。出一言救王氏，有足以興焉；棄萬事託神仙，何如其知也？

已有昭昭之前述，何用區區之鄙辭？値魚水際遇之隆，得龍鳳蟠翥之寶。“公心一視”之褒，罔專美於商霖；臣骨同朽之思，敢有銘於趙石？擬萬年垂示，昔寶藏于書院之傍；柰一朝見禁？今姑安于影廟之內。重修寧敢時日稽緩？肯構自切夙夜經營。遂乃殫誠鳩財，公私補役；於焉相地龜筮，遠邇齊聲。新甫之柏、徂徠之松，若鬼輸而神運；公輸之巧、魯般之藝，咸督墨而揮斤。惟其不儉而不奢，所以可長而可久。玆涓吉日，爰擧脩樑。

抛樑東，鷄唱扶桑曉日紅。
如日之升祈永命，子當爲孝臣當忠。

拋樑西，流雲深鎖亂峯低。
長安遙望是何處？戀闕丹忱耿不迷。

拋樑南，金烏聳翠瑞輝含。
年年曝曬淸明日，敬守微忱不二三。

拋樑北，屋頭流映淸江色。
奔流萬折解朝宗，若效當年事大愊。

拋樑上，瑞鳳祥鸞世所仰。
主聖臣良熙皥治，文猷粲粲明天壤。

拋樑下，玉纓金帶開原野。
冥冥脩夜孰遊從？艸屋龜齋諸賢者。

伏願上樑之後，山水增輝，鳥鼠遠害。繼今日思修葺，以光先王之恩；俾後昆篤忠貞，克繩名祖之武。

不知巖精舍重建上樑文

道之將廢者天耶？詎堪輿情之久鬱？事若有待乎時也，聿覩堂構之重新。不貳不虞，是斷是度。

恭惟我旅軒先生，學貫性命，化洽木鍾。笥笈陪從之人，難容胡安[20]定庠舍；杖屨逍遙之地，仍成邵堯夫行窩。實惟十五家【金公宗孝、張公悌元·光翰·乃範、趙公熙道、李公秀彥、朴公有文、張公乃度·德元、申公祐德、張公乃貞、朴公之昰、張公慶遇·乃睦、李公忠民諸賢】之賢勞，玆焉八九架之排布。凡前舊物，一玉三鶴之名勝；席間至論，四書六經之微奧。春秋百世，享於是而妥靈；軒楣四字，書因之以揭額。光風霽月，宛然灑落襟期；躍魚飛鳶，莫非涵育意想。何悟不辰之毁撤，延及當日所芋蹟？堂榭成墟，獨立十尋壇杏；襟紳失所，但見數尺廟碑。感慨之情，無大無小而常切於玆地；更新之議，經歲經年而始協于今春。召匠計功，迨數月而告訖；隨材授任，同一鄉而董監。舊砌猶存，不改邁軸之間架；新樑復擧，乃申頌禱之篇章。

抛樑東，亭亭紫玉照玲瓏。
遙遙仰想靈芝秀，道氣千年長不窮。

抛樑西，洛水之流渺渺兮。
如許眞源洙泗自，幾人夢罷荒臺迷？

抛樑南，汀洲古藪碧鬖鬖。
化中培植今安在？月滿空山水滿潭。

20 安：底本에는 "文". 문맥에 의거하여 수정.

抛樑北，一邱賴此一巖力。
緣何有取不知名？不慍不知君子德。

抛樑上，嵬乎山斗俱瞻仰。
蘋蘩禮薦復何時？吾黨遑遑失所往。

抛樑下，地勢東南連大野。
大道元來在面前，高深必自平夷者。

伏願上樑之後，多士風動，吾道日興。揖讓周旋，庶一變而至於魯、至於道；欽慕感發，於千載而見于羹、見于牆。謦[21]咳如承，毋負嘉惠之訓；申燕若侍，敢生非辟之心？

遠懷堂重建上樑文

鍾如撞、木如攻，風韻已昔；竹之苞、松之茂，榱桷重新。有廢、有興，爰謀、爰度。

恭惟我先祖文康公，敎洽化雨，學傳道宗。況一善名碩之鄕，隣必有不孤之德？惟元堂形勝之地，賢亦有樂此之心。盧敬菴相地於月波上流，宛如朱晦菴鹿洞；朴遊堂取象於

21 謦：底本에는 "警". 문맥에 의거하여 수정.

大壯元吉，仍成邵堯夫行窩。籠巖懸弧之墟，朝夕相望；冶隱尙德之廟，咫尺猶薰。扁楣以旅軒號，遂定晚年棲息，歿世爲影像奉，尙有多士依歸。那知逐歲一薦之祠，混入擧國均撤之院？神座肅穆之所，奄成榛蕪；儒紳駿奔之場，忍見艸沒。晬辰苾芬之享，縱難依前擧行；別業奉守之營，惟在及今肯構。有誠則有物，勿謂力綿；起舊而起新，盍思功倍？各授其任，無問此鄉、彼鄉；有關斯文，爭募斲者、陶者。功已成於不日，美輪焉、美奐焉；意實在於無華，苟合矣、苟完矣。簷楹新創，喜精靈之有依；江山增輝，感物態之如故。玆助楣樑之擧，用伸祝規之辭。

抛樑東，扶桑曉旭上窓櫳。
清明夜氣終朝見，緬仰眞工在此中。

抛樑西，金烏一抹與天齊。
高堅氣像長瞻仰，扶植斯文路不迷。

抛樑南，洛波滾滾道源涵。
蘋蘩一撤今何久？抑鬱輿情自不堪。

抛樑北，日下長安勞目力。
進退常懷憂國憂，永辭先壟蹈東極。

抛樑上，仰見仁天何蕩蕩？

願乞銀河萬斛波，痛洗人間之慾浪。

抛樑下，一撮土猶成地大。
博厚也從不貳來，聖功自是有程課。

伏願上樑之後，風雨辟除，土木鞏固。景星北斗，彌切後輩之具瞻；流水高山，不盡當日之餘響。

祝文

山花 李先生寒食常享祝文

衛國忠良，勳華文章。
玆因寒食，報祀無疆。

大匡呂公齋享告由文【代本孫作】

顯允我祖，生丁麗季。
位躋大匡，扶社忠義。
雲營獻馘[22]，獨賢王事。
逮我聖朝，恩眷復賜。
源遠流長，况後昌熾？
衣履所藏，深目難値。
心常慨慌，寓慕何地？
義起斯享，庶幾降莅。

22 馘：底本에는 “醎”. 문맥에 의거하여 수정.

常享祝文

社扶末運，後裕億麗。
令辰報祀，永世勿替。

澹湖尹公焚黃告由文

蟬嫣世德，羅、麗四謚。
逮我聖朝，俾顯、俾熾。
公世其家，氣剛質粹。
過庭詩禮，滿腔忠義。
生丁島訌，勇赴國事。
豆役、沙戰，勦滅醜類。
鶴翁褒啓，特命爵賜。
辭謝不就，高潔其志。
聖眷彌隆，恩除荐至。
清要桂坊，小大命吏。
退修初服，樂此衡泌。
有實莫掩，百世公議。
祭酒崇啣，榮寵無二。
暨後三世，亦有褒異。
有事則告，式禮莫墜。
旣埋廟主，且遠墓隧。
紙牌宗堂，庶幾降莅。

敢告焚黃，潸然感淚。

教官尹公焚黃告由文【代本孫作】

於惟我祖，

學專詩禮，孝追曾、萊。

幼何險釁？屺岵奄頹。

不匱孝思，堂有繼妣。

跬步敢忘？愛敬盡己。

況於事亡？哀慕終身。

好是秉彝，間其無人。

百源旣深，萬善自至。

濟窘之仁，超禍之智。

實莫能掩，孔昭天監。

歿猶彌章，教官淸啣。

四世忠孝，一時恩誥。

感極幽明，榮溢今古。

襟佩駿奔，幷設焚黃。

追遠靡及，有淚盈眶。

先祖忠貞公壇享告由文

恭惟我祖，貫日貞忠。

世後伯夷，生并冶隱。

祭何黃菊？薦何清明？

義起其時，公當一體。

禮有不及，事多堪吁。

冠舃失藏，尸祝見撤，寓慕無地。

千億本支，奉享立春，情私所迫。

覺僭旋廢，考亭已行。

瞻玆玉山，退終遺址。

世乏深目，據禮爲壇。

于以享之，粗伸情禮。

常享祝文

治水茂蹟，杜門貞忠。

清明報崇，歲歲不窮。

平皐書堂奉安文

陶山輟響，泗水襲芳。

於惟我祖，攀化升堂。

謹嚴飭躬，奮迅向上。

間丈之席，屢荷嘉奬。
況又家庭，樂有賢兄？
漸仁薰德，坦此周行。
內懷至樂，外絶榮慕。
爰得我所，一區月浦。
皐唳雖邈，櫝蘊彌章。
山林高蹈，詩禮大方。
堅貞果毅，葆眞樂道。
同門稱述，斑斑可考。
魯無君子，斯焉取斯？
念我鄕邦，餘馥尙滋。
公議百年，咸曰祭社。
力綿誠薄，延稽至此。
睠玆平皐，講堂纔成。
權安有規，庶伸微誠。
於焉揭虔，春秋泂酌。
一氣感應，報祀無斁。

岐山張公墓立碑慰安文

於惟先生，
行著乘載，德備誄述。
爲衛墓道，乃鐫、乃植。

力綿事苟，尙稽禮祀。
趁此霜露，載掃、載慰。

先祖旅軒先生墓表改竪慰安文

舊石重磨，墓道復明。
百代永式，多士趍繩。
潔牲載酒，霜露之時。
玆因奠掃，敬伸慰儀。

六代祖考衛率公墓立碑慰安文

恭惟懿蹟，尙稽顯刻。
世代寖遠，恐遂湮沒。
爰竪貞珉，昭示無窮。
用伸虔酌，慰感交中。

東洛撤院時移奉講堂告由文

額院而撤，天喪之厄。
日月無光，襟紳失魄。

姑奉講堂，冀回天意。

齋咨虔告，願言尙寐。

祭文

祭藏園黃公文

湖老撤饗，立翁挂牌。
襟佩軒輊，詩禮模楷。
公爲表孫，得傳其嫡。
推原世德，尤何蟬赫？
畜翁德望，華齋名節。
猗歟先生！篤生其家。
桂粹金精，氷淸月華。
資旣賦異，志又超夷。
內外擩染，自在幼時。
及長就學，遊誠齋門。
薰陶德義，的受至言。
立脚旣正，勵志愈方。
屛棄程文，篤盡倫常。
惟孝出天，由歡皐泣。
友且因心，溫篤戴翕。
推諸接人，和易款恰。
餘事文章，恒戒翫好。

雕鏤不待，理趣自到。

文成江海，詩追陶、柳。

不求識賞，藉蔚人口。

嗟惟先生，彬彬質文。

櫝蘊既深，皐唳不聞。

世道有責，北風其涼。

我自樂此，萬卷家藏。

《大學》、《中庸》，《西銘》、《勿箴》。

尤其夙夜，服膺惺心。

聲出金石，門掩蓬蕭。

不爵而尊，不貨而饒。

間以暢敍，花辰月夕。

善橋忠魂，捜臺賢躅。

歸而著書，充然有得。

睠彼商山，士夫之冀。

時從鄕塾，儼臨皐比。

左酬右答，無隱不披。

湖學有科，關儒有師。

況余瞻仰，猶斗在上？

時承色笑，一顧三奬。

妻以從女，早折無育。

人情易衰，公視如一。

百里憂阻，長書短牘。

經旨微奧，禮說疑難。

橫豎說去，指迷起昏。

銘我父兆，弁我祖稿。

闡幽揚潛，貽我世寶。

一未報效，尙祈安寧。

那意荐禍，及此耄齡？

賢胤賢姪，相繼辭庭。

桑海倏變，魯殿獨崇。

豎兒暗鑠，仙馭何忽？

華山無主，奎宿斂精。

此學誰傳？此道誰明？

屬經之望，同輔可堪。

克家之責，亦公仲男。

晚生失庇，柰何吾私？

一觴替哭，有淚漣洏。

祭李公【懿秀】文

於乎！天可必乎？小人而敗畔者，顯榮之；君子而修潔者，困厄之，何也？將降大任而增益其所不能，果如鄒夫子所云耶？

夫士抱義懷道，木食澗飮，歿身而無所施，則惡在其降大任也？意者旁搜遠紹，得絶學於陳編，以興起斯文爲己任，其任之大，將與得志行于一世者，無間也耶！

於乎！ 公以英邁精粹之資，加沈潛篤實之工。讀書則鉤深透微，論學則未始不理會源頭，而尤反復致意於下學人事。發爲詩文，則奇健平夷，出入於典、謨、雅、頌，而不屑爲韓、柳、歐、蘇。其所自期者，先秦事業，人亦期之以先秦人物。

簞瓢屢空，重之以十年貞疾，凡天下之至窮至困，萃于公一身。然一任命數，身雖困而道日亨，迹雖晦而德日著。使一線墜緒，不至全然斷絶者，未必不自困苦窮厄中來，而其爲任亦大矣，則天或意有在耶？ 此吾所以不可必者也。

於乎！ 如福樞無狀，嘗獲從公遊，仰德慕義，如鍼資芥，公亦不我遐棄，愛恤甚厚，勸奬彌勤。今遽棄歸，長夜乾坤，其將安仰？ 先以爲公慟，繼以哭吾私。

祭鄭都正【民秉】文

於乎！ 公之文行，轟人耳而爲雷，著家庭而爲模楷，豈福樞所敢揄揚哉？ 粤在辛未疏，擧公爲領袖，誠悃未暴，嚴令旋迫。其安閑辭氣、堅確志操，不怕鉞前鋸後，而夷險一節，苟非公養深積厚，何能以也？

福樞時適陪從，而觀感艷仰，不啻如星斗在上。轅轄一散，地左誠薄，河淚之悲，鶴書之至，慰賀且闕。遽爾樑摧，悠悠天地，吾誰與歸？ 於乎！ 公之存也，吾嶺重；公之歿也，吾嶺輕。今福樞之哭，奚止哭吾私而已哉？

祭張主簿景會文

皇天生物，其用各當。
龍門之桐，律抽宮商。
徂徠之松，材合棟樑。
今於我公，此理還茫。
賦之何豐？奪之何忙？
蓋公姿性，既明且剛。
刲指之孝，億中之量。
接物沖款，處事周詳。
世傳弓釖，早年名揚。
宦遊三載，刻目煌煌。
公路未茅，榮還有望。
千里旅舘，一病先戕。
靈遁丹砂，術窮靑囊。
倏忽浮生，五十四霜。
有才未試，有志未彰。
想公寃恨，地老天荒。
顧余於公，接屋連廊。
情同袒免，韻契峨洋。
日夕追隨，吐露肝腸。
期以百年，艱險相將。
今焉已矣，誰與翺翔？
況丁不辰，洋酋犯疆？

公若在世，庶全隣坊。

九原難作，徒增悲涼。

玆因中祥，敬瓣心香。

不昧者靈！倘或知卬？

祭鄭晉叔文

人生交際，必同聲相應，同氣相求，而公之於我，未嘗見其所同也。公賢而我愚，公才而我魯。公有該博之識、高明之見，譬如瓊林大盈，無物不有。我則寂寥偏滯，無一長可取者也。以我視公，不啻如葭玉之判異，蟲鵠之懸絶，猶一見，便許以死何也？

公嘗投我以《峨洋曲三疊》，要與相和，蓋託意於鍾、伯之知遇也。閑亭竹雨，鷲山雪月，相對欣然忘形骸。感氣類，合聲調，混爾我，同歸於希夷鴻濛之域，則其所同爲何如哉？

觀夫世道交喪，物態無恒，固有朝而風、暮而雨，其爲變也，蓋千折而百綻。而惟公與我則不然，一以氣義裁之，相視莫逆。源源過從，面所未喩，書以盡之，書所未盡，面復喩之，便覺夏日冬宵之苦短。而披心敷肝，往往切中已病，自以爲古之責善，於今更得之。

夫何運値陽九，遽失我兼三益也？於乎已矣！不惟我之不幸，抑天不佑斯文也。以若才行，假之年壽，飽飫晚暮之工，則庶可樹風聲、紹墜緖，爲士類冠冕。而生甫三十二，竟齎志就歿，命耶時耶？忍見大人公之日夕號呼，淚盡以血耶？我欲階冥冥問蒼蒼，而蒼蒼之不可問兮！只使我悲傷。一盃長慟，千古永訣。

祭黃義叔文

於乎！降自羊、左以後，友之道墜於地久矣。嘗默筭吾海內，心知惟義叔一人而已。義叔與余，曲同調也，業同志也。年又上下甲乙也，相須三十年。余知義叔，固不後義叔之知余。

義叔生有異質，長益豪爽。其於世間榮辱，一切泊如，出言便白直去。見人不是處，若將浼焉，遇會心友，由由然若無拘檢。而義利所判，能一釖[23]兩段，嶷嶷有立也。又篤於彝常，自力耕田，恭養志體。餘力爲文，如輕縑素練，實得濟用。

往往從山水遊，興劇吟哦，語輒驚人。以若才行，不幸不得年，孰謂藏園公而不能保此子，此子而不能終其養耶？況四十七年，生世之迹，只有呱呱一囝，而不知父死之哀。生無一慰，死且慘絶。

今余之哭，噭噭不已，非但哀死，抑有所私者存。公之從姊，卽吾賢相，友瑟未幾，遽爾短折。人情宜若少衰，而

23 釖：底本에는 "釰". 문맥에 의거하여 수정.

笻屐之相尋，暄涼之相訊，如前種種，以有吾義叔也。冷泉之遊既就，俗離之約又丁寧。夫何雲舃迢迢，先我遊岱乎？

於乎！梧月松風之韻，霖雨崩山之曲，於何復聞；刃發風生之論，氷瀅石介之操，於何復覩？微余，世無知義叔者，無義叔，誰復知余者？孤立宇內，後死堪悲。長號寢門，略泄平日相知之慟，靈其知也未？

祭李內兄【以燮】文

今年歲在未，梅湖處士廣州李公之病之革。其伯胤血指，不能救，孝亦無柰於命矣夫。於乎！公以南州古家人，賦受異凡。蘭如馥也，春如暄也，如良玉溫栗兼備也。

家居日必冠帶，省親拜廟，曲致孝思。又與賓朋處，樽醪盤蔌，風流恬雅，廩粟箱金，施與周至。到老有山水癖，每携朋遊柏浦、禪寺之間，江月淸朗，山菊幽香。公興劇吟哦，竭膂搜冥，使一字近凡禁不用，蓋公之性然也。天於公，旣賦與之厚，故報施亦不嗇。惟彼陸家五峙、平泉花石，與韋之珠、馬之蘭，咸萃公一室，可謂缺陷界圓滿事。而第其壽不稱仁，以六十一遽然永辭尊庭。

凡海內知公者，孰不爲公嗟惜哉？不佞自齠齡從公遊，荷愛多時。庸感吾私，而尤有所艶服于中者存。吾伯舅氏不育，公以其季後之，寔述先志，而知舊以爲難也。於乎！旣以予懷之悲，略泄靈座前，退而執孝子手哭，刃痕斑斑可哀也。

於乎痛哉!

祭宋肅顯文

於乎! 余與公年, 上下甲乙, 而志業則相懸。公平居敎子誠勤, 皆有成就, 待人款洽, 各得歡心。我則拙懶闒茸, 無一猷爲者也。 公早業公車, 蔚有場屋聲, 晩而著詩文, 得來陶、柳筋骨。我則學蚯音, 無所短長者也。公性亢直, 見人有不是處, 雖所難言, 而必善謔以面折之。見識博洽, 喜說古今成敗經綸施措之迹。我則寂寥枯淡, 爲世棄者也。以我視公, 豈十駟可及?

惟好古修潔之意, 則間有契焉。相視莫逆, 不見則思, 思則見, 見則歡, 猶嫌冬霄夏日之苦短。

前冬訪我于禪菴之遊, 刻燭賦詩曰: “世間十策無如走, 山外三思不欲歸。” 此出於憂時悶俗之意, 而竊非烟火口氣, 心甚異之, 歸而因病觀化。無乃天之降是人也, 若將有爲於世, 而終亦無如之何矣, 故將奪之速, 而先以詩爲讖耶?

公嘗憂我之羸弱, 豈意公之康健, 遽先於我耶? 顧此殘生, 支離濁世, 獨紘哀歌, 何如蛻舄而遊玄圃, 奮筆而記玉樓也? 雖然, 余亦明年, 卽公觀化之年, 泉下相從不遠, 何必苦苦長言也? 靈如有知, 想應默會也。

祭鄭建叔文

柳水出伽倻山，滾滾不能休，抱村爲平流，山於水左右者，亭亭若大牘脩笏。淑氣之所亭毒鍾於人者，不偶，故篤生我文穆先生，爲百世師。又如警軒、惕齋諸公，善繼述之降，而如公叔季，亦不世出之人物也。

受氣淸粹，賦性剛明。克紹家學，行誼爲茶飯，文學爲裘葛。南州月評，以大梁之張、京兆之呂，歸之於公家，而不幸叔氏早世，吾林屬望，惟公一人而已。

公嘗於上堂怡愉之暇，治公車業，蔚有場屋聲，及荐丁憂，絶意名途。專心向上，凡理氣性情之辨，禮儀常變之節，以至日星霜露之變，昆虫草木之化，一一見解超脫。

往往與賓朋，書質而面議，節節剖析，如竹破河決。措諸事爲，務合時宜，發爲文詞，颯颯鳴毫，而有行雲流水之勢。此則求諸古，固難得矣，況而今之世哉?

余每從公遊，自不覺十駕難追。公則以余謂先叔氏之所許知，相與之確，疑難同憂慽。又評正其所著，靡不用極，微公篤友，其何能之乎? 百年相將之意，遽先一朝之棄歸，擿埴冥行，何以爲心? 昔我哭叔氏之日，猶慰公在，公歿之後，更無如公，徊徨宇內，誰與爲友? 未知幾許年柳之山水，淸淑之氣又胚胞，得如許好君子人也。於乎痛矣!

祭李都事汝雷文

於乎我哭！公生不辰。
氣何英豪？性何粹異？
才何卓越？見何精明？
蓋公初心，經濟海域。
小成豈適，工專聖賢。
上自羲、堯，下及閩、洛。
日月度數，河洛源流。
理氣合分，心性體用。
禮家繩尺，史林權衡。
鬼神之幽，昆虫之化。
萬千著述，老彭遺風。
箚義輯要，羽翼經籍。
望實隆重，遠笈負從。
戶簇襟紳，巷溢絃誦。
引喩瞻暢，開示群蒙。
快若頂針，四座傾耳。
時從鄉塾，講習禮儀。
方丈、金剛，亦助吾氣。
崢嶸眉宇，灑落胸襟。
九鳴聞天，一僂銘鼎。
不離鄴架，秉燭愈明。
豈意斯文，運值闕釁？

釖[24]津一躍，更世無期。

士藪空虛，鄕井蕭索。

絶絃之痛，況我偏私？

臭殊薰蕕，群同鳧鶴。

我推以畏，公施以偲。

過無不規，疑無不質。

言無不到，事無不諮。

垂五十年，夷險如一。

鷲寺課燭，洛城顚風。

資益扶將，多荷勤摯。

時月離索，短牘長箋。

及夫同衰，欲生所愛。

較質公健，視年我加。

今我哭公，孰謂常理？

如蛩失蚷，哀此冥行。

拊柩致傷，若接笑語。

竟我獨哭，爲誰來斯？

孝子傍號，沾沾血淚。

人情到此，作惡倍之。

今於就窆，祀故相値。

替哭一酌，哭私哭公。

24　釖：底本에는 "釰". 문맥에 의거하여 수정.

祭宋康叟文

於乎！生何以有情？死何以有思？情因於愛，思由於情。昔我有公，愛之至矣，情安得不深；今我失公，情之深矣，思安得不長？

蓋公持志靡懈，守正莫撓。早以富、晚以貧，而能有好、有樂。與伯公事二親，就養無方。居喪式禮，自盡服闋。晨同參廟，退處一室。相勖乎顏勿、曾省，聯籤乎洙、泗、洛、建諸書。寢必同枕，食必同床。天少寒、食少頃，必曰："無飢乎？無寒乎？"扶護貞患，焚鬚分痛。一出於至誠惻怛，能令人入其室，油然有孝悌之心。踐實既篤，識解且精。著《魯論》、《體究》、《心統性情三圖》，發揮其爲警己惠後之意至矣。

時運闕齾，天奪斯速，人孰不爲吾道痛惜哉？顧余倀倀，尤有甚焉。嘗從公伯季遊，過無不規，疑無不質，善無微不勸，事無細不議。敍阻則長書短牘，對討則名理至言。四十年愛好，豈以聲音笑貌爲哉？

嗚乎！端潔之儀，精明之見，有進、無退之志，不可復見。我思之長，何時可已？於乎悲夫！

祭呂伯茂文

於乎！余之生今七十有五年矣。七十五年之間，哭知舊而愛惜之者，不爲不多，豈有如伯茂之可惜也哉？

蓋君令姿幹局，生詩禮古家。圓亭爲祖、菊伴爲父。既承襲貽謨，又擩染義教。臨事不避勞，慮患能有備。與人交，不設畦畛，而各得歡心。族有窮喪，解衣以襚，鄉隣輿頌在在矣。

若其家庭間，隱行潛德，余有知人所未知。君自幼在親側，無所違忤。纔十四五，喪母夫人，祭奠之奉、田園之收、樵爨之役，未晬妹乞隣乳養之道，百無一遺。大人公得以親書冊，依前不廢，是豈童年所可能逮？夫大人公年高眼昏，有細書文字，則必讀之前，而以慰幽鬱。體先志，復四世主，樹遠祖碣。餘力學文，經、史、子、書，無不涉獵旁通，發爲詩文，亦蕭散可喜。

不幸無時無年卒之，名不出鄉邑之間，而困苦以歿，余非夫人之爲慟而誰爲？滿腔情抱，寧欲無言？嗚乎悲夫！

祭張華應【鮮樞】文

於乎！人生七十，猶謂"稀年"，況稀年而加六乎？平日愛之而欲其生，雖如余者，似不必爲公深悲。但余與公，親同六世，行聯昆弟，年又上下二歲。自弱冠，無一事之不相將，無一處之不相隨。吳齋洗堂之硯，凡幾春秋；洛院龜社之觴，又種種矣。

及夫同衰，形接雖異昔，神晤尤深。指點烟霞之洞而公曰“某在斯”; 瞻望水月之洲而余曰“公在彼”。未嘗一時刻忘于中, 公何先逝, 令我踽踽也?

於乎! 公以世貧事大人, 公執樵爨, 歡菽水。處從父昆季, 視同己, 盡湛翕。一日一食, 而飢寒不入於心, 鄙俚不出於口。業公車, 僅一解, 而竟老死于弊破數椽屋, 孰不爲公嘖嘖也哉?

於乎! 余今朝暮人, 相愛之深。文不盡言, 言不盡情, 留待泉下相從之日。靈有以默會也否?

祭張承旨顯可文

於乎!《記》曰“親盡則服盡, 服盡則情盡”, 若我之於公, 服已盡, 而情可盡乎?

公志氣亢剛, 言論白直。非義則雖達官貴人, 未嘗軟語以苟容, 而我則柔懦含忍者也。公早業經術, 晚登榮道。經筵敷奏, 上國專對, 名譽一世, 而我則枯守巖穴者也。公少有屢空之憂, 而勤且幹。事親能盡菽水之歡, 有弟阽窮, 尺布粒粟, 每先於己, 而我則疏迂未能盡者也。

以我視公, 其相去不啻三十里, 而公猶不我遐棄。嘗語余曰: “富貴於我如浮雲, 安得閑靜界, 與如景遐氏, 將《心》、《近》等書, 討論以終吾餘年?” 此出於愛我之心, 而公退修初服之意, 又可見矣。余嘗艶公之爲人, 永擬相將, 天不假年, 齎志以歸。疑夢疑眞, 莫能定情。

於乎！致輔遷愚潭，公又漠然蹈冥，南郭舊路，便作西門。我出何適？我懷誰語？絃斷斤撤，哀此後死。公書在床，公詩在篋，今忍復讀，有淚先之。略泄悲抱，酒一杯淚如泉。

祭宋楚叟文

嗟嗟我公，性剛姿純。
大爐莊金，古櫝留珍。
世何或或？長夜難晨。
茶飯功利，籧篨義仁。
微公先見，孰善其身？
雲視浮榮，夢斷囂塵。
惟孝爲大，恭養八旬。
承順備至，甘肥罄陳。
好行恩仁，先業不貧。
門無窮族，座滿嘉賓。
爰及季方，和翕如春。
食必同案，寢必同鞇。
蓋日可見，罔非篤倫。
況又邁征，始終强忞。
汎掃軒窓，整飭衣巾。
上自羲、堯，下至洛、閩。

性理微奧，禮儀紛繽。
如說桑麻，如次魚鱗。
鉤精獵粗，階級是循。
一堂二難，質文彬彬。
名著繡褒，頌溢鄉隣。
命途多舛，洛北沈淪。
血瓜餘孽，又何漳濱？
積年床褥，一念自新。
書爲眼遮，筆能手呻。
居今之世，愍有此人。
柰爾割半？至痛無垠。
三霜纔闋，公歸侁侁。
奎晦其彩，玉斂其璘。
運際百六，誰詰蒼旻？
哀我後死，還悔深親。
孔好鮑知，徵逐煩頻。
蓀齋經燈，道院禮茵。
月堂山菴，雪朝花辰。
幾處磨礱？幾時陶甄？
勝事不常，衰疾俱臻。
離索情懷，夜夜月輪。
長書短牘，幾替面眞？
承革趍診，訣別傷神。
已矣此生！更接無因。

過誰與砭？ 疑誰與詢？

興言及此，胸塞口辛。

然公可念，冑彧鳳麟。

卽遠有期，載駕靈輴。

一觴代哭，倘無冥嗔。

祭黃稚學【在敎】墓文

於乎！朋友死，弔祭禮也。以余有軟脚病，於公三霜，一未能弔祭。不世知遇之感，將於何泄焉？今來拜公之墓，禮雖云“宿草不哭”，猶有曠世而酹者，舊感新懷，不忍無一言以泄焉。乃漬無聲之淚，緘不文之言，庸伸助奠之禮。而公世德若家範若孝友勤儉之行，諸賢誄述備矣，余何更爲煩瀆也？於乎悲夫！

誄文

卞暉運誄文

於乎！公降於余之後乙，與余嫁娶子女，爲通家，于今四十餘年矣。自以爲知公莫如余，知余莫如公。而余之知公，則糟粕耳，公之知余，則常過於實。是謂公之不知余而余亦不知公也，只以耳目所記記之。

公事親，忠養備至。處姊妹若從父昆弟，同仁均愛，寒則衣，飢則粱。高大門閭，延攬幾不能容。備竪先世碑碣，克闡幽光潛德。周恤族姻知舊，俾無捐瘠。教五子諸孫，文學彬彬有成就。平居喜說禮儀常變，酷好古今詩選。每遇文人韻士，談論揮毫，而不知日之將暮、宵之將分。

噫！天之錫福，豈無以耶？人間八十年，穩享裕後之慶、偕老之樂，至宴重牢，公於斯世，可謂無憾。自餘情抱，地下相從，迫在朝夕，何必苦苦長言也？於乎悲夫！

李謙叟【進淵】誄文

夫士實浮於名，難矣，行先於文，亦難矣。余以是竊取李君謙叟之爲人也。君貌古而樸，辭簡而不飾。自外觀之，若無以踰人，然夷考其實，則豈世之騖虛名、假虛文者比哉？

蓋君擩染賢父義教，孝悌爲基根，誠勤爲茶飯。家窶躬稼，以資仰事。餘力讀四子、六經、百家書，淹貫旁通，往往著圖、著書，發其精蘊。

尤長於智慮，嘗聞掠賊過閭，洞闢夜門，父子堅坐，誦讀不輟，賊不敢犯。其見事多類此。每謂君賦受操執，必得其壽，夫何一病沈綿，遽爾永辭尊庭？以若孝思，無容力於氣數之變嬗而然耶？嗚乎欷夫！

哀辭

申叔懋【相賢】哀辭

余居與汝元隣。一日汝元之太碩人及汝元，哭甚痛，家若震驚。問之，乃汝元之內兄平山申叔懋訃至矣。相顧愕然而弔曰：

此余弱冠時心交也，豈四十九而至此哉？昔者診疾癯然，若病鶴之收霜翮，枯松之蝕古苔，陽明之氣，太減於面。執手噓唏，不忍爲別，今成千古矣，更何處得來也？

叔懋粥粥無華，滿腔子是慈良。嘗痛早孤，如窮人無所歸。事母夫人誠，謹於祭祀。推諸姻戚宗族，見至則致鷄黍之款，見急則傾家帑以助之。

天若有知，宜其壽焉、福焉，而不幸再叩盆而竟短命。重之以降禍偏酷，菌慽先公一日，閤喪後公三日。

噫嘻！宰物者之仇善人也。主鬯，只有零丁十三歲兒，送死，惟內而再從親，外而汝元戚而已。汝元以葬聞余，乃和淚吟哀辭一闋，以導輀車曰：

孝而未見報，是何天道之靡常？
死而無所歸，尤何人事之滄桑？

欲階冥冥問蒼蒼而不可得兮，只使我心悲傷。

李德老【鼎基】哀辭

於乎！余于公，不惟通家之誼，兼有知遇之感。相與隔岡追隨，忘形骸、談古今。不幸前春，余寓伽峽，公遽溘然。慨徽音之莫嗣，傷近軌之無憑。遂作短誄一章，哭而送之曰：

我識公之姿，明珠海岸兮，晶光外彰也猗。
我觀公之詞，良馬春原兮，驕嘶自翔也猗。
秦書十上兮，未見售，北風何涼也猗？
牙琴永撤兮，不復皷，後死何傷也猗？

張誠悟【心澤】哀辭

於乎甪旅！以剛方之性，精敏之才，生長竹老古家，克繩家學。酷好《小》、《大學》，以爲入得門路，旁通《語》、《孟》、《心》、《近》、《太極圖說》，以爲行得節次。采摭栗谷《聖學輯要》，著爲一冊，以授子孫若從學者。間治產業，替奉四世宗祀，俾諸姪資其生。如甪旅不負受中之責者歟！

於乎甪旅！與余作隣，出入相隨，憂樂相同。一念之微，一事之細，罄陳無隱。至於閑謾文字之作，評訂是非，殆四十年所矣。

不幸昨秋，余流寓伽峽。角旅數以書勸我歸，而衰癃尙蹲。角旅遽先觀化，大限所迫，莫容者人力耶？病未診，歿未聞，沮人情者化兒耶？恨結肚裡，一瀉何地？因和淚，寫哀辭一闋曰：

先行後文，學之實；量時度宜，見之至。
柰何漆室之憂，終莫伸於衡門之泌？
猶有桐孫抽直榦，庶慰當日卜子淚。

卞聖九【芝錫】哀辭

卞君芝錫聖九，吾南公之長子也。夫人有美姿稟者，固難得，有姿稟而兼才用者，尤難得。難得者，得之於聖九，而不幸早夭矣。

於乎！余嘗觀聖九之居家矣，事親無違忤，友弟無物我。觀聖九之交際矣，切偲款洽，盡己之心。觀聖九之讀書矣，聖賢之微辭奧旨，往往一覽便解。余嘗愛之重之，以心而不以貌也，今焉已矣，不忍無一言以送。迺曰：

鴈叫影，猿斷腸，嗟來聖九！爾其可忘乎而猗？
孤鸞泣，雙蘭茁，嗟來聖九！爾其不恤乎而猗？

良玉易缺，寶釰[25]失守，嗟來聖九！我悲爾仁而不壽乎而猗。北金翔價，南箕斂鍔，嗟來聖九！我悲爾才而不祿乎而猗。于嗟乎于嗟乎！壽夭窮達，莫非命物者權衡，吾南公愼勿以無益之悲，害有涯之生乎而猗。

趙箕範【鴻九】哀辭

於乎！運値陽九，賢哲多萎。是年夏六月，哭公伯從氏，冬十月，哭吾賢。天之荐禍，胡至此極？

嗚乎！君孝於親而人無間言，處昆弟而得其歡心。勤儉以治家，信義以接人。南鄕士友之遊從者，必稱家行之美，門欄之盛，咸歸之雲谷，蓋以君八從昆季也。化兒多猜，今何拔其尤如君如從氏公也？爲從氏痛，吾黨所公，而爲君痛，則尤有切於吾私者。自夫君女于吾痴孫，竊喜源源有階，與之講舊誼、馨新好。迖了餘日，僅一再接而遽失之。吾年已八十有二，君年纔四十有三，豈意癃病者不死，而反哭少且健者耶？辭以替哭曰：

德可名，名何不揚？
仁可壽，壽何靡長？
噓唏而仰天兮，小春天氣正蕭涼。

25 釰：底本에는 "釼". 문맥에 의거하여 수정.

李重載【敦厚】哀辭

昔余南遊，逶迤到宜春之來濟。李君 重載，以近道之資、異凡之儀，隅坐侍先公側，怳如明珠照人。及冠赴我勛齋之會席，前春又來我伽寓，作數日款。其識解論說，有非世儒俗學可企及，一心期望，尤深且至矣。不幸復路感疾，竟至不起。天乎、鬼乎！一死何易於重載之齎萬里志？而何難於如我之無益其生也？賢季以葬聞，雖我耄廢，不忍泯默，和淚吟一闋，以哭不昧之靈曰：

幼而眉目瑩然兮，長且文行之斐然。
竟無嗣而倏然兮，噫嘻誰使之然？

李邦憲哀辭

嗚乎！吾何忍誄君也？定省之所，猿腸斷；湛樂之地，鴈影孤。晚育二歲囝，又不知父死之哀。慘愕情界，行路猶涕，況余平日相將，尤有異於人人者哉？

君自弱冠，從余遊，余之知君也審矣。居家而孝友爲政，處鄉而謙恭自牧。爲文詞，則有汪汪馳騁之才；治經史，則有貫穿精博之識。至於禮儀常變之節，亦無不旁通古今，古所稱君子人者。吾不知心胸面貌果何如，而資禀之高，知行之美，未必能過於君矣。

四三年, 同余寓峽, 日夜資益, 心竊喜榆光得朝暉而竝明。不幸君抱貞疾, 余有癃病, 次第輿還故里。君遽先我而歸, 以老哭少, 豈其理也? 一息寄世, 和涙吟一闋, 哭而送之曰:

賢而野, 何世道之薄涼?
仁而夭, 何天命之靡常?
有老在堂, 爲學未竟兮, 空使我心悲傷。

四未軒集

卷九

碑

墓誌銘

墓碣銘

碑

江湖 金先生神道碑銘【竝序】

先生諱叔滋，字子培，號江湖。一善之金肇於麗朝門下侍中諡順忠，以戰功授弓矢，錫名曰宣弓。自後聯赫繼顯。曾祖諱光偉，良醞令；祖諱恩宥，司宰令、贈參議；考諱琯，進士、贈參判，有孝行。妣貞夫人仁同兪氏，高麗少府少尹仁貴女。以洪武己巳生先生于一善之延鳳里先人第。

自齠齔，聰悟異凡。甫十二，從冶隱吉先生學，盡職乎灑掃應對之方，勉力乎明善誠身之工。及成童，肄業鄕學，不與朋徒遊嬉，端坐讀書，終日不撤。受《易》於別洞尹先生祥。甲午，中司馬，遊太學，趙文貞庸、卞文肅季良、朴參判以昌、曺提學尙治以先生經術文行，咸推先焉。世廟己亥，文科拜學諭。

辛丑，首選史官，適有惎之者，罷歸鄕里。養親極志體。敎子弟，嘗曰"爲學不可躐等"，初授《童蒙須知》、《幼學字說》、《正俗篇》，皆背誦，然後令入《小學》，從事事親、敬長、隆師、親友，以涵養其本原。次《孝經》，次《大學》、《語》、《孟》、《中庸》，次《詩》、《書》、《春秋》、《易》，次《禮記》，然後及諸史百家。

至於學射，亦不禁曰："弓矢，衛身之物，不可不閑習，古人以此觀德。" 勸書字曰："書，心畫也，楷必方正，草及篆，亦須要精熟。" 又曰："爲人子者，平時不講求喪祭節文，倉卒茫無所知，或淪於佛、惑於巫，每坐此。" 又曰："讀書，勿謂古人糟粕，務要體認自家分內事。窮而行己，達而治人，一切以聖賢爲法。" 尤誨人不倦，必諄諄叩兩端，開悟而後已。

辛亥，荐遭內外憂，喪而勺水不入口，殯而歠粥，葬而廬墓，終三年，不脫絰帶，一不到家。時國俗襲麗弊，治喪用浮屠。先生心常慨然，殮、襲、練、祥，特以朱文公《家禮》爲正，民俗多化之。

己未，上命選經明行修者，置師儒錄，先生居首薦，卽除世子右正字。辛酉，拜金海郡，壬戌，移高靈縣。丁卯，復爲主簿兼南學敎授。己巳，除開寧縣監，世宗昇遐，向闕哭失聲而止，文宗賓天亦如之。時先生方患疾，邑人欲進肉汁拒之。

縣有徐民，幼而孤，及母喪，移父合窆，又追服三年。先生曰"壟畝之人，其至性可嘉"，乃復其戶。

屢典州郡，治政如一。嘗曰"有土地、有人民，是亦可以行吾學也"，不求赫赫名，專以革汚俗、興六行爲務。每春夏，寡騶出入阡陌。民之無種者貸之，乏食者周之，勤者勞之，而惰者懲之。栽桑於官之隙地，令民取種。

時各邑守宰，怕那移之律，義倉告罄，則坐視餓莩而不知救。先生曰："昔韓韶活溝壑之民，而欲含笑入地，汲黯矯制發倉，而不辭伏罪，苟存心於民，何懼於法?”盡發軍須以賑給之。

乙丑、丙寅之歉，闔境全活。若有水、旱、風、雹之災，必令廚人減膳，獄囚小罪，盡赦之。日月之食，身自素服，奉笏立於庭，見甦乃已。年例貢獻，皆自備，不征於民。老疾孤幼，皆有惠養，男女失時者，優給資裝，使之嫁娶。風俗丕變，盜賊屛跡，隣近十餘州，皆被其澤，號爲“淸水白石”，民有去思焉。

甲戌，由司宰副正，爲成均司藝。秋，出爲星州敎授，改聖廟塑像爲栗主，命子宗直，更題位號。犧尊、簠簋、倚卓、鉶坫，無不精完，親詣釋奠，勘定儀軌。講課諸生，一月三試，隨以賞罰。

世祖乙亥，辭職歸密陽。晨必盥櫛，拜家廟，夕亦如之。出入及有事必告，皆象生時。遇忌日，奠需必親檢無缺，俗節朔參，各有品節。燕居書室，終日衣服冠而坐，雖妻子不見惰慢之容。

丙子三月二日，易簀于寢，奉窆于府西高巖山粉底谷負辛原。天順己卯，以原從功臣贈中直大夫、藝文館直提學、兼春秋館。憲廟乙巳，加贈資憲大夫、吏曹判書、兼知義禁府事·春秋館事·弘文館大提學·藝文館大提學·成均館祭酒·五衛都摠府都摠管。諡文康，道德博聞曰“文”，淵源流通曰“康”。

配谷山韓氏，變之女，改娶密陽朴氏，司宰監正弘信之女。男宗輔、宗翼，女金仲老：韓氏出也。男宗碩，文，直學；宗裕，進士，官教授，號菑堂；宗直，文，判書、贈領議政，謚文忠，是佔畢齋先生；女康惕、閔除：朴氏出也。宗碩男：緻，進士；纘，進士，官教授，號四止堂。宗裕男，繪、綏、紘。宗直男，嵩年參奉，女王子師傅柳世湄、生員李翮、直長申用啓。曾玄以下，蕃不錄。

先生胄孫鎭學，爲營神道碑，責銘於福樞。噫！先生立朝事實，居家懿範，已悉於畢齋《彝尊錄》、參判鄭公碣文，而《儒宗錄》云"吾道東，圃隱傳之冶隱，冶隱傳之先生"，是宜銘。銘曰：

愼終追遠之以禮正俗，惟先生孝思則也。
敬君愛民之以道立朝，惟先生秉心塞也。
祖圃宗冶，以啓後學。
惟先生繼開之功，孰敢揚扢也？
於乎先生，其如昏衢將復明之日月也歟！

德溪 吳先生神道碑銘【竝序】

德溪吳先生諱健，字子强，系出咸陽。初祖諱光輝，麗上將軍，聯綿官冕。歷學士諱良芮，至將仕郎諱德秀，始居山淸。曾祖諱從閶，祖諱軾，考諱世紀。妣八莒都氏，訓導永康女，有閨範。

正德辛巳，先生生德川里第，端重聰明。六七歲，受學於先公，不待程督，誦習靡懈。辛卯，先公寢疾，撫背曰："我死矣，汝從何學爲人耶？"及喪，哭踊攀號，感動瞻聽。

甲午，受《易》於內舅都上舍良弼。是歲丁祖妣憂，丙申，承祖考重，一遵禮制。甲辰，母夫人喪，乙巳，繼祖母喪，歠粥泣血三年。自髫齡，累然在疚，將不免失學，每念先公撫背之訓，搜得《中庸》於古篋中，鉤深賾微，得力尤多。推之諸書，皆迎刃而解。

入淨水菴，讀十數年，晝必斂膝，夜不安寢。聞南冥先生倡率後學，負笈赴之，大有所興起。嘉靖壬子[26]，中司馬。戊午，釋褐爲星州教授，與主牧黃錦溪，講論《朱書》，寒暑不廢。疑未嘗不思，思未嘗不得。其未得也，至忘寢食；其得之也，惓惓服膺。

揀取儒生，分爲四等。鄭寒岡文穆公，丱角從之，始終卒業。癸亥，登退溪先生門，講《心經》、《近思錄》、《延平答問》，剖析精深，老先生深以益友許之。乙丑，除學錄，管中學，洛下諸名碩，雲集問難。

丙寅，除學正，被翰苑首薦，不就。隆慶丁卯，授承政院注書、成均館典籍，屢遷司諫院正言，又除禮曹佐郎。明廟昇遐，行素終制。

戊辰，上疏請進學納諫，略曰："進學也，必以遜志爲基址；納諫也，必以虛心爲根本。蓋志不遜，無以做時敏之功；心不虛，無以受衆善之入。焉有自足其智而能探理義

26 子：底本에는 "午". 문맥에 의거하여 수정.

之奧，先據私主而能容天下之言乎？先儒有言，'一敬足以敵千邪，一誠足以勝百僞'。”又論國昏正始，啓請李滉勿循例接見。又請黜石尙宮，又請罪申士楨不孝。

庚午，以御史兼災傷敬差官，覈審湖南，請珍山郡蠲減田賦及突山島牧場勿禁耕稼。又論南方逋租逋卒等弊瘼，南冥先生與書曰：“如公可謂不負所學矣。”箚論正心納諫齊家事，又以天警 請停朝賀。

己巳，拜司諫院獻納、成均館直講、司憲府持平。辛未，拜弘文館校理。又上居敬窮理箚，終以堯、舜爲準的，理宗爲鑑戒，一一切中時宜。是年屢除禮·吏曹正郎、兼持平，務恢公道，長官憚之，亦不敢怒。

時朝議有乖激之漸，呈病南歸。構軒鑿池，種蓮畜魚，雜以松菊，爲終老之計。信從者日益衆，以講討爲事。屢徵不赴，爲掌令、爲應教者一，爲司藝、爲司成者一，爲執義、爲典籍者二，爲舍人者三。

甲戌七月，感疾。尹梧陰、鄭藥圃、金鶴峯諸賢，在京送醫，醫未至而簀已易，卽二十四日也。葬德川先壟南麓負寅原。金黃岡繼輝製碑送之，以贈諡之未及，埋置墓下。丙午，文穆公與朴龍湖文楧，祔俎豆享於西溪。丁巳，姜竹峯徽鼎，與從父兄徽望，上疏蒙額。

配星州李氏，眞操堂光女，一男二女。男長正言，以鄭桐溪伸救事歿于兎山匪所，贈左承旨，號思湖，有學行。女成天祉郡守、成天棋承旨。孫曾蕃不錄。

嗚呼！先生易簀之後，玄孫必義，擬請爵謚，未就而歿，居然已數百年之久矣。墓道顯刻，因以尙闕，尤爲輿情所抑鬱。方謀豎所埋碑，其本孫致先、傍裔翼龍、外裔姜起八、士人某某，奉文集，責銘於福樞。

竊惟文穆公祭先生文，盡發精蘊。其略曰："奉承家庭之間，則所以致其愛、致其樂、致其憂、致其哀、致其敬者，無非發於至情之極。處兄姊之間，則其所處之難，有非外人所知，而其高不可及。晩親有道，優遊乎二老先生之間，而得之觀望瞻想之際，見益進、德益就。又與錦溪先生，讀《朱子書》，而尤味於主敬窮理之說，其精思之工，窮深乎微賾。操守之堅，確乎其不可躓[27]，制事之嚴，如金石之不可奪，接物之和，如習習之春風。見人志學，樂爲之誨導，聞人之善，心好之如己出。定本立脚，充之以學，體用俱備。國恩日深，民病難忘，則入薇苑而補拾闕遺，在柏府而固守憲章。佐天官則綜核人物，進退賢邪，斷以爲己任。"

其終曰"蓋欲奉以求幽堂之誌銘"，噫！其爲寄也，顧重且大矣。藐余後生，固不當是役，而辭旣不獲。又不敢有他辭，略綴而爲之銘曰：

鏡湖漣漪，稽獄崢嶸。
鍾精毓靈，降我先生。
退邪扶正，凜乎秋霜。
成德達材，藹如春陽。

27 躓：底本에는 "礩".《寒岡先生文集》권11〈祭德溪吳先生文〉에 의거하여 수정.

淵源有自，雲舍、鷄堂。
門出儒宗，有若寒岡。
希聖道學，賁世文章。
九原難作，後慕羹牆。

通訓大夫、司憲府持平墨齋先生盧公遺墟碑銘【幷序】

八溪縣中方里卽我中廟朝己卯名賢，逸持平光州盧氏墨齋先生之遺墟也。噫！昔公遺墟，有院享，不幸入倭燹，鐵原亦公寓鄉也，再設，而又以邦令見撤。今羹慕輿情，無處可寓，相與謀豎墟間一石，擬圖不朽。公之傍裔秀五，以僉意奉公實記，責銘於福樞，拜而按其記。

公初諱祖同，改諱瑾，字公瑞[28]。自幼性至孝，喪而廬墓祭而遵朱文公《家禮》。稍長，同金寒暄、安蘆溪，學于畢翁門，大被推奬。友三弟因心，分予家藏，一不自私。

正德戊寅，金慕齋按節，訪于林廬，有詩云："人間軒冕自殊途，顔巷窮居味道腴。眼底牢籠閑宇宙，胸中蘊蓄一唐、虞。學追濂、洛淵源正，行篤曾、萊踐履俱。爲訪林廬應有意，欲將高範表南隅。"遂薦賢良，直拜主簿。己卯，拜本道都事、工曹佐郎。十二月，神武之禍，被劾歸鄉。事靖後，陞司憲府持平，不就，書史自娛，眷眷引後進。以六

28 瑞：底本에는 "緖".《한국민족문화대백과사전》에 의거하여 수정.

十九考終于寢，墓在本縣花旨峯後。值島訌，賊欲發之，聞知爲君子藏，竟止之云。

世系生卒年及子孫錄，於碣具焉。至若好學篤行，則觀於師友推奬，有可影想焉。嗚呼！畢門戊午禍慘矣。先生以師門高弟，奚獨超然於網打之中也？其時處變，必有合宜者，而百世之下逸史，甚可慨也已。銘曰：

允矣墨齋，鄕邦矜式。
生長中方，因名想德。
宛其遺躅，山明水湜。

晉陽姜公表孝碑銘【竝敍】

夫孝者，爲仁之本，人而盡爲仁，歷數古今，能幾人哉？近世有處士晉陽姜公及夫人咸安趙氏之孝，以孝配孝。一心共事，愉婉不以憂愁而少懈，甘旨不以貧窶而或闕。庋閣之需，鼠不汚而狗不舓；柿栗之供，春無芽而夏無傷。

先公患痢，嘗之驗差劇，七夜禱山，九日祈神，竟以天年終。殯殡如禮，日夜哀毁踰制。事母夫人尤竭力，年滿八耋，病瘇受鍼，迭吮之，七朔乃差。及後年益高、氣益憊，轉側須人，食則手佐匙著，俯則身代枕几。

濯溷雖一日再三，不使人見。適値冬旱水渴，臨水歎曰："何以濯？何以濯？"有頃湧出。且非時之鱉，自出野橋，難求之雉，飛入庭畔，蓋至誠所感也。丁憂，俱以不致毀之年，毀幾滅性，人皆謂有是夫、有是婦。

公諱在重，字擧甫，號脩齋。考諱基煥。九世祖，進士諱瑀，號慕菴，旌孝。趙氏漁溪旅后，先生以忠義，謚貞節。忠孝一致，公之孝，趙氏之孝，其來有自。一室雙孝，何其壯也？ 生而士友聯章褒呈，歿而族親合謀表碑，可見好是之秉彝也。其肖胤鑽命、從子佑永、從孫複馨，責銘於余。銘曰：

至行源百，不言而章。
輿論所歸，豎碑閭傍。
德嶽嶷嶷，鼎湖瀰瀰。
噫不匱令名，長與之山之水齊流而竝峙也夫。

墓誌銘

河陽縣監守拙堂 李公墓誌銘【竝敍】

公姓李氏，諱宜潛，字炳然，守拙號。驪江貫，文元公晦齋先生諱彦迪之孫，判官守菴諱應仁之子。妣玉山張氏，洗馬應機女，繼妣某貫某氏某女。有四男，公於序季。

儀貌如玉，英悟異凡。甫四歲，喪母夫人，判官公慈育而義敎，未嘗頃刻忘懷。旣長，從無忝、雪川二兄，常讀書于玉山先院，益勵征邁。壬辰夏，值島訌，陪判官公，避地山中，忠養備至。秋，赴本府義陣，士林奉聖廡位牌于玉院，公恪謹奉守。

癸巳，丁憂。遘癘甫起，能自力殫誠，殮殯稱禮，廬墓終制。乙未，倡義旅，孫參奉曄、崔藍浦繼宗、權參奉應生，同聲共討，多所斬獲。丙申，從大菴朴先生于靑鳧之寓所，講質疑難。是秋，參公山會盟，翌秋，領兵赴郭忘憂陣，贊防禦之策。與崔憂樂東輔論舍生取義，言甚剴切。

己亥，謁芝山曺先生，受《易》、《詩》、《心經》，又從愚伏鄭先生學以卒業。壬子，升司馬，丙辰，蔭補參禮察訪。丁巳，乞暇還鄕，拜寒岡鄭先生于溫井路次。辛酉，入爲內寺，尋除河陽縣監。甲子适變，奔公州行在所。

乙丑，呈病解官，縣人圖像而寓思焉。起一書樓於所居之傍，扁之曰"守拙"，架揷羣書，探賾義理。壬申，編刊先集《附錄類例》，稟定于吾先祖旅軒先生。

噫！公淑行懿蹟，克趾世美，不幸棲遲下縣，壽不稱德。遺文又火，僅一二存於千百，惜哉！

萬曆丙子公生，仁廟乙亥卒，葬達田中岡負子原。其世系若子孫錄，於碣具焉。公八世孫在鍾，以耄[29]年，不遠二百里，齎家狀，責福樞以墓銘。義不敢辭，略加檃栝，係以銘。銘曰：

猗歟公德學，承祖資師。
忠孝自盡，一險夷。
撫臨如傷，審惟肖。
有蘊必發兮，宜爾後之熾且耀也。

成均進士碧珍李公墓誌銘【竝敍】

《傳》曰"人樂有賢父兄"，余于國子生李公信然矣。公大人楊村公，登寒岡先生門，凡先生一動、一靜、一言、一行，不惟結顆在身上，亦以敎公。公以聰敏之才，奉承不怠，溫凊滫瀡，應對進退，必先意而式禮莫愆，一未有子弟過。

29 耄：底本에는 "髦". 문맥에 의거하여 수정.

至奉先諸節，一一稟定，備盡誠敬。其接人也，渾是和氣。如遇遺質尙文、假仁懷詐者，若浼不屑焉。其讀書也，窮曛達宵，至忘寢食。深蓄博發，尤優於對策。年十四，居魁夏科，二十餘，當學宮儒長，辭以年少。

庚子，中司馬。壬寅，因疏擧旅京，適患痘，雖素昧卿宰，皆慕名賚藥。甲辰，楊村公寢疾，母夫人亦以不汗疾下世。公繼染於攀擗中，後先公三日而不勝喪，乃十二月二十九日也。葬先壟松月壬坐原。

公諱斗元，字南老，崇禎壬申，生星州沙月里第，碧珍人。考諱長立，是楊村公，妣玉山 張氏，龍翰女。祖諱仁恢；曾祖諱忠俊，宣務郞；高祖諱光，號眞操堂。

配冶城 宋公，通德時振女，倻溪先生希奎五世孫，祔公墓左。有三男一女，男慶初、應初、命初，女盧大溍。孫曾蕃不錄。 公七世孫文杰，奉公之冑孫松澗公紀玄所撰家狀，請公墓銘。銘曰：

才何棄？仁何夭？
天報定爾，來許之昭。

恩津 宋公墓誌銘【竝敍】

於乎！人之死於死難，若恩津宋公之舍生取義，其眞死於死者乎！

公諱希哲，字德保，號敬慕齋。上祖諱大原，仕麗封恩津君，子孫因爲貫。三傳至雙淸堂諱愉，子諱繼祀判官贈持平，子諱遙年監正。曾祖諱汝霖，郡守；祖諱世勣，忠順衛，自懷德移三嘉之竝木，爲時論所惎也；考諱琦，主簿、贈參議。妣東萊鄭氏，襄平公種曾孫某女。嘉靖乙丑，公生先人第。

自幼孝友根天，事父母以順，處兄弟以和。長益英邁，志在經濟。壬辰，當島夷孔棘，奉先公避伽倻山中。及大駕西狩，公以草野韋布，奮不顧身，與兄希醇、弟希達赴郭忘憂陣，戮力同事。郭公甚嘉賞之，載在《同苦錄》中。

公承先公患報，罔夜馳省，先公方病革，而呼三子，勵聲誡曰"忠孝一致，我死，汝等用古人'君讎未報，勿葬親'之義"，言訖而終。公三人，奉命益勵，執殳捍禦，尤不避艱危。

丁酉，同兄弟省親殯，路遇賊鋒，所射殺不知幾許。矢盡勢窮，張空弮，罵不絶口，竟至立殣。

噫！以公才略，謹避何難，而體親遺命，爲國死賊，其死也不虛死矣。後己亥，返葬故山負庚原。配瑞興金氏，應福女，寒暄堂先生宏弼玄孫，生卒與公同年，墓雙墳。一男慮遠僉正。四孫挺仁、挺義、挺禮通政、挺智別座。其後孫秉百，奉家狀請銘。銘曰：

殺身成仁，秋霜凜烈。
褒典尙稽，輿情鬱結。
用銘要垂後，自愧手乏雲漢決。

通政大夫、訓戎鎭兵馬、僉節制使玉山張公墓誌銘【竝敍】

當宁辛酉三月初十日，節制使玉山張公，病卒于私第，其孤有良，以葬聞，責余銘。余於公，隣而知公審，且有先契，敢辭諸？

公諱斗斌，字惟憲。初祖諱金用，麗上將軍。歷十一世，有諱安世，官府尹，謚忠貞。六傳至竹亭先生諱潛，我中廟朝司馬，從趙靜菴學，與李晦齋善，爲士類重，享賢巖院，是於公爲十世祖也。

曾祖諱台一，贈承旨；祖諱成漢，官府使，贈兵參；考諱彦極，官營將，以大耋授同樞，追贈三世。先娶咸陽朴氏，守慶女，繼娶礪山宋氏，斗柱女。生考通德郎諱彦國卽同樞公兄也。妣恭人善山金氏，夏健女。

生公健陵己酉。甫七歲，丁生考憂，能哀毁如成人。長且才，文詞雖夙就，弓釰乃世業也，遂投筆，屢屈兵省。時公處人所難言，惟盡己之道，同樞公感悟曰"若孝宜有報"，果登純廟甲午科。

爲養爲黃海·全羅中軍、長鬐縣監、統虞侯，皆有治聲。歷事三朝，恩渥彌隆。旣告老居家，而特除訓戎僉使，公唱感君恩一曲。以母夫人在堂，肅謝而還，仍感疾不淑，享年七十三。葬府北玉溪洞後負艮原。

公質直而子諒，剛方而孝友。奉八耋親，不乏甘肥。處兄若姪，無物我，推諸族姻賓朋，必致款洽。惟非其義，則峻斥不能容，性然也。

配淑夫人昌寧曺氏，胤鐸女，生辛亥，卒乙亥。墓府西楊村後子坐。生一男有良，今部將。繼配淑夫人順天金氏，宗權女，生丁巳，卒己未。墓府西寒泉谷卯坐。生一男有龍。部將男三女二，長周翼今武科、次升澤、奎澤，女鄭世容、尹宅逵。有龍男二，宇翼，餘幼。銘曰：

孝可定，治可最。
天以報，俾昌大。

仁川蔡公墓誌

竹窩蔡公之胄孫廷植，謂福樞客公門三十年，有所深知，持所撰家狀而示余曰："願最其蹟而銘于墓，以圖不朽。"余聞而嘉之，按其狀。

公事親至孝，溫凊瀡瀡，躬自適宜。自喪先公，尤竭力於母夫人，志養備至，老猶嬰兒戱。及遭艱，殮殯稱情禮，喫素終制。遇忌悲哀，坐而待鷄。

有幹局，三致千金。不修產利，爲遠祖衛墓道、刊遺文，設嘯院之廚庫齋舍，爲二弟若從父弟，各資財產，百口無凍餒。胄孫聰異，公勤心成就，勿墜詩禮緖業。

世居洛江通衢，傾囷引接，使遠近知有某家。又傍通象數，田賦章程，州閭每就決疑難。奉公常先於人，門不見吏。

噫！公仁孝而剛方，愼密而濶大，見於事行者，有如是，而公不求知於世，世亦無眞知者，惜乎！

公諱國烈，字景深，竹窩其號也，仁川人。初祖諱茂先，麗樞密院事，世襲卿宰。逮聖朝，有諱倫，官弼善，贈禮議。六傳至投巖先生諱夢硯，從寒岡先生學，得傳旨訣，贈吏議。生佐郎諱楙，贈參判，號柏浦。父子竝享嘯巖院，爲公七六世祖也。祖諱斗漢，副護軍，考諱師涵。妣達城徐氏，道復女。

公生正廟乙巳，卒當宁甲子，葬府西竹田村左丁向原。配奉化琴氏，廷鯉女，先公六年卒，墓退谷某向。無育，以仲弟國標長子漫爲后。有一男二女，男廷植，女孫鍾玉、柳奎煥。

東萊鄭公墓誌銘【幷敍】

東萊鄭氏之先，尙書僕射諱穆、蓬山君諱瑚、蓬原君謚良度諱良生，著自勝國。至我朝，有諱矩，守罔僕義，屢徵不就，號雪壑，謚靖節。生諱善卿，判官贈判書，追封東平。生諱種，李施愛之亂，勳封東平，謚襄平。三傳至諱師閔，孝友根天，遺命與林下弟師哲，雙墓親塋下，使兄弟子孫，共享一庭，是於公爲八世祖也。高祖諱應耈，以文詞見推；曾祖諱嵩齡；祖諱厚弼；考諱惟燮。妣興海崔氏，文寔女，監司健潼後。

純廟乙丑，生公大邱西部里第，諱周郁，字文彦，號丙軒。姿性剛毅，志氣卓犖。事親孝，雖善於文翰，慮或妨於溫凊滫瀡之節，至廢學業。

戊戌，丁內憂，喪祭稱禮，哀毁盡情。地主鄭公始容，以疏族艶公誠孝，拔例助力，稱賞不已。服闋纔一年，遭外艱，一如前喪。每當喪餘日，泣涕漣如，祭品極豐潔。當宁癸酉正月二十八日卒，葬府西鷹峯負子原。

於乎！公以至孝之行，濟之以文學。推以上之祖先，追遠齋、寓慕亭皆公所規畫也，推以下之子孫，挿架千卷書，多公所手抄也。自輓而慨令名之未貽，自治壽木而審遺體之易安，如公眞終身慕父母者矣。是豈特天資之美？抑擩染家庭者，有以異焉耳。詩文若干卷，藏于家。

配丹陽禹氏，養浩堂玄寶后，載寬女，有淑德。生卒辛酉，墓與公同原。生二男三女，男鳳來、鶴來，女金璲、李承欽、裵憲奎。鳳來男，容九、容萬、容億，女都在浩、李玄敏。鶴來男，容武、容表，女崔命悅、張鶴規。以下蕃不錄。公胄孫容九，雅士也，奉公行錄，責福樞以墓銘，謹據以撰次。銘曰：

赫矣鄭氏，四封三謚。
公生是家，富貴雲視。
滿腔服膺，孝外無他。
凡爲人子，式此墓過。

盆城 許公墓誌銘【幷敍】

公諱壤，字文一，號忍默齋。許氏之先駕洛王，封一子某爲盆城君，而傳后姓，子孫因以貫。歷高麗三重諱琰、忠穆公諱有全、駕洛君諱敞、甑城君諱龜年，至我朝諱錙、諱譔、諱禎連，三世官直提學。子諱伯奇，號三松堂，學于趙靜菴門，贈吏判，諡正憲。子諱應吉，乙巳士禍，遯于昌山，是公九世祖也。曾祖諱溓，祖諱桓逸，考諱燦。妣文化柳氏，河勤女，忠景公亮后。以純廟辛巳十一月五日，生公于校村里第。

天姿穎悟，値前後艱，雖至貧，葬祭如禮。屛居楸下，不復應擧，專以讀古書、訓子弟爲事。如孝友爲政，勉弟之道也，耕讀勿替，教子之方也，座右揭"恭敬忠信"四大字，律己之工也。尤深四子書，答人叩問如流。諸家禮說，朱、退要語，摭成一冊，爲有家日用之常、朝夕觀省之資。今上丁丑二月十五日考終，緬葬于咸安大峴西鑪峙峯下枕子原。

室達城裵氏，永祐女，壽今八十。男鍠、鏵、鏄。鍠男泰晸，鏵男泰寓，鏄男泰宇。公之胤鏵，賫家狀，請福樞以墓銘。顧昏耄不敢當此役，然孝懇攸至，謹撰次如右，繼以銘曰：

遺野固窮，劬書嗜義。
善報不誣，宜爾錫類。

五代祖考通德郞府君墓誌

仁同府西四十里八龍谷，有背坎面离而崇四尺者，卽我五代祖考通德郞府君、恭人安東權氏之合墳也。公諱萬重，字鼎卿，姓張氏，玉山人。上祖諱金用，麗三重大匡。入我朝，有掌令諱脩，正直不撓，鶚立朝端。六傳至旅軒先生諱顯光，取從父弟月浦先生諱顯道子諱應一爲嗣。官副學，號聽天，名節重於世，寔公祖也。考諱銾，官衛率，號訴[30]梅。妣淑夫人廣州李氏，考應敎道長，祖石潭先生潤雨，外祖荷潭先生金時讓。公以仁廟丙戌十二月初四日生。生長簪纓世族，無意進取，以蔭授通德。肅廟甲午七月五日，考終。恭人安東權氏，通德郞斗章女，參議東溪先生濤孫，水使泰安朴光慶外孫。

公生有異質，事二親六十年，愛敬如一日，處一兄四弟，翕翕盡友道。嘗遊婦氏家，其家愛公甚，每朝置銀類器傍，冀公之取，而公始終不顧，與瓦石無異。

嗚呼，是可以槩公萬一哉！不幸世代寢遠，文蹟俱逸，他無得以徵之矣。公無子，以弟府使萬益子大說爲后。二女柳緯河、李廷植。孫趾穆，曾玄不盡錄。

30 訴：底本에는 "訢". 족보에 의거하여 수정.

高祖考通德郎府君墓誌

公諱大說，字天賚，玉山張氏。考諱萬重通德郎，妣安東權氏，斗章女，東溪濤孫。生考府使諱萬益卽通德公弟也。妣淑夫人鷄林金氏，校理宗一女。明陵戊午生。

公氣宇端凝，度量弘毅。自少有公輔望，一入場屋，見拘儒俗態，心鄙之。遂斷棄擧業，枯苦自守，沒身而無悔。內行甚篤，事父兄，一以誠慤。遇忌，宿齊戒，視封滌，而至使家屬銜口。治先塋，麗牲備具，爲外氏立後。爲公議，管晴川設院。當戊申逆變，率家僮赴義，聞捷而還。

平居嚴正自持，眼凝精彩，雖頑夫蕩子，一見公，知敬禮之。又以書史自娛，常慨然有經濟之志，如天文、地理、醫方，亦無不涉獵而旁通。卒元陵丁卯十一月二十六日，葬星州道高山老峴村後艮坐原。晴川儒生祭公文，有曰"姿挺崑玉，心凝秋水。人稱愷悌，士推領袖"，此可以想公矣。

配光山盧氏，夏徵女，興陽李某外孫。墓府西八龍谷負壬原。生一女，適李穰。繼配烏川鄭氏，通德郎后夔女，府使慶州金澍外孫，祔公墓後。生一男一女，男趾穆，女鄭東喆。趾穆早卒，以從父弟趾馨第二子儔爲嗣。李穰子輝東，鄭東喆嗣子薰。

噫！公卓行懿蹟之僅一二存於千百者，懼夫愈遠而愈泯，謹錄如右，納之幽堂之側云。

曾祖考處士府君墓誌

公姓張氏，諱趾穆，字深仲，其先玉山人。祖通德郎諱萬重，以弟府使諱萬益之子諱大說爲嗣，蔭補通德階，卽公考也。前妣光山盧氏，夏徵女，妣烏川鄭氏，后夔女。生公英廟丙午。

事親至性，和容承順，侍病血指回甦。喪而稱情禮，祭而悲哀如初終。優置墓田，俾護封植，此皆公幼少時貧窶中事也。卒甲午二月三十日，葬八龍谷通德公墓下。

嗚呼！家逸文獻，無得以徵焉。惟以晴川儒生《祭通德公文》"胤肖能繼"一語，槩可影想公平日矣。

配星山呂氏，檄女，師傅希臨後，墓在公墓下。以從父弟通德趾馨子儔，主公祀。有四男一女，長瀤早卒、次浤、淙、瀚，女李準祥。

從祖祖父成均進士、贈通政大夫、吏曹參議府君墓誌銘【竝敍】

公姓張氏，諱鑄，初諱壽山，字仁如，號嵘軒，其先玉山人。我宣廟朝，有諱顯光，官參贊，謚文康，是旅軒先生，寔公六世祖也。高祖諱鉩，官衛率；曾祖諱萬益，官府使；祖諱大諧，壽通政，以大耋避痘寓角山，子孫因居焉；考諱趾馨，通德郎。前妣安東權氏，必垕女，妣英陽南氏，相老女。英廟甲申，公生吳山里第。

儀貌端莊，姿性穎悟。自幼事親無違，及丁憂，殮、殯、葬、祭如禮。替事季父，公日必冠帶，視膳問安。友叔季采篤，至老同衣饌。

旁治擧業，丁卯，升司馬，自後絶意名途，爲善最樂。見急則周恤若不及，有窮喪則賻襚各稱情。客至無親疏，皆得歡心。架揷萬卷書，日與叔季討論唱和，不知老之將至。當日遊從者，稱江右三珠樹。粵在湑灘之禍，獨公之一室，超然見免，蓋以直指使之聞公者雅也。卒純廟辛巳，葬府西晩洞負甲原。

平居無疾言遽色，而閨門肅雍，公之齊家也。爲從父弟遠寓，出田廬，挈而隣，公之睦道也。峽居早孤，恒恐聞見之固陋，從遊鄭芝崖煒、李晩覺東汲諸賢，成就德器，公之交際也。有善必勸，有過不少容貸，公之訓後也。

配坡平尹氏，熻女，東萊鄭熙周外孫。事尊章、奉夫子、理產業、供賓客，克誠克勤。先公生七年，先公卒三月，與公同穴。男長濆、次瀪。濆不育，以瀪子時潤主祀，都事。瀪取族兄鳳祥子時杓爲后，參判。孫曾不盡錄。

於乎！ 吾王考覺軒公卽公仲弟也。嘗曰：“吾兄平日，雖不以學問自居，其日用云爲，可敦薄夫，可範後生，何莫非學問中事耶？ 竟未得表顯於世，天之報施，果何如也？”不肖從傍承聞，尙歷歷焉，是宜銘。銘曰：

晩而秀者蓮耶？ 蘊而輝者玉耶？
擇而積者善耶？ 種而食者德耶？

噫嘻不竟其祿，宜其子孫之穀。

本生先考棲山府君墓誌

嗚呼！府君嘗語人曰"死有稱美過實，往往不類其人，余甚愧恥"，不肖侍側承聞言猶在耳。今安敢一毫阿私以重不孝之罪哉？

府君諱滋，字稚宏，號棲山，玉山張氏。考諱僐，號覺軒。妣善山金氏，成均生員光洞女，生府君正廟丙辰。

自幼孝友出天，才華絶倫。覺軒公嘗曰："異日長吾家者，必此兒也。"九歲，伯公見背，府君奉祭奠，盡哀慽如老成，見者嘖嘖。覺軒公自遭慘變，無意教授，而府君劬勤不自逸。十五，再讀通史，博習羣經。辛未，聘東萊鄭氏，日熙女。

嘗曰"伯公責任，今在我矣"，絶意營私，竭誠事親，愛惡順志，甘酸適口。覺軒公酷好山水，遠遊或踰月，近出或已日，則風朝雨夕，府君不能安坐而安眠。又屈指算期，陟高望遠，日以爲常。

三載侍病，節飮廢寢，如一日。及丁憂，易戚備至，無憾情禮。替事季父公，異居而日三省，必躬調饌味。處二弟羣從，折甘分少。御下，恩先於威，賓朋至，罄歡乃已。簡潔自持，惟其人是與，卽不善，雖貴交切姻，鄙斥之。治擧業有聲，不欲苟爭得失，早謝場屋。間以詩酒娛意，遇良辰勝友，嘯詠不倦。

憲廟己酉二月二十三日，奄棄不肖輩，痛極終天。用其年月日，葬大興寺艮坐原。有三男，福樞出爲伯考后、禧樞、祿樞出后。

本生先妣孺人東萊鄭氏墓誌

孺人東萊鄭氏，考諱日熙，外祖驪江李是璞。十八適我本生考玉山張公諱浤，盡婦道無違。生考嘗攝宗事，孺人亦悉心內幹。晩而異居，居稍寬閑淸涼。每當夏熱，生考與諸從父兄，同硯夾室，孺人謂有難安，遊不庭，聲不出戶。

夫從祖叔父請孺人第三兒爲嗣孫，孺人曰"夫子在"，及見許，無難色。夫黨相稱說不已曰："如鄭氏淑善之德，求古女史，實不多見。"平居友娣姒，以心尙謹默曰："多言，男子猶敗，況婦女乎?"孺人生長侈富家，能儉密自持，凡器服之弊，必補葺就用。

生健陵甲寅正月十六日，卒哲廟癸亥八月十一日，粤三月，葬退谷癸向原，從先兆也。子孫錄，已悉於先考誌，略具事行一二，謹據禮納于壙南。於乎，昊天罔極!

季父處士府君墓誌

嗚呼！此我季父府君墓也。世系著於王考誌。公姓張氏，諱瀚，字稚翰，玉山爲貫，以純[31]廟甲子，生角山里第。性氣剛方而孝友，致養則每値雨水違市，漁釣繼饌，侍病則地坐煎藥，憂形於色，躬滌其厠牏。居憂也，哀毁踰制，省哭，亦不廢風雨。服闋，謂支子晨謁，恐非禮意，只以朔望粗伸孺慕。替事二兄，有出，必預具資裝以待之，有窘，必先自措辦，以濟之備盡。湛和滿室如春，兄之子親愛勸課，靡不用極。爲祧位鳩財拮据，俾供粢盛；爲宗宅極力顧護，得全舊業。卒景陵丁酉四月初二日，葬八龍谷巳向原。

公遭家淸寒，百務叢身，雖不以文學著名，而其內行之純備有如此者。配光山金氏，生員徹儒女，孝順柔嘉。與公同年生，後公二十三年卒，墓府西夾谷子坐原。以夫叔兄潀之子彦樞爲后，生一男一女，皆幼。福樞卽公敎育中物耳，竊懼夫潛德，久愈無徵，謹錄于石，使彦樞奉納幽堂之側，以備後考。

再從弟參判墓誌

吾張著自勝國，世家仁同。贈參判諱瀆，聘廣州李氏，觀運

31 純：底本에는 "正". 족보에 의거하여 수정.

女，有一子時潤，承宗祀，取族兄鳳祥之子爲嗣。名時杓，字應七，號雲皐。本生妣碧珍李氏，仁觀女，以純廟己卯十月初五日，生君眞平里第。

儀貌俊偉，聰明絶倫，纔學語，誦屢百字。十四五，讀盡經史，詩文精鍊，治明經業，讀數過便成誦。

辛丑，參判公患瘇彌留，命携笈于楸菴數里許。君日夜不撤課，猶朝夕往來視膳，數月如一日。冬，丁憂，哀毁盡情。

憲廟己酉春，釋褐，秋，付承文副正字。哲廟庚戌，遭內艱。丙辰，赴仁陵遷葬，差分注書，竣事，陞六，除成均典籍、正言。丁巳，除持平，庚申，除文兼宣傳。

壬戌，値民擾，與搢紳士友會議校堂，欲蠲濫釐謬，防禍於未萌，而竟爲奸胥輩所忤。查官受賄誣啓，至對吏，物議騈沓，時宰言于朝，特命放還。當宁甲子，歷掌令、副修撰、副校理、掌樂正，入侍講筵，敷奏明暢。

一日進講《小學》訖，奏曰："孟子對時君，言必稱堯、舜。堯、舜之道，實非高遠難行，只在人倫日用之常。推及乎發政施令，法堯行舜，則九族旣睦，自底百姓之平章。三考黜陟，乃見庶績之咸熙。"上曰"守令若不善治，則何可待三考"，對曰："久於其職，然後其效可見。"上因問所居邑弊瘼及該守治績善否，顧筵臣曰："張時杓之精明慤勤。眞侍講也。"

十月，上聞雷聲，有恐懼之語，因進曰"恐懼修省，著《易》洊雷之象。況今冬雷失序，尤當自省，思所以轉災爲祥之道"，上嘉納。

乙丑春，陞副應敎、執義，夏，乞養爲玄風縣監。陛辭之日，神貞王后下敎曰："今沖王在上，當克盡分憂之責，保護百姓，期有實效。"對曰："臣以菲才，猥荷百里之任。况慈敎懇至，敢不竭力？"赴官手書簾敎，揭于政壁。又書"循私誤決，必有禍殃，非廩取用，奚異盜賊？"十六字，置之案上。乃蠲市征決滯訟，天旱，躬禱山川社稷，至誠虔祀，隨處有應。

丙寅，以配囚人越境致死罷遞。丁卯，以特旨配祥原郡，蓋壬戌餘孽，陰爲譸張也。戊辰，聞本生妣喪，請由歸葬，再赴，路聞宥而還。

壬申，拜執義，尋拜文兼，復遷執義。癸酉春，由正言，遷副應敎。入侍進曰："致治之本，亶在典學。昔世宗手不釋卷，進饌時，亦置左右。殿下所服膺，而今講筵久停，非所以終始典學。請日開講筵，頻接臣隣，本之於經，體先聖緝熙之工，參之以史，考歷代汚隆之迹，則太平之治可致。"

四月，以奉玉寶官攝司僕正，參王大妣上尊號，陳賀，蒙兒馬賜。

六月，陞應敎，拜校理，賜貢馬。晝講訖，上問旅軒出處，對曰："昏朝，徵以臺職，不就，仁廟初，首膺召命。時姜賊入寇，聞旅軒、沙溪、愚伏在朝，遂退師，賢人出處，係國家之安危如此。"

冬十月，移御乾淸宮，以持平差分兵曹正郞。甲戌，復拜執義，秋，以眞殿酌獻禮陞通政，付副護軍。冬，拜同副承旨, 遷兵曹參議、參知。乙亥, 復由參議、參知, 遞侍世子宮移御, 內賜章服。丙子, 陞右副、同副。戊、己兩年, 三拜同副。

庚辰, 除北青府使, 北地甚野, 以興學勸農爲文, 諭鄕曲。每月朔, 講于各社, 夏冬, 會政堂講畢, 行鄕飮禮。壬午, 呈辭棄歸, 後爲巡相所構誣, 配慈山府。癸未, 賜環。乙酉, 除工曹參議, 丙戌, 除右副, 移同副。

以老病俱辭, 買屋石丈山下, 與諸儒修契, 約以藍田故事。甲午, 長子錫藎登第, 選瀛職, 推恩陞刑曹參判, 遷同知。是歲十月十二日, 考終, 葬星州泉倉後麓巳坐原。

君初名膺杓, 旅軒先生諱顯光八世孫, 贈司僕正諱趾馨曾孫, 進士贈吏議諱鑄孫, 三世之贈, 以君貴也。配貞夫人西原鄭氏, 垸女, 寒岡先生逑后。端貞柔順, 婦德純備。卒乙丑, 墓仁同府西大興寺後丙向。

生三男一女, 錫藎修撰、錫薰夭、錫英、女李晉煥。修撰男, 憙遠、吉遠夭、志遠, 女安英濟、鄭彙永。錫英男, 德遠, 女辛台植, 餘幼。憙遠男, 殷相、敬相, 二男幼。志遠、德遠, 皆有一女。

於乎! 余與君, 同曾祖兄弟也, 故知人所未及知。蓋君平居, 昧爽盥櫛, 老且病, 未嘗或廢。遇先忌, 雖嚴冬, 夜起陳饌, 跪伏待鷄。值公故, 坐以待鍾, 思所以盡職。牧民則推赤置腹中, 接人則款洽得歡心。至於農圃事, 亦無不旁通, 如君眞可謂通才。每擬至老相將, 不幸中年離違, 今又隔幽明, 孤寄人世, 何以爲心? 今於諸姪誌銘之托, 不忍泚筆，亦不忍終辭，略據家狀而刪潤之。

亡室淑人仁川蔡氏墓誌銘

仁川之蔡，鵠嶺大家，錦伯寶文，戶典貴河，逮至聖朝，弼善曰倫。亦粵投巖德學彬彬，罔門的傳，是諱夢硯。生佐郎楙，父子竝院，而考其世，卽七代祖。曾曰斗漢，中樞恩誥；祖曰師涵；父曰國標。娶星山呂，天行其考。

純[32]廟甲戌，孺人乃生，外主和柔，內蘊剛明，承受庭敎，亦旣有方。歲在乙未，歸玉山張百歲宗師旅軒後也諱瀗系子福樞卽我。

入門短裳，執婦道，恭力於中饋，敏於女紅。惟孝惟友，尤其卓爾，事我考妣，罔有違志。魚果等屬，有得必藏，時以進獻，日四三常。數載侍病，敢忘食息，烹調適口，日夜殫力，親曰："孝婦應有天報施。"

及夫弟，愛敬俱到，見飢推食，有疾若己。祿弟抱痾，凜綴七祀，誠心調護，勿藥之喜。從祖叔母，又靡依賴，挈而同爨，俾免凍餒，隨遇和平，得盡餘年。因時儲蓄，無苟奉先，享于極誠，精潔齊粢。擧此一二，餘可旁推。

當宁丁丑，六十五終，星西蘇野癸坐，斧封厥。有二男：長曰錫贇，贇二男幼，女適許垠；次曰錫贊，贊二女幼。庸

32 純：底本에는 "正". 문맥으로 보아 수정.

銘于磁，納壙之右。

傍曾祖參奉墓誌

公姓張氏，諱趾馥，字馨叔，系出玉山。自麗逮我朝聯顯。五世祖旅軒先生諱顯光，取從父弟月浦諱顯道之子諱應一爲嗣，官副提學，號聽天堂。子衛率訴[33]梅堂諱鋏，子府使淸白吏諱萬益，子僉樞諱大諧卽公考也。外祖平山申氏後昌。

英廟壬午，公生于府西吳山里第。儀貌俊偉，氣宇軒敞。生甫五歲，僉樞公敎公曰："汝之名位有別，繼自今，處內外兄姊弟妹，汝修汝職。"公一心奉承，至於疏族贅客，契家尊屬，克恭克敬，無毫踰分。如見有不是處，則峻斥無所回護，善者知愛，不善者知畏。

地主崔公薦出璿源殿參奉，公不屑進取，專意於敦倫幹蠱。遇忌悲哀，與祖括無異。爲宗宅周章，不避艱險。門內大小文簿，家間治喪凡具，公皆主管，一一適宜，微公天賦有異，豈如是耶？

卒甲午九月十五日，葬八龍谷負艮原。配星山李氏，主簿碩文女，生一男疇。後配全州李氏，昌祿女。疇男，沁、澈、淵，女申某、洪某、李某。沁男，柄樞、衡樞，女李炳

33 訴：底本에는 "訢". 족보에 의거하여 수정.

賢、李正熙、諸炳坤。澈男，達樞、圭樞，女曺某、鄭某。淵男，龍樞，女李某。

玄孫錫吉懼事行之日泯，將營燔磁，屬余以誌文。余感其孝思，記其耳目之所睹記云。

墓碣銘

嘉善大夫、成均館大司成月塢李公墓碣銘【竝敍】

公姓李氏，諱鐵均，字士衡，月塢號，碧珍貫。自碧珍將軍諱忩言，歷山花先生諱堅幹，至都元帥諱希慶，寔公高祖。曾祖諱建之，判書；祖諱厚，縣監；考諱末丁，有征西勳。妣義城金氏，縣監致唐女。

景泰庚午公生，早遊畢齋門，與寒暄爲道義交。成化乙酉，進士，丙辰，文科，官至大司成，見羣奸交構，遯于星山。及戊午禍作，人稱其先見焉。

中廟甲午，考終，葬漆谷知理峴甲坐原。上特賜棺槨，錄淸白。配貞夫人星山呂氏，司直諫女，墓雙封。二男，瑾忠順衛、沖南縣監。瑾生師益察訪，沖南生師仁。曾玄以下不錄。

於乎！公居家懿範，立朝事蹟，備載舊碣，而不幸泐毁兵燹，惜哉！後孫炳圭、承洙，爲謀改竪，撮其大槩，屬福樞銘。銘曰：

山花遠胄，畢齋高弟。
早自立揚，炳幾隮蝃。

歲遠石蹐，莫曰無諦。
衮褒史錄，可質百世。

察訪四友堂 金公墓碣銘【竝敍】

四友堂先生瑞興金公，諱大振，字而遠，高麗大司成諱鳳還之後。入我朝，有諱中坤，官禮議。再傳至文敬公寒暄堂先生諱宏弼，從祀聖廡。生諱彦塾，宣務郎；生諱岱，正郎；生諱壽悅，贈戶參；生諱應福，參奉，卽公考也。妣坡平尹氏，彦豪女，繼妣淸州韓氏，寧女。公以隆慶辛未生。

生而聰睿異凡，及長，從吾先祖旅軒先生學，挈家而隣，昕夕薰陶。又與許癡齋命申，討論《小學》、《近思》等書，見解超脫，爲師友所推重。龍蛇之亂，以召募赴郭忘憂陣，竭力贊謨。

己酉，升成均生員，薦除慶基殿參奉，遷奉事、直長，出爲金泉察訪，以爲非素志，未瓜而還。築亭暄翁院傍，名曰"觀水"，取鄒夫子觀瀾之意也。卒崇禎甲申，葬院後負庚原。

公以暄翁之孫，又被鍾木之化，成就德器，若將大有爲於世，竟位不稱德。無乃天以公固守東岡，飽飫晩暮之工，仰續父祖之緖，下垂後昆之裕耶？

淑人晉陽姜氏，近女，先公生一年，後公卒一年，與公雙墓。男三：確司猛；礫御營千摠，死丙亂；建通德郎。女二嚴士和、李承後。側室男，碱副司果。司猛子，元龜參奉，女李燁生員。千摠女郭世龜生員、朴點。通德子，震龜、命龜、聖龜、萬龜，女宋廷弼。司果子，愼龜、忠龜、錫龜，女南天國。曾玄以下浸蕃。科宦亦綿，以宗則參奉夏錫、都正鼎濟、縣監奎燦、校理熙國、生員華植， 以支則參奉繼遠、宣傳五運、都事奎漢、陵令奎應。奎漢氏方營碣，謂福樞爲先師後裔，示其從子晠東之收拾燼餘遺蹟，責銘甚勤，敢辭諸？銘曰：

孝移於赴亂，志成於修初。
莫謂公事行今一二，家有大祖單傳一部《小學》書。

高麗朝奉大夫、司諫院左正言星山 李公墓碣銘【竝敍】

於乎！公冠舃之藏，在善山坪城面資道洞負坤原。粤壬辰兵燹，失其傳，至正廟己亥，因五衢之徵，果驗幽竁之誌，碑已踣矣。今上戊戌，改謀竪碣，后孫萬相、上舍鼎熙，徵其銘於不佞，以老謬辭不獲。謹按狀云：

世譜，公天姿剛直，文學俱贍。洪武庚申，魁司馬，登文科，陞禮務佐郎。甲子，選授左正言。

《麗史》，禑[34]出遊無虛日。召李汝良曰"臺省公務浩繁，汝等宜各歸治事"，遂馳上男山。汝良從之，與鄭釐交章切

34 禑：底本에는 "耦".《고려사》에 의거하여 수정.

諫，略曰：“倭寇深入，間諜京都，刺客奸人，安保其必無？永陵不從諫言，終有岳陽之行云。”

值社屋，矢罔僕，退終開寧大鳥洞，實距金烏山冶隱亭，西北十里地。鄭文翼光弼撰來孫貳相沆碑曰“正言汝良麗亡不仕本朝”，鄭公復周誌仁州公汝忠墓曰“與弟正言事親極孝，友愛篤至”，《州誌》“李公 汝良官止江原道按廉副使。”此其行治履歷之大較，而世代遙濶，生卒月日，逸而無徵焉。

公諱汝良，上祖高麗司空能一，封星山君，子孫因貫焉。九世至益孫，典工判書，是公曾祖。祖禮儀判書培，考庶尹文廣。妣光山卓氏，判尹天成女。配星山呂氏，判書克誨女，墓星州禾谷坊涑洞，有表石。

三男，友牧使、善生員、時縣監。友子，悠久司直、陽進士。善無后。時子，孝純司直、孝眞參奉。悠久四世孫嘉善雲、參奉霙，竝倡義壬辰。陽五世孫正字廷賢，遊寒岡門。廷賢七世孫源祚，判義禁，謚定憲，爲士林推重。孝純孫世仁，吏曹參議，六世孫尙規，守丙子義，稱崇禎處士。尙規子馥，承旨。

自餘簪纓世赫，文行輩出，爲世巨族，善德之報，宜其裕後之人。撮其一二，謹爲銘曰：

惇倫之行根乎天，罔僕之志炳如日。
無曰上焉而無徵，有此《麗史》若前人記述。
嗚呼一片石守幽宮，勿壞傷永寧謐。

贈通訓大夫、司憲府持平、龜山先生卞公墓碣銘【竝敍】

龜山先生卞公，諱璧，字獻之。始祖高麗戶長諱廷實，貫草溪。至四世，生員諱高迪，遷密陽，遂爲密陽人，蓋中山之程、燕之邵，爲河南人例也。逮聖朝，有輔國春堂諱仲良與弟春亭文肅公諱季良，師事圃隱鄭先生，望重一世，竝享屛巖院，是爲公五世祖也。高祖諱吉祥，官豐州事；曾祖諱乙明，贈戶議；祖諱孝生；考諱申甫，忠順衛。妣東萊鄭氏，萬戶嗣宗女。

成化癸卯，生公陜川遯坪里第。甫三歲，失怙，母氏携養于淇。自十三，志學讀四子，精探實踐。及冠，與金畢齋宗直、邢止堂士保、柳秋潭子雰[35]、呂圓亭希臨，講討資益。

丁卯，以親命赴擧，中生員，金淨友湜，一見公爲道義交。庚午，丁憂，啜粥廬墓，終制築室龜山下，四方學者坌集，稱爲龜山先生。己卯，趙靜菴以學問器識，事親無違，特擧公孝廉選，累徵不起。是年冬，北門禍作，淨友不淑，公挺身哭而殮之，事載圓亭《師友錄》。卒嘉靖戊子，葬鳳臺西戌坐原。當宁戊辰，褒贈持平。

配南平文氏，僉正克貞女。有一男，友誠參奉，二女朴森、康迪。繼配延安李氏，秀昆女，有二男，友諴參奉贈參議、友謙主簿，四女李鳳、愼諴、金彦鍾、邢淩。孫曾蕃不錄。

35 雰 : 底本에는 "雺". 사실에 입각하여 수정.

於乎！余平居，奉閱遺集，竊有所艶慕者存。事母夫人竭力，孝思則也，親歿不應選，所守堅也，爲人不避禍，視義在也，歌賦以寓意，歎世衰也，“養性”以扁楣，切近工也。桐溪鄭先生所撰，“廉潔純孝，篤學不倦。被薦不起，竟免黨禍，人稱先見之明”，眞千古信筆矣。日公之裔源奎、濬欽，責銘於福樞，義不敢辭，爲之銘曰：

孝之純，道之隱。
見之先，行之謹。
當日諸先輩，推許重於九鼎大呂。
用銘于石，昭示來後無窮極。

玄叟呂公墓碣銘【竝敍】

玄叟呂公，諱煜，字熙遠，星山人。考諱允忠，贈工議。已上世系，俱載南溪公碣。妣贈淑夫人全州李氏，讓寧大君禔之後讓女。萬曆丙戌，公生樹村先人之第。

痛早孤，替事二兄莫愆。遊寒岡鄭先生、吾先祖旅軒先生門，克盡事一之道。以鄭先生被誣事，叫閽昭雪，吾先祖之丁卯召募及易簀後返櫬也，公左右之句管之。晩寓登堂里，圖書自娛，以終餘年，卽孝廟癸巳三月也，葬雲谷熟石嶺先壟負壬原。

於乎！公文蹟盡逸，餘無可徵。惟李浣石《師友錄》，有曰“志高行雋，有壁立底氣”，李心遠月評，有曰“薰炙異於諸子”，此可以影想矣。

配仁川李氏，資憲培根女，墓在登堂後麓。生三男二女：男長孝源，號月峯，有文行；次孝章；孝誠；女尹琬、鄭始周。孝源男，命和、仁和出爲孝誠后，女朴藎邦、李鳳至、金至。孝章男，伯和、永和、美和，女崔瓛、黃后相、盧振瑞。孝誠女郭喜遠、全慶基。曾玄蕃不錄。公八代孫赫奎，方謀樹碣，責銘於福樞。銘曰：

正有道，所資者深。
塞不變，所守者篤。
有蘊必發，宜其後之熾且穀兮。

資憲大夫、知中樞府事密陽朴公墓碣銘【竝敍】

故資憲大夫、知中樞府事萬樹堂朴公後孫尙台、麟和，奉家狀來，索銘福樞，以耄荒辭不獲。

謹按狀：公所與交，如趙大笑、郭忘憂、李松巖、權東溪、權默翁、李雲窓諸賢也，所講習，如四子、六經、朱文公《家禮》等書也。不幸一經兵燹，再遭鬱攸，其嘉言懿蹟，他無可徵。惟有松巖之“林泉竟惜文章老”，雲窓之“儒業終成行誼敦”贈詩，與夫東溪之“早抱遺經費講求”之哀輓，默翁獎勸後學之撰誌而已。

壬亂，從忘憂、大笑兩先生，倡義贊謨，斬獲雖多，公不自有。亂已還鄉，謹身博學，吐辭成章。散出《原從功臣錄》若邑誌若《輿誌勝覽》者，無非當日耳目所覩記也。噫！人苟賢也，一"於乎"足矣，況諸賢之記述，若是其鄭重者乎！

公諱寅亮，字汝乾。其先新羅密城大君也。自三韓都大將諱郁，歷麗七世將相。至中書令諱翊，師友圃、冶，首倡理學。麗杜屋，我太宗五辟不就，號松隱，贈左相，謚忠肅，是爲公五世祖。高祖諱聰，號拙堂，贈吏判；曾祖諱承文，號杜村，同中樞；祖諱書林，主簿；考諱蓁，贈判決事。妣鷄林鄭氏，參判湖女。

嘉靖丙午，公生丹城月明里第，卒崇禎戊[36]寅，葬訥山乾坐原。配咸安李氏，兵判美玄孫，參奉殷女，墓祔公右。生二男一女，男櫓、楣，俱以文學世其家，女李尙訓進士。櫓男，文煥、文炯參奉、文淵、文榮、文守，女盧亨哲、禹聖麟、鄭瑞昌。側室子文甲。楣男，文燁、文炟、文吉、文赫、文擧，女權克益、陳屹、河斗章、周道亨、李時華、李後白。曾玄蕃不錄。銘曰：

垂裕之謨，效死之忠。
雲視富貴，萬樹遯翁。
恩資自至，年德俱隆。
用銘于石，昭示無窮。

36 戊：底本에는 "壬". 고증에 의거하여 수정.

贈監察大瑕齋金公墓碣銘【竝敍】

商山之金，自羅至麗，顯赫凡四十餘世。入我朝，有寶文閣提學丹邱先生諱後，於公爲六世祖。五世祖諱張，左正言；高祖諱貞用，博士；曾祖諱礪，進士；祖諱達生，翰林，號水晶堂；考諱浚，進士，號三足齋，師事晦、退兩先生，以文行重。妣江陽李氏，仁培女。

康陵己未，公生法勿里第，諱景謹，字而信，取"大玉不掩瑕"之義，因以號曰"大瑕"。天賦異凡，骯髒有氣節。早從南冥之門人河覺齋學，講《小學》，訂《儀禮》。與吳思湖、朴知足、李梧月諸賢相友善。又與崔簡易，以詩示意，屢被歎賞，慕尙南秋江節義，作賦弔之。蓋其蓄積如此，名聞于朝，擬以臺職，竟未諧。

萬曆辛卯，知島夷作亂，書請陰雨備於方伯。被囚而堅坐，讀書不輟，翌年果驗。公與從子應虎，移檄倡義，鶴峯金文忠公啓褒。丁酉再猘，聞賊徒掘域內墳墓，將馳省，路遇賊。賊欲劫降，公罵曰："汝乃我國讎。"賊又揮戈絶纓，公正冠憤罵曰"我寧死，不願生爲賊虜"，不屈而死。賊義之，掩以沙石標識，而文祭之。亂定，李蘆坡屹，與士友護喪，歸葬于古安洞負辛原，從先兆也。

吳思湖《送人》詩曰"大瑕年前死於兵"，又曰"天球夷玉盡入地，天意冥冥徒蓋覆"，又《輓都病隱》曰"如逢大瑕子，應與任飛騰"，蓋痛惜公之至意也。

配晉陽河氏，校理瀣女，墓雙墳。繼配密陽朴氏，進士天祐女，墓巨洞壬坐原。取仲兄判官景訒第三子應翼爲嗣，中樞。女崔鳴虎。孫曾蕃不錄。

於乎！時運不幸，以公家庭所擩染，師友所講磨，只辦一命於危難之際，雖數百載之下，聞其風者，尙能髮豎而骨凜，豈不猗歟壯哉？以公議，今上壬午，贈監察。方謀伐石，公之傍裔鎭祐，使其子大洵、本孫永耆請銘。辭不獲，謹撰次之，繼以銘。銘曰：

三足承襲，南冥私淑。
得全所受，辦熊魚夙。
臨死不避，賊亦感服。
有傳有誌，我庸三復。
白玉不瑕，宜永茀祿。

密陽 朴公墓碣銘【幷敍】

公諱有立，字得元，號月溪。新羅朴姓王時，分封諸公子於列邑，今密陽居一，公其後裔也。上祖諱陟，仕麗重大臣。大提學諱允文，正言諱三陽，上將軍諱思漢，侍中諱世哲。逮我朝，有應教諱重豪，監察諱浹，參奉諱聖時，卽公七、六、五世祖也。高祖諱未新；曾祖諱文顯，參奉；祖諱亮，副司果；考諱連弘，龍蛇之亂，以義勳贈兵曹判書。妣貞夫人平康蔡氏，衍女。

萬曆壬寅，公生于固城新川里第。幼而孤，長而憂失學，刻意誦讀，文詞日就。常痛不得終養，與弟察訪俊立，每朔掃塋，風雨不廢，遇忌，祭品一遵朱文公《家禮》。兵燹之餘，里塾頹廢，築室於月桂下、清溪上，逍遙自適，敎授生徒，無意於世。顯[37]廟庚戌，考終于月桂精舍，葬其後負壬麓。

配盆城許氏，洄女。生二男，長世章守門將、次世華。孫曾蕃不錄。公六世孫廷煥，奉公實記，請墓銘。銘曰：

系出羅王，密城最赫。
曰惟月溪，遺野興學。
何須貴爵？德尊行卓。
後人何鑑？鑑此石劃。

贈通政大夫、吏曹參議東湖姜公墓碣銘【竝敍】

晉陽姜氏，初祖諱以式，仕高句麗爲兵馬元帥。麗末有諱淮仲，大提學，號通溪。我朝有諱孝貞，監察，寔公高祖；曾祖諱世應，祖諱璹，皆忠順衛；考諱福男，直長。妣昌寧成氏，參議海女。本生祖諱瑀卽直長公之世父也，進士，號慕菴，與弟進士梅谷公諱瑞，俱旌孝。考諱復休，僉正。妣某

37 顯：저본에는 "肅". 고증에 의거하여 수정.

氏某女。生二男，公於序季。

諱起龍，表德若生年不傳。生長忠孝家，蔭補監察，自言報效無地。適値島夷孔棘，與從父忠烈公、兄草亭公同聲奮義，以死自誓。忠烈公赴沈忠壯陣，殉節朔寧。草亭公從郭忘憂陣，立功岐江。公則與湖南金千鎰、黃進[38]、崔慶會三節士，入晉陽城，日夜盡力堅守。及城陷，顧諸義士曰："爲人臣者，生當盡忠，死當效義。"乃北向跪告曰"臣力竭矣，無以報國"，遂遇害於矗石樓上，癸巳六月三十日也。奉窆于晉州梧谷子坐原。哲廟辛酉，自上命旌其閭，特贈吏曹參議。

噫！上而有雙孝之旌，下而有雙忠之旌，一室忠孝，何其壯也！與三節士同時殉節，載在邑誌。仗義不屈，遇害倭寇，著於李松巖《四姓綱目》，允爲一部敦史也。

配淑夫人星山李氏，忠順衛終南女，墓合封。有二男二女，男遇璜監正、啓璜副正，女柳榮春、李稷。孫曾蕃不錄。

公後孫達永、瓚熙，奉行略來余寓，而責墓銘。以耄廢，固辭不獲。謹撮一二，而爲之銘曰：

立殣貞忠，霜日幷爭。
與其偸生而草木同歸，曷若千百世死有令名？

38 進：底本에는 "璡". 고증에 의하여 수정.

敬陵參奉南溪呂公墓碣銘【幷敍】

先生姓呂氏，諱孝周，字達夫，號南溪，星州人。上祖諱禦梅，中朝翰林，避寇來東，爲羅典書。洎麗亦顯赫，入我朝，有諱克誨判書。四傳至逸持平諱希臨，號圓亭，以經術行誼被己卯賢良薦，爲趙靜菴、金沖菴所推重，卽公高祖。曾祖諱沇，有文行，司直贈參議；祖諱允忠，贈參議；考諱烜，判官，號八兄堂。妣淑人海平金氏，松菴軸女，以萬曆戊申，生先生。

生有異質，自幼在親側，少無違忤。判官公命賦梅竹，對曰"庭畔梅花園裏竹，四時靑笑一時紅"，時年八歲。十八對策殿庭，以忤權貴見拔，遂專意向上。師事吾旅軒先祖，又從鄭愚伏遊，講磨道義，篤志力行。

丙子冬，擧義將赴難，聞和議已決，飮泣。著《扶綱辨》，又爲文祭三學士，以泄忠憤。壬午，黽勉親命，俱中生、進。乙酉，薦除敬陵參奉，不就。權相公大運，勸其幡然，以親老辭。是年連喪考妣，守制一遵《儀禮》。平居好讀《春秋》，以"尊周"二字，爲一副當大義理。孝廟甲午，考終，享年四十七。

葬中里山負亥原，與宜人扶餘徐氏同墓。徐氏判書弼華女，有四男四女：男元和、林和、賓和奉事、尙和，女李休命、黃裒、趙岱、李賢。元和子，文學、仲學、渭學出后；林和子，晩學；奉事繼子，渭學；尙和子，就學、致學。曾玄蕃不錄。

嗚呼！公以恭謹之行，莊毅之性，早從師友，學問有成，而猶自視欿然。常景慕退爺，至發宵寐，以爲尙能使人興起，苟非篤信好學，能如是哉？若遭遇而得行堯、舜君民之志，假年而飽飫晚暮之工，則道德事業，輝映竹帛，而竟無位無年，吁其天意耶！

公嗣孫英會，奉其先大人菊伴公撰狀，謂福樞曰："吾祖懿蹟逸火，墓刻尙闕，子其惠一言，俾孤追先志也。"顧契誼，不敢恝，拜而讀狀，敍而銘之曰：

何夢矣誠之通，可辭也穀之恥。
猗歟公森嚴一筆！易地則罔俾三學士專美。

星山 都公墓碣銘【幷敍】

雲齋都公兆下卽公冠舃藏也。兩世同岡，世系子孫錄，具雲齋碣。公自幼孝友根天，人無間於其父母昆弟之言。長値壬辰島訌，與弟巖谷公世純，躬負病親，避地龍沼，居處必擇閑燥，食飮必致甘軟。其供奉衣糧，爲賊所掠，遂徙于草項里幽僻處，不避艱危。雖槖餱囊貯，求之萬方，未嘗匱乏。及丁憂，送終無憾，奠獻不廢，哀毁幾至隕軀。

公諱世雍，字時哉，參議諱夢麒之子，江陽 李氏某之外孫。隆慶己巳，生州西杏亭里第，天啓丙寅卒。公九世孫元相，方謀樹碣，奉行錄，請銘於福樞。銘曰：

居常盡孝難，値亂盡孝爲尤難。
緊公之難，其難中之難。

侍講院輔德秀峯 李公墓碣銘【幷敍】

李氏初祖諱忩言，高麗碧珍將軍後承，因爲貫。十一世，有諱堅幹，是爲山花先生。入我朝，有諱承彦，少事畢齋金先生，漢城參軍，贈左贊成，享燕巖院。生諱長培，師事寒暄金先生，蔭訓正，卽琴軒諱長坤之弟。生諱雲南，參奉，寔公高祖。曾祖諱希仁，文，府使；祖諱桂壽，副司果；考諱應元，參奉，倡義龍蛇難。妣全州李氏，佐郎俊宗女。萬曆辛卯，生公于昌寧合山舊第。

諱汝翊，字棐卿，秀峯其號也。聰敏異凡，年十四，奉親命，遊成芙蓉堂門，承受旨訣。爲親屈，二十六，生、進俱中。丁巳，丁外艱，哀毁幾滅性。仁廟甲子，薦除裕陵參奉。庚午，登第，補承文院副正字。

辛未四月，除承政院注書。七月，請歸養母病，上寵贈胡椒臘藥。九月，拜吾旅軒先祖於不知巖，講質屢日，亟被奬許。十月，遷司正。壬申七月，遷禮曹佐郎，十月，除晉州判官，以淸德聞。甲戌六月，以親癠遞歸，翌年遭艱，居廬終制。

戊寅春，除禮曹正郎，夏，遷開城經歷，秋，拜成均館司藝，加義興衛護軍，冬，遷直講。己卯正月，陞司諫院正言，六月，陞司憲府持平兼三道海運判官。辛巳二月，爲陪還王世子，以書狀官赴瀋陽。及歸，拜忠州牧使，得蒙盡心事國之褒，賜衣一稱。

甲申正月，除軍器寺正，十月，復爲司憲府掌令兼春秋館記注官。十一月，除梁山郡守，繡褒營褒至三，仁廟嘉之，書識于屏，郡民有去思鐫碑。己丑十月，陞侍講院輔德。時羅州，有吏變，自上特除公是邑。人皆危之，爲勸圖遞，公曰："身旣許國，豈可以危而圖免也？"赴未一年，頑獷咸化。閏十月八日，終于官，歸葬于縣東玉泉元通洞負坎原。

夫人坡平尹氏，進士好謙女，生一男，星徽宣務郎。側室女姜徽業。星徽男儔。曾玄蕃不錄。

於乎！公孝友肥家，《孝友堂記》已著矣，淸簡莅民，去思碑文足徵矣。其交遊則如金淸陰、李石潭、李澤堂、郭太虛、成溪西、李白江、姜寒沙、蔡湖洲、吾七代祖聽天堂諸賢也。以若行治學術，早歲立揚，不幸位不顯而施不大，只澤五州之民而止，識者恨之。

公十世孫重燁，謂福樞有兩世契誼，責墓銘。以耄廢辭不獲，撮其狀中一二，爲之銘。銘曰：

赫矣李氏，代有位德。
公世其家，趾美潤色。
家而篤倫，國而盡職。
秀異之才，薰陶之力。
事載于石，永世矜式。

通訓大夫、司憲府持平謹齋 李公墓碣銘【并敍】

公諱東禮，字士元，號謹齋，星山李氏，高麗壁上功臣能一，寔公鼻祖。本朝有士澄官獻納、克剛官縣監、錫保副尉、蓊翰林。彦涵參奉，是公之祖也，考熙春，以學行著。妣清州郭氏，參奉夔女，嘉靖辛亥生公。

自幼不事科程，專精爲學。內而玉山從祖叔父，外而金東岡、鄭寒岡，相與講磨道義。寒岡嘗許以"篤信好學，守死善道"。公當宣廟盛際，以妙年被遺逸之撰，特除司憲府持平。公曰"分外功名如浮雲"，乃築室溪上，嘯詠以自適。

崔梅窩轔狀公文，有曰："公年未高而德彌邵，學已精而志益篤。方其旌招之日，灑然稽首再拜而不受。夫持平，風憲所繫，使其一出而試，則進言納誨，必有燦然可觀者，而永袖霖雨，終臥邱園。昔漢光武，以諫議大夫不能屈子陵，一絲清風，終能有重於九鼎，則公之不起，其有補於世教者亦大矣。"鄭芝厓煒亦曰："獻媚女守節，攘鷄者感化，許葬者歸德，可見公平日所養，而苟非至德，何以致此？"此兩賢之說，有足以徵信於千百載之下矣。

公以萬曆癸巳終。臨終託家人曰："生不能供職，死而蒙爵號，甚無義，木主勿書官啣。"又使三子受學于鄭先生，三子遵其訓，俱承家學。

葬星之琴菴乾坐原，從先兆也。配檜山黃氏，典籤鎭女，葬距公墓千餘步酉坐原。男長見龍，大君師傅，號竹圃；次文龍，號菊圃；次澤龍，生員，號梅圃：是稱岡門三圃。以下寔蕃不能悉。

公後孫方伐石謀顯刻，斗勳再踵門而請銘。福樞感其孝思，謹撰次之，繫以銘。

學精行篤，誠謹自得。
富貴如雲，晦迹養德。
如何天奪，纔過不惑？
俾後昌熾，餘慶報食。

贈通政大夫、工曹參議密陽卞公墓碣銘【幷敍】

濟昌府鳳臺西，有四尺崇負戍若堂者，故靖陵參奉、贈工曹參議卞公衣冠藏也。諱友誠，字彦和。氣宇雄偉，志尙高潔，能折節下學。事二親，六十年愛敬周至。連六載居憂哀毁，廬墓不以衰老而愆禮。處一兄二弟六姊妹，歡翕無間言。嘗有詩曰：“父是嚴師兄畏友，敬惟長立愛惟親。坦坦吾家門路在，如何負笈役鄕隣？”蓋公獨守家學如此。

於乎！世遠文逸，公筮仕及生卒年未詳，世系具公先考龜山先生墓碣。

配延安李氏，國杜之女，無育。繼配順天朴氏，址之女。生五男：長希琇，孝行見推士類；次希瑞；希頊；希璜，壬亂爲金松菴沔參謀；希琬，主簿。希琇男：洽；渾，武科，倡壬亂義旅，建功爲朔州牧使；淸，以發家藏犒王師，特授濟用監僉正。希瑞男，溢、濟。希項男：浩；湛；瀷，武科，與從父兄渾，同時義討，有金相公命元之褒啓。希璜男，泓、滌、洽。主簿男浚，以孝贈嘉善，旌其閭。

噫！昌熾之慶，忠孝之世，傳古猶罕比。語云"源遠者流長"，吾於是徵之。公之後孫源奎、濬欽、龍欽，記公事實，責福樞以墓銘。銘曰：

春堂爲祖，龜山爲父。
穀則是似，命何纔僂？
積慶綿綿，永受天祐。

參奉順興安公墓碣銘【幷敍】

子謂子賤曰："君子哉若人！魯無君子者，斯焉取斯？"使無賢父兄賢師友，則雖有生質之美，何所取而成君子哉？

參奉安公，諱球，字子珍，嘉靖戊午生。承襲友亭、懼翁之純訓，基根孝友，茶飯詩禮。就學內兄吳竹牖澐門，得聞退老旨訣。又從朴篁巖齊仁、李篁谷偁，講磨道義。

庚寅，薦授禮賓寺參奉，不就。壬辰島訌，家僮家財，付弟奉事璜，助義擧。丁酉再猘，置家衆於德裕山中，身在弟所，常指揮方略。亂定還故里，與鄉士友立法設契，以振頹風。

當光海朝，無當世之念，固守東岡，明哲考終。於乎！

公以敦倫樂善之誠，效國全家之才，擩染也久矣，切偲也至矣，其所取而成君子者，豈無有自乎？

公順興人，考諱義老，察訪。妣善山金氏，彦聃女，繼妣南平文氏，及第應奎女。本生考諱德老，號懼翁，卽察訪公弟也。祖曾以上及本生妣世系，已著在公本生弟副尉公碣。配淑人星山李氏，參奉彦沂女，府院君能一後。祔公墓左，在郡北大山里鸛沙旨負庚原。有三男，光烈、光世、光遠，俱蔭迪順副尉，一女李廷雲。孫曾以下，蕃不盡錄。公十一世孫有商，收拾燼餘一二，責銘於福樞，辭不獲，爲之銘。銘曰：

懋實之行，濟艱之才。
不大厥施，世道堪哀。
有蘊必發，俾熾雲來。

郡守江皐李公墓碣銘【竝敍】

江皐李公，諱時格，字正叔。其先全義望族，參贊議政府事諱丘直之後，奉直郎號藏六堂諱玧之子，完山李氏，縣監善述之外孫。仁廟戊寅，公生星州茶山先人第。

幼而岐嶷，及長就傅，以詞律隷草名擅一時，不幸屢屈禮圍。際肅廟丙辰設科，選武士，公以敵愾之勇，奮然投筆。按試者見公俊偉，擢置榜上，李參判鳳徵，握手歎曰：“國家自此失一文任矣。”庭對應製，首進五十韻排律，上稱賞，下備忘記曰：“所製頗圓熟。”又有承宣之命，竟爲人甚。公每過閔妃西宮，必下馬，不以暗昧或廢。出而試高原、海美、碧潼三郡，皆有治蹟。入而爲羽林將，陞通政階。乃喟然曰“與其進不得干城，寧退處江湖，修吾初服”，吟“故山薇蕨春應長，宜向東門早掛冠”，以見志。

卒戊寅六月二日，葬治東禾谷坊盤谷壬坐原。配晉陽姜氏，寒沙先生大遂女，無育。繼配延安李氏，通德郎𥙿女，墓皆祔公。有五男：長益馨；次益馧；益馩；益馥，出爲公仲弟時祉後；益馝，以戊申勳封全襄君，謚襄武，出系從祖叔父全興君震柱，爲吾六世祖衛率公外孫也。益馨男，升厚部將、濟厚、鼎厚、臨厚生員，女李時觀、柳夢徽。益馧男，震厚，女朴必遠、李師學。益馩嗣子，濟厚，益馥嗣子，鼎厚。益馝嗣子，直養，女丁樂愼進士、李憲復進士、全霽行。曾玄以下，浸益蕃。

公後孫，收拾公遺文爲世稿，且謀墓道之顯刻，屬基魯奉狀，責銘於榀樞甚勤。余惟吾六代祖輓公詩，有曰“萬里方看雲路濶，十年歸臥洛波淸”，其契許深矣。義不敢終辭，敢撰次一二。銘曰：

工專詩禮，志大屛翰。
生此王國，思日贊贊。
竟屈下位，孰不永歎？
俾後勿替，流慶漫漫。

恩津 林公墓碣銘【竝敍】

恩津林公六世孫鶴熙、載熙，踵余僑居，請公墓銘。以年老無文辭不獲，敬受公行錄而按之。

公諱世濟，字士楫。其先，自麗太常博士諱成槿，歷本朝郡事諱挺、別將諱湜、縣監諱千年、司勇諱自麻，至進士諱得蕃，號石泉，與鄭嶧陽竝享嶧川祠。生諱英，與伯季葛、瞻兩先生竝美，而不幸早世，卽公五世祖也。高祖諱承慶，曾祖諱眞惠，以行義屢薦，祖諱汝相，考諱東泰，俱隱德不仕。前妣驪陽陳氏，善謨女，妣安康盧氏，以元女。以顯[39]廟癸卯，生公于葛溪里第。

禀質旣異，文詞夙就。嘗曰："立揚以顯，有命焉，當盡在我而已。" 溫凊瀡瀡，常如不足。及二親年俱耄耋，寧日恒少。公嘗糞祈斗，喪而勺水不入口，幾絶乃甦。葬而逐日省壟，適有獐困，投俯哭前。公袖覆匿之，得免獵者之害，蓋其仁愛所及也。平居，友昆弟因心，教子姪義方，俾不迹權門。嘗築室墨溪上，人有勸公扁號，公曰："父名之，友字之，足矣，何號之敢贅哉?"

卒英廟丙寅二月二十六日，葬卓谷松亭壬坐原。配沃川全氏，始澈女，有女士行，墓祔公墓。一子尚寬，一女李陽燮。孫碩兆、碩成、碩新，女李昌遂。曾玄蕃不錄。銘曰:

39 顯 : 저본에는 "肅". 고증에 의거하여 수정.

惇源之行，及物之仁。
沒身遺野，孰識其人？

晚悔亭 宋公墓碣銘【幷敍】

冶城宋公諱世彬，字彬彬，號晚悔亭。上祖諱孟英，仕麗封冶城君。九傳而有諱構，官監司，自陜川移于星州之松川。是生諱吉昌，襲封冶城，子孫因爲貫。六傳至縣監諱緯，寔公高祖。曾祖諱景祿，軍資監正；祖諱光範，壬亂倡義，陞資通政；考諱時準，號遯窩。妣永山金氏，知德女，生公萬曆壬子。

六歲，慈父見背，驚號仆地，見者感泣。八歲，以母夫人命從外親受《小學》。又從裵藤菴學，藤菴手授《敬齋箴集解》，公逐段分析，潛心服膺。乙亥，承祖重，哀毁幾不勝喪，藤菴率置己寓，得痊乃還。

己卯，遭母夫人喪，初終葬祭，一遵藤菴教。廬墓終三年，服闋，請墓銘於吾聽天先祖。因留學焉，與柳拙齋元之、鄭沓議道應、申孤松弘望，鄭梧亭堣諸賢，講磨道義。

丙申，移築小亭於金之乾川，扁以晚悔曰："少也，枉步科路，虛過歲月，爲晚暮追悔。以曾子三省、武公抑戒，資朝夕觀省。" 癸丑，聽天公以言事謫黃澗，公聞卽冒雪徒從，數月乃還。

乙卯，刱起鳳谷書堂，貯書千卷，爲後學嚴立課程，多所成就。丁巳，感疾，手書切戒，以遺子孫。二月初一日，終于寢，享年六十六，葬郡南樓山卯坐原。

配永川李氏，參判紫巖民寏女。生三男二女：男熤，崇禎處士；烒，進士；焞，郡守；女李暉、李達新生員。熤男：啓基；永基，節制使；泰基，司藝；敬基；女金景星、李萬封、崔瑯。烒男，殷基、商基、彥基、文基，女郭玄成、金汝百。焞男，賢基、昌基、弘基正字、道基。曾玄蕃不錄。

公十一世孫鴻來奉公行錄與門札，屬福樞以墓銘。謹據狀而撮其一二如右。銘曰：

猗歟公行治！百源可推。
又不有賢師友，何能成就若玆？

儉菴孫公墓碣銘【幷敍】

儉菴孫公諱佺，字眞翁，貫密陽。自羅月城君諱順，歷高麗廣理君諱競訓，逮我朝，有監察諱億、副尉諱晫，是於公爲八九世祖也。曾祖諱宗慶，贈參議；祖諱鵬遠，號迂叟，有學行；考諱孝祖。妣某氏。本生考諱應祖，妣安岳李氏，以仁廟甲戌，生公于昌寧先人第。

純謹廉潔。自幼有成人法度，及長，就楊南溪學，勤劬日進。出爲世父後，三世偏親在堂，俱年踰耄耋。雖有諸子諸孫，起居寢食，必待公安適也。家甚貧，年且老，至於大故，斂殯如禮，哀毁盡情，致弔者說推之。四弟十一從，有疾必分痛，有喪必躬執，衣服器用無物我。慨譜派無稽，傍搜序次。隣有誣訟，公一言辨明之，其見重於人如此。

卒己亥，享年八十六，葬柳洞酉向原。於乎！公行治之篤，葛菴李先生表薦之，祭社之儀，高岡祠俎豆之，此足以槩公之實。配瑞興金氏寒暄堂后、密陽朴氏逍遙堂后、南原梁氏。有五男三女：男命祉，金氏出；命祐、女李最，朴氏出；命祺、禹耈、舜耈、女盧大郁，梁氏出。以下不盡錄。公之傍后孫景基，以其大人命奉公家狀，請福樞以墓銘。余感誠意，謹據狀而撰次如右，因爲銘。銘曰：

敦倫之行，濟用之文。
騏步未展，蘭馥有聞。
生而登剡，歿亦祭社。
柳之原兮，石語千祀。

巖谷 都公墓碣銘

巖谷都公諱世純，厚哉其字八莒昆。
參議諱夢麒次子，江陽李某之外孫。
萬曆甲戌某月日，公生州西杏亭第。
根天孝友兼才諝，博古通今破竹勢。
早從寒岡先生學，一心奬許泂出常。

撰儀禮時恨睽違，建川院事寔主張。
適丁島夷孔棘日，公與伯公扶携避。
兄弟依倚如手足，病親甘肥能不匱。
及至丁憂尤竭力，易慽自盡萬死地。
旅軒先祖許公識，亂已嘗勸撰邑誌，公每謙退未成書。
癸巳上元前日卒，葬從先王考兆下。
藤菴作詩哀之曰："惟公家世始八莒，聞人佳士代不乏。
君之昆弟接武起，天資眞淳又信實。
川谷重營兵燼後，卒妥先賢是誰力？"
卽此可知公平日，何論文獻他無徵？
配江陽李天慶女，死同一岡穴後堋。
世系子孫具先碣，昭示來許其在玆。
公裔漢孝、基煥請，義不容辭銘以詩。

僉中樞冶城宋公墓碣銘【幷敍】

公諱玄錫，字夏瑞，冶城人。宋氏之先，自麗冶城君諱孟英始著，歷十四世，至鄎溪先生諱希奎謚忠肅，於公爲七世祖也。高祖諱光廷，官府使，號松磵，以文行重；曾祖諱時詠，號砂田，遊寒、旅兩先生門；祖諱焞，號孤山；考諱孝基。妣玉山張氏，贈參判原女。本生考諱順基，妣星山李氏，進士杜光女。

公以肅廟己未，生于星州高山里第，出爲世父后。讀書始鈍終敏。酷好《小學》，輪次日誦曰：“爲人之道，盡在是矣。”嘗以未及承所後親顔，懷終身至痛，每遇忌，竭誠備需。事本生，與弟替月奉養，愛敬周至。

日必晨起拜廟，退與羣弟講論，如有肯綮難解處，仰思俯索，不得不措。或拈古語，或作箴銘，貼之牕壁，以資警省。嘗從南嶽李先生遊，進修有方。爲屢代墳塋，各置祭田，至鄉溪先生蒙贈樹碑，亦公誠力也。

平居，樂道人善，恥言人過。教子弟曰：“人而無實，百事不可做。”癸未，以壽陞僉樞。英廟甲午卒，享年八十六，葬州北豆谷子坐原。

配淑夫人光州李氏，昌胄女，墓在天嶺甲向原。一男之淑，以孝行被繡薦，女李天果、沈龜、都寬謨。孫曾蕃不錄。公八世胄孫浚謨慨墓刻之久闕，奉家狀，請福樞以銘。銘曰：

賢而野人也，仁必壽天也。
其天乎其人乎？竟歸之天也。

贈通訓大夫、司憲府持平松巖鄭公墓碣銘【幷敍】

松巖鄭公諱鎰，字景重，其先延日人。自麗知奏事諱襲明，泊我朝判書諱光厚，世繩簪冕。再傳而有副尉諱卿緇，寔公高祖。曾祖諱聞韶，生員；祖諱濩，縣監；考諱思信。妣具氏某女，以嘉靖丙辰二月十六日，生公于商山波月里第。

性至孝，才器卓異，文詞夙就。十六，赴進士覆試，賦風不鳴條曰“風者，陰陽之噓氣；聖人，天地之大用”，考官奇之而高選，賞賜葡萄硯。州牧以勢家，請公爲壻，公以詩見志曰：“耕雲釣月生涯足，何必區區富貴求？”

從高杜谷應陟，受《大學》，終身誦之。居考妣喪，歠粥廬墓。愛金陵山水，移築道巖臺，與呂鑑湖大老、權松鶴應時、金梅塢應鉉，辨論存省之要、無極太極之妙。

當壬辰島訌，猶不廢書。十一月二十五日，卒遇賊，賊欲引公爲書記。公罵賊不屈，竟死於賊，時年三十七。配德山尹氏，進士義貞女，大司成和順崔士老外孫，與公生同年也。

公遇害前數月，與尹氏挈三歲兒一奴一婢，奔竄林間。賊鋒追迫，時公病臥。尹氏命奴婢，負公與孩，至水葦深處，覆以漬水單衾，色如水泡，使賊莫辨。遂以百尺紬纏身，而投水死，是年五月十三日也。婢莫介繼投而下從之。奴戒化公之殉也，痛絶復甦曰：“吾死，則吾主之兩喪誰葬？一孤誰保？”備棺衾，合葬上陵洞。

負孤而依尹氏親鄕，得以成立，曰大淵。二女適李薰、金德昌。大淵男，之淸、之淑、之潔。李薰男，榮碩。金德昌男，震鳴、善鳴、克鳴、以鳴。之淸男，世周、世憲，女申熙、金重萬、韓世哲，側室男，世罕武科。之淑男，世望、世昌武科，女李漢弼、李世亨，側室男，世亮。之潔女權泰胤正言、朴文郁、朴祥龍武科。以下不盡錄。

噫！公之懿行，趙月川穆與金梅塢書及李蒼石埈《商山誌》、李息山萬敷《旌門陰記》、金訥菴漢英《慕賢錄》，見之矣。尹氏之實蹟，李學士柱天《旌記》、金上庠墠《呈文》，詳之矣。

夫忠孝節義一理，然或相偏重，有難求備於一身一家。若公，身而兼忠孝，家而有節婦，以至樵爨賤品，亦知死而扶義，不死而盡忠，何其壯也！此可見公德之入人心以也。

仁廟朝旌尹氏節，肅廟朝旌公孝，英廟朝又以忠褒贈持平，蓋曠世異數也。公九世孫益秀，改公厝于道巖臺子坐原，方營樂石，責銘於福樞。銘曰：

爲親孝、爲國死，義所當也。
有婦節、有奴忠，敎所行也。
三十七年莫謂夭也，袞褒長使死如生也。

省齋 李公墓碣銘【幷敍】

公姓李氏，諱爾沆，字一初，省齋其自號也。上祖諱能一，佐麗封星山，因爲貫。四傳而歷大卿諱堅守、贊成諱宇唐，至正言諱汝良，值麗運訖，罔僕以終，是爲公十世祖也。高祖諱若，以孝聞；曾祖諱廷賢，官正字，號月峯，師事寒岡先生；祖諱壽星，贈參議；考諱達天，號白川，吾聽天先祖高弟也。妣南陽洪氏，生員遇亨女，左相應後。

孝廟戊戌四月，公生大浦里第。穎悟異凡，自四五歲，能知敬親之節，凡於先生書冊，亦未嘗墨汚。長赴南省將對策，考官吳公道一雅聞公，爲示關節，公却之。本州六李氏，亂後同貫，公博究源委而辨別之。

卒英[40]廟甲寅七月，葬州東禾谷坊涑洞戌坐原，從先兆也。配密陽朴氏，漢老女，縣監愰孫。生顯廟己亥，卒元[41]陵丙辰，祔公墓左巳向。

有五男一女，男碩升、碩鼎、碩容、碩咸、碩臨，女李宇文。碩升男，敏百，女李寅馥、趙重九、宋雨龍。碩鼎男，敏光，女張漢朝、文德麟。碩容男，敏樹進士，女呂櫓、李益年、郭肇元。碩咸男，敏政、敏德出后，女呂齊賓、李晉祚。碩臨以從子敏德爲嗣。李宇文系子範年，女鄭東玄。

公之來孫萬相，奉其先公之撰誌、叔祖公之述行，責銘於福樞。顧事契，有不敢辭，遂爲之銘。銘曰：

簪纓世德，詩禮家規。
時乎不與，身遯行治。
持操之高，莫容人私。
爾可知鼎，石語在玆。

40 英：저본에는 "肅". 연대 고증에 의거하여 수정.
41 元：저본에는 "健". 연대 고증에 의거하여 수정.

望湖亭 盧公墓碣銘【幷敍】

望湖亭盧公八世孫秀五，奉公遺事，責墓銘於福樞，辭不獲，拜而讀之。

公以穎秀之資，生甫十五六，同伯氏四梅公壎、從父兄菊潭公垓，奉庭命，學于寒岡門。未及卒業，遽遭樑摧之痛，益勵素志，日夜與一兄二弟，聯床講討。老白首不倦，識解超脫，踐履周至，而一未著見於當日，歿今數百年，文蹟散逸，無由得尋逐其彷彿，爲後承慨惜，當如何哉？

公諱坫，字子禮，號望湖亭，亭，四梅公愛公蕭散之趣，構而予者也。初祖諱蔓，采食光州，子孫因爲貫。十二傳而有諱善卿，是爲東岳先生。曾祖諱儼，副正；祖諱克弘，逸薦至通政，號沃村，從季舅寒岡先生學，大有成就；考諱世純，主簿。妣金海金氏，府使逸駿之孫，通德克諧之女。

公生萬曆庚子，卒顯廟辛亥，葬縣西羅粉山枕子原。配仁州李氏，宣女。生二男，時鏡生員、時鉉有文行。側室女郭弘堤、河漢文。時鏡男，大海，女安鄴、辛灝。時鉉男，大河早卒，妻金氏殉，烈旌門。銘曰：

東岳之仍，寒岡之彌。
藏以韋布，何命之否？

奉事拙窩 金公墓碣銘【幷敍】

善山金公，諱是洛，字希哲，號拙窩。金氏著自勝國，逮聖朝，有文康公江湖先生諱叔滋，文忠公佔畢[42]齋先生諱宗直，爲百世宗匠。生參奉諱嵩年，生將仕郎諱維，生正郎諱夢齡，生判事諱聲律。生副司勇諱受徽，號南溪，取同高祖之孫諱孝繼之子諱彝爲嗣，卽公考也。妣昌寧成氏，通德昌夏女。

孝廟戊戌十月十四日，生公于高靈伽谷里第。性質沈重端慤，不喜與同隊戲嬉。甫七歲，授《童蒙須知》，次第通《孝經》、《小學》，盡事親之節，暫不離側，隨事服勞。

年十四，先公病革，血指纔甦，奄遭不淑，擗號饋獻，無異老成。常憂早孤而失學，受業於內舅，孜孜不懈。又構數間屋，五昆弟同處，而名之曰"五友堂"，日與寒溪吳公善基逍遙其中，討論經史。

辛未，升司馬。宋尤菴訪公林廬，難疑數日，益加敬禮。崔明谷與語曰："古家遺韻未泯。" 辛巳，闑司李世材薦公孝行于朝，除孝陵參奉。入直纔一月，以親病辭歸，竭誠療治，粥飮藥餌，不委諸子弟。及丁憂，喪制一遵朱文公《家禮》、先先生《彝尊錄》。

戊子，以銓薦又除厚陵參奉，仍復先先生文忠公謚，蓋先時公有復謚疏擧也。赴直一年，遷爲獻陵奉事，宿疾轉

42 畢 : 저본에는 "僤". 사실에 의거하여 수정.

深，輿還五友堂，以庚寅六月初一日，考終，享年五十三。葬璞谷先塋下子坐原，與夫人某氏合封。

有六男：長世鳴，以行誼三入薦剡；次世應出后；世兼；世萬；世義出后；次某。

於乎！公孝於親，友於兄弟，析產之日，土地肥瘠，奴婢壯弱，一不自私，惟慈命是從。從子失恃呱呱，公擇婢乳養，卽令放贖。設義契，以周貧窮之不能嫁娶喪葬者。吳寒溪所謂"其處心行事，求之古人，何加焉？"者，非眞知公耶？公後孫普鉉，齎公年譜，求余銘。銘曰：

惟公行誼，袞褒彌章。
進塗方啓，天奪何忙？
不盡其餘，遺後無疆。

孝子星山呂公墓碣

慶山縣北綾泉子坐原，有孝子星山呂公之墓，歿今百餘年，尙無顯刻。其六代孫師國、師範，奉年譜行狀，屬不佞以銘之。

謹按：公諱大翊，字子高。母夫人夢彩星，以肅廟辛酉，生公松下里第。自幼天性至孝，遇魚果美味，必獻父母。就外傅，受《小學》、《孝經》，以爲爲人在是，一一勤勉。及長，先公寢疾，公日夜祈斗，嘗糞刲指。喪而哭擗幾絶，葬而廬墓，草不生拜跪處，蟲不犯手植松。

制終，痛慕不已，爲構廬西小齋，因號爲永慕。昕夕展掃之餘，沈潛經籍，暫不釋手。又爲母夫人便養，築萬壽堂于齋傍，別設鼎俎，躬自調烹，有虎致獐、雉入廚之異。地主尹公 櫓、李公 垌、柳公 愈，爲之致饋，相國洪公 禹傳、朴公 文秀，啓請，至賜米給復，俾資孝供。

丁憂，雖在不致毁之年，守制一如前喪。凡遇忌，七日齋沐，封滌必躬，祭之夜，冠服待鷄。嘗從鄭 塤、篪兩先生學，奉承旨訣，孜孜不怠。色不形喜怒，口不言人過失。敎子必諄諄開諭，訓後進必以孝悌，遠近信從者衆。當肅、景兩廟喪，望哭啜素，其非孝之移耶？

英廟壬戌六月二十六日，患疽轉劇，遺戒棺與衣衾，無踰吾親喪，以重吾不孝也，恬然而逝。崔百弗菴詩以哀之，鄭梅山年譜以傳之，鄕章甫社以祭之。聖朝褒以贈之，爲童蒙敎官、司憲府持平、工曹參判，顯榮極矣，實之不可掩如此。夫若公世系、配位、子孫錄，具公行狀，無庸架疊。

晉陽 河公墓碣銘【幷敍】

公諱杜，字子中，姓河氏，晉陽人。初祖晉州府院君，謚元正，諱楫。逮聖朝，有諱潔大司諫，與兄文孝公諱演爲八耋親，作具慶堂，每設壽讌歌詠，其事載《海東名蹟》。高祖諱瀚，參議；曾祖諱公孝；祖諱溍，弼善，卽台溪先生；考諱海寬，號一軒，從謙齋、眉叟學，累登薦剡。前妣晉陽姜氏，海女，妣玉山張氏，鎭女，月浦顯道曾孫。以肅廟己未，生公于晉州省台里第。

氣宇宏偉，資禀純明。才免懷，一軒公嘗書"天地父母君臣夫婦兄弟"字于壁上以敎之，輒問天地何物？特書父母上，一軒公奇之。八歲，丁一軒公憂，擗擗哀號，無異老成。人客之隙，誦讀不輟曰"吾先祖所以勸勉也"，讀訖，因復放哭。母夫人慈惠，有敎法，常言以汝爲寡婦之子，吾不願聞。公益勵志意，未嘗頃刻敢忘。

己卯，母夫人寢疾，公涕泣禱天四箇月，竟至大故。初終一遵《家禮》，啜粥終三年。丁亥，與族人修契，名以義契，節目依外從曾祖旅軒先生族契云。家甚淸寒，猶收育窮戚之幼無賴者，俾得成立。

性喜質素，凡子女嫁娶，禁用錦繡珠貝之屬。尤慕尙南冥先生風節，面折人過，不少容貸。臨終，書贈諸子曰"吾家世訣，忠孝而已，爾曹勉旃"，翌日卒，乃英廟丁巳正月二十四日也。葬州北池洞負辛原，會者三百人。

配載寧李氏，晩馝女，監察邦鉉孫。端詳貞淑，奉順莫愆。先公二年生，後公二年卒，墓合封。生四男一女，男德徽、德玄、德遠、德溥，女宋宜徵。孫曾蕃不錄。公後孫漢徹，送子經洛，奉公行錄，請福樞以碣銘。契誼所在，不容終辭，謹按行錄而序次之。銘曰：

家世毓德，公豈偶生？

有修無至，渭釣莘耕。
非文奚富？不爵猶尊。
天報定爾，垂後裕昆。

通德郎延安 李公墓碣銘【幷敍】

公諱宜觀，字文範，號林隱，蔭階通德。李氏系出延安，自麗曁我朝，聯世顯赫。文昌公諱係孫、延原君謚忠簡諱崇元之後。高祖諱成榦，將仕郎；曾祖諱光英，奉事；祖諱百薰；考諱命垕。妣仁川李氏，護軍垕哲女。本生考弘績，倡義樹勳，贈戶判，封延恩。妣貞夫人礪山宋氏，蘋女，判事以琦曾孫。肅廟己亥，公生知禮院基里第。

儀表俊逸，性氣剛明。八歲，丁本生妣憂，哭擗累絕。稍長，與三從弟鏡湖宜朝聯槧不自逸。庚子，丁先公憂，初終一遵《家禮》。廬墓守制，三載如一日。湖隱宗公性源，按節臨唁，特書"孝子廬"三字于壁，繼以"承家之學，間世之雄。篤行孝友，激勵頹風"十六字目，表薦于朝。

戊寅，同本生兄延興君赴南省，竟屈歸。兪尙書命岳，貽書慰之曰："驥步未展，豈今之有伯樂也？"自後家居，教子以經，而不以籯金。濟人之窘，不待資用之有餘。見楓窩族叔偉績之子寓江南，挈而鄰焉。哀同里沈友鍾亨之遺孤靡依，收而育之。風流尤疏宕，覽域內諸名勝以自適。卒戊午二月十九日，葬縣南山依辛原。

配恭人忠州朴氏，祥運女，祔公墓左。繼配咸陽朴氏，文燦女，墓在縣北任坪先壟下。有六男四女：遂一、遂五、遂八、遂萬，前配出也；遂億、遂奎，後配出也；女金天久、呂宜郁、張洙漸，前配出也；南錫胤，後配出也。遂一男，秉林，女李時馥、金在洙。遂五男，聖林、恒林，女鄭陽宅、金俊恭、黃猷老、孫孝英。遂八男，泰林，女全宅奎、申冕玉。遂萬男，昇林、蓍林。遂億男，景林，女金俊蓍。遂奎男，奭林，女金永輝、全在豐執義、金秉休、宋寅杓、金秀龍、姜彙睦。公四世孫雨均，將營墓碣，齎其族鉉汶撰狀，與從子鉉穆來余請銘。銘曰：

天何公賢而野？安吾命貽後嘏。

四未軒集

卷十

墓碣銘

墓碣銘

贈教官月峯 尹公墓碣銘【幷敍】

坡平尹氏，始自麗太師諱莘達，歷文肅公諱瓘、文康公諱彦頤，至我朝，司諫諱耕以淸直聞。再傳而有諱景男，逸翊贊、贈祭酒，卽公七世祖也。高祖諱世楷；曾祖諱商宰；祖諱湯老，贊戊申義謨，贈監察；考諱東熤。妣長水黃氏，濈女，翼成公喜后。繼妣密城朴氏，台升女。英廟乙巳，公生梁項先人第。

諱檍，初諱樺，字士直，號月峯。生而喪慈，八歲，又喪先公，哀毁如老成。事繼妣竭力，遇先忌，致如在。與弟柏泣孤子，分甘苦。粤在涒灘，橫罹收司律，安坐讀《大學》如家居，觀察使壯而釋之。

公家蓄萬卷書，喜延攬賓朋，巷溢輪蹄。設義倉，施不遺遠。嘗有素心人，賣屋料生，公聞卽送資，使之勿賣。知舊訃至，行素各稱情。診人病，賻人喪，無疏賤。爲外氏立後樹家，至於繼外氏庇護，亦如之。卒甲年九月二十八日，葬安興負亥原。

噫！世之知公者，褒公之行曰："孝子也。"川齋李公學培，爲之立傳，後六十年，自上始褒贈童蒙教官。配廣州李氏，世瑋女，大憲元祿后，淑慎有壼範。墓安興辛坐。只有六女，取從子相玉爲嗣。女長吾王考諱儔，男諱潓，吾先子也；次許逑，男焊；次林致龍，男慶源、行源、□源；次金振昊，男秀德、秀鍊、秀成；次李溶，男秀琪；次李寅綱，男世甲。相玉男，堯道、馨道，女李在權護軍、全在學進士。曾孫承夏，不幸不育而短命，同祖孫柄夏，以其子哲洙承祀。

嗚乎！公氣宇卓犖，姿性果毅。超然脫灑，而治家也勤儉，處之拙訥，而慮事也深遠。雖早孤，當室能增其式廓。樂於義而嚴於癉惡，鄕里相戒非義曰"恐某公之知"，此足以槩公平日。吾王考嘗稱說公不已曰"吾出入門屛數十年，其事行之美，意量之濶，非所企及。惟孝友之篤出乎天禀，冀吾子孫之氣脈有自"，蓋艷慕之意深矣。

今於哲洙之托墓銘，福樞何敢以無文辭諸？謹按公傍曾孫冑夏狀，而刪潤之，因記其聞於吾王考者，以備後考。係以銘。銘曰：

猗歟！我月峯公，鄕黨稱其孝，士友服其義。
求古人亦未易，圜土而讀書。
箱金而活千，居今世誰與比？
有其實之終不可掩兮，煌煌褒典由公議。

光山金公墓碣銘【幷敍】

光山金公，諱性儒，字幼善。卒憲廟丁未正月三十日，粤乙丑，改厝于仁同府西世德艮坐原。日公曾孫鳳相，構家狀，求墓銘，不於立言君子，而必於吾癃廢，以知公莫吾詳也。

謹按：羅末，有王子諱興光，濟德流祉。曁麗世有平章事，至文安公諱良鑑，奉使有宋，圖太學，倡東國聖校。入我朝，有國子監孝盧，値北門禍，自光州家宣城，隱不仕，歿而祭祉。

中廟名臣諱緣，號雲巖。徵士諱富弼，號後凋堂，贈冢宰，諡文純，與挹淸亭諱富儀遊退陶先生門，德學世稱難兄難弟。取挹淸公子諱垓爲嗣，官內翰，號近始齋，黑齒亂殉節，贈天官。子諱光繼，號梅園，崇禎後累徵不起，是吾旅軒先祖高弟。

高祖諱純義，號果軒，贈都憲；曾祖諱嶠；祖諱命元，階通德，號蒙菴，移寓仁之若木；考諱埥。前妣義城金氏，通德汝晃女，妣鵝州申氏，副尉孝標女，英廟癸巳生公。

幼而岐嶷，年十四，遭外艱，哀毁如老成。事母夫人竭力，溫凊滫瀡，靡不用極，丁憂，戚易盡禮。友弟因心，哀其夭無嗣，親自乞螟兒，教育樹家。奉先也，先造祭器，備具墓衛。教子義。蓄滿架經籍，賓朋來，與之講討，雖留連累日，恒若不足。移建申克齋所創社倉，主管東洛院學契，寔出慕賢奬士之誠意也。

福樞自妙齡侍右，竊覵公早歲幹家，餘力之文。適用有裕，筆畫精楷。治家也、接人也、御下也，井井有規模。世道有責，終不免窮而在下，其爲慨恨，當如何哉？

配仁同張氏，禹燮女，晚悔堂慶遇后，有壼範。先公二年生，後公七年卒，與公同穴。有一男澐敎，壽副護軍，三女張錫敏、鄭埏、許檜。護軍男，濟東、濟櫓。張錫敏男，晉遠，文，正字，女金元奎、洪致奎、宋鎭洙。鄭埏男，台錫，女李鐸韶。許檜男，烒郡守、煒、熤。曾玄蕃不錄。銘曰：

自羅、麗來，巨卿碩德。
中世五賢，揚聲潤色。
公又其家，天賦異常。
飭躬儉約，處世圓方。
孝孫求銘，爲圖不朽。
山蒼水深，公藏之厚。
百世瞻掃，徵信在玆。
敢有阿好？記耳目之。

知足堂卞公墓碣銘【幷敍】

余年踰八十，避地于知足堂卞公之鄉。公五世孫源奎，齎公遺事，屬福樞曰："吾祖謙德，謂所著述無足傳後，盡火之。今所存，只是諸賢輓及家傳一二事。懼其愈泯，具石敢請銘。"

謹按：公志體以養親，繩墨以敎子，寬嚴以接人，遇事不以私害義。與喘喘鄭公重元，雖善其家，戊申之變，將擧聲討，聞捷而止。嘗業公車，旣而歎曰："始知書農足吾分，分外何求？" 扁其堂曰"知足"，此足以知公之平日矣。

公諱楚珉，字子溫，系出密陽，世家娥林屛山。考諱惟中，外祖善山金氏副正諱麗輝。孝廟壬辰公生，卒英廟甲辰，葬茵谷負子原。配恩津林氏，汝植女，瞻慕堂芸后，有女士行。有四男一女：男宗履、宗浩、宗演、宗復，女戶議李遇泰。宗履男，師伋、師賢出后、師哲、師吉、師甲，女李天權、鄭弘道。宗浩繼男，師賢，女金翰彬、李世昌。宗演男，師孟，女林枋。宗復男，師明、師八。李遇泰男，安欽、安垓。銘曰：

《詩》曰："不忮不求，何用不臧？"
公能躬此其積也厚，宜爾子孫穀且昌。

一善 金公墓碣銘【幷敍】

余從娥林士友遊，咸曰："寒溪金公，吾鄕之君子人也。" 噫！今距公之世百餘年，苟無其實，何以得此聲於久遠哉？日公之後孫鎭學，以家狀屬余而責銘。

謹按狀：諱繼善，字君述，寒溪其號也。上祖諱宣弓，仕麗開國，封善山伯，子孫因爲貫。至聖朝，有諱叔滋，號江湖，謚文康，是於公十二世祖也。高祖諱漢重，進士，號聾菴；曾祖諱昌履，號陽春齋；祖諱聖準；考諱光湜。妣咸安趙氏，爆女，大笑軒宗道八世孫。

英廟戊寅，公生寒山里第。九歲，始學于八莒都公啓龍。成童，丁母夫人憂，哀毁幾絶而甦。服闋，又從內舅槐軒公學，儕友咸服其刻勵。

戊戌，奉安邢止止堂于源泉院，條定祭儀。戊午，先公寢疾，公衣不解帶，目不交睫，十四日。奄遭大故，號擗盡情，殮殯如禮，啜糜塩三年。至繼妣李氏、鄭氏喪，亦如之。

平居，晨起拜廟，年八十不廢。退而對案，危坐終日，人不見其靠倚。公一自南省見屈後，不復應擧，專意探賾經傳子史，仰讀俯思。月朔會諸生，斤斤說與。且一時諸賢遺集及禮說在巾衍者，多手校而編次之。純廟乙未十月二十九日卒，手植庭除花木，三年不花。葬府南補佛村案山丙坐原，與夫人同封。

噫！公篤行邃學，至有闤司欽嘉之褒、士林祭社之議，而竟未諧，是世道之責，在公何損哉？

配恩津林氏，光履女，瞻慕堂芸后，無育，取從子瓛爲嗣。瓛一男，永樂，五女河大成、鄭宗悳、金基周、劉某、沈洪。內外曾玄不載。銘曰：

不貨而富，不爵而尊。
輿頌至今，想公所存。

星山呂公墓碣銘【幷敍】

公姓呂氏，諱翼行，字尙鷹，號慕軒。其先星山人，三重大匡諱良裕，版圖判書諱渭賢。入我朝，有諱克誨，工判。五傳至諱希臨，逸持平，享川谷祠。又五傳至晩翠堂諱用和，寔公五世祖也。高祖諱遇擧；曾祖諱㞳；祖諱齊璜；考諱宜綱，號百忍。妣碧珍李氏，克權女。

英[43]廟庚辰，生公州西樹村里第。幼有至性，八歲，祖考見背，不離先公廬側，泣止其過哀。十八，赴鄕解，見俗儒干囑，心鄙之，歸告先公，屛棄程文，專意向上。

尤惇於行源，寒暑扇溫枕衾，晨夜伺候氣息。食必佐匙，侍病夙夜焦勞，不交睫、不解帶。先公惟疾是憂，亟命少休，則重違慈念，霎時假寐門側。

居喪，慽易備至，凡附身附棺，俾無餘憾。遇忌，致散七三，悲哀如袒括，宗族爲之扁其齋曰"三七"。體祖先均愛之心，十世一閈，善則歸宗，過則稱己。推諸門老與先公齒德相齊，不問疏遠，而每月朔一候。

至若愛君一念，不以遺野而少懈。在純廟昇遐，率門生北向哭盡哀。

酷好《朱子書》，旁通傳史。采摭皇明史記，編成巨秩，蓋出嘉惠之至意也。望實俱隆，信從者衆，猶謙卑自牧，常曰："余未有知。"平居，律己甚嚴，雖臨終之日，瞑目端坐，

43 英 : 저본에는 "正". 연대 고증에 의거하여 수정.

肩背竦直，忽就枕乘化，卽己亥上元日也。苟非養深積厚，能如是耶？葬某山某坐原。

配坡平尹氏，湯老女。生一女，適金雲紀，以弟鷹行子大奎爲后。男吉會，女鄭八永進士、崔永泰。公玄孫相武，吾從女嗣子也。追舊念今，義不敢以耄廢辭。謹撮家狀，爲之銘曰：

猗歟公！忠可移之孝，達可兼之善，胡爲乎困苦蓬蓽？
天將以博解高見，著爲一部《明書》，以續夫東岡先生《續綱目》之大筆也歟！

孝子文公墓碣銘【幷敍】

文氏初祖，三韓壁上功臣諱多省，諡武成，封南平伯，子孫因爲貫。至忠肅公諱克謙，最著。都承旨諱益成，號玉洞，受業於曺南冥、周愼齋門。修撰諱勵，號雪溪，從鄭寒岡學，壬辰倡義，錄原從二等功，丁酉，又錄扈聖一等功。至諱德龜，師事李密菴，爲士類推重，寔公祖也。考諱斯赫，妣晉州河氏，楨女。英[44]廟丁巳，生公于知禮石谷寓第。

公諱致權，字儉汝。端莊沈重，喜怒不遽。惇於行源，忠養備至。喪父，附身附棺，極誠無憾，哀毁踰制。安厝一

44 英：저본에는 "正". 연대 고증에 의거하여 수정.

舍地，朔望省哭，不以峻嶺風雪或廢，後至者，指雪嶺臼路曰"孝子路"。

母夫人貞患轉劇，公扶護侍湯，夙宵[45]靡懈，十載如一日。因病大瘇，自知難救，謂家人曰："十年湯爐，未見平復而身先死，不孝莫大。"後一夜，母夫人夢公侍側進藥，宛如平日，漸有差效，以致九耋康寧。

友弟妹因心。奉先誠，雖冬月齋沐，躬親鼎俎，具累世碑碣。教子姪，常要治心飭躬。創學舍、置學田，爲讀書之所。庭畔植一樹梅以自號。卒甲午十二月十八日，葬蓮花洞臥龍岡負午原。

配義城金氏，致禎女，觀瀾齋汝權后。生二男，長喜壽，出承宗祀，次昌壽，贈教官。孫曾蕃不錄。公之肖孫監察秉直，使其子箕鉉來余伽寓，請公墓銘。余以年老無文固辭不獲，按狀而撰次之，係以銘。銘曰：

生能孝，死能孝。
至哉孝，天必以爾類報爾孝。

副護軍冶城宋公墓碣銘【幷敍】

公姓宋氏，諱天欽，字敬時，號公皐。初祖諱孟英，仕麗封

45 宵：저본에는 "霄". 뜻으로 보아 수정.

治城，子孫因以貫。逮我朝，有乙巳名賢鄉溪先生，諱希奎，贈吏判，謚忠肅。三傳而府使諱光廷，號松磵，以德學重，寔公九世祖也。高祖諱玄錫，曾祖諱之淑，祖諱應心，考諱廷德，有至行。妣全州李氏，春載女，參判馪后。正廟乙卯正月二十八日，生公于星州高山里第。

自幼在親側，無違忤，不督課自勵。丙子，侍先公病，寓金峽，獨身扶護，誠力備至。及喪，如禮返葬，哀慽感人。事母夫人，溫凊，抑搔若保嬰兒，醫藥甘肥，無遠不致。餘力擧子業，丁亥，升司馬。己巳，回졸，乙亥，壽階通政。丁丑九月十六日，考終，葬宅南負庚原。

公以和易之性，剛果之行，擩染深至。遇忌，致誠如在，老病或不與，鷄起以待祭畢。至於祧位擧廢、名祖褒謚，皆公所措畫。恤人窮乏，大侵門無捐瘠。

雅好山水，遊金剛歸路，謁柳定齋致明，求去氣質偏處。尤愛吟詩，時與賓朋唱酬山菴，韻格夷曠，衿懷坦蕩。若乃辨義利、析是非，毅然有不可犯者，是以家庭之間，肅若朝廷。

配淑夫人廣州李氏，漸運女，大憲元祿后，有女士行。舅姑疾革，十晝夜不交睫。有娠，斯須必謹曰："吾聞古有胎敎。"顚連及門，恫若在己。

生癸丑，卒癸酉。有男二，寅慤、寅濩，皆修士。女三，李在馨、李致模、李能任。寅慤男，濟翼、正翼、薰翼，女張道相、呂永護、金墠、申秉喆。寅濩男，晉翼、宗翼、祥翼，女李鉐均。李在馨男，能奭、能學、能猷、能昭，女金相表。李致模男，萬洙，女鄭晦容生員、李稷熙。李能任男，浚久，女金泰埴。內外孫曾，五十二人。嗚乎！公乃吾先子友也，今二胤，責以墓銘，義不敢辭。謹據狀而銘之曰：

何嚴而孝、義而慈也？何富且男、壽且爵也？
福萃于德，德莫公若也。
好是民彝，仰瞻高山兮宛如昨。

順興安公墓碣銘

安公諱沐，乃詠其字。
號道村因，系順興自。
上祖諱碩，追封提學。
名卿碩德，有著松岳。
兩世院享，四世美謚。
逮夫高曾，績學嗜義。
祖諱慶宇，考諱敏權。
克繩家學，縫掖推先。
妣籍長水，李佑泰女。
純廟戊辰，生公而擧。
甫齔讀書，才華出倫。
往往有作，句語驚人。

滿腔服膺，孝外無他。
痛極早孤，偏養伊何？
事有服勞，志無違差。
老難扶步，安輿以時。
惟意適從，左之右之。
乃其丁憂，是公甲年。
守制猶嚴，喫素歠飦。
子孫憂悶，羹和肉醬。
一歃卽哇，滌口傾腸。
詔使家人，愼勿復爾。
如禮奉襄，逐日省視。
風雨不廢，三載如一。
服闋亦然，痛慕恒切。
人皆稱孝，公不自有。
推之昆季，因心卽友。
措諸先事，爲所當爲。
各置祭田，且具墓儀。
三世碑役，有始未就。
臨死一語，託此重複。
戒我喪具，勿用繒帛。
且埋親側，長奉冠舃。
遽爾歸盡，庚辰六月。
杏亭丑原，遵奉而坶。
咸安趙氏，卽公賢偶。

鎭喆女也，漁溪旅后。

而有婦德，溫惠慈仁。

生於丙辰，卒於戊寅。

蓋公所育，男女有五。

瑞柱、義柱，就柱、聖柱。

序次斯男，女李壽宅。

內外諸孫，旣熾且碩。

天之報孝，曷有旣已？

我庸作銘，倘後昆軌。

通政大夫、高敞縣監玉山張公墓碣銘【幷敍】

玉山張公，諱鳳羽，字光之。上祖諱金用，麗上將軍。入我朝，有諱脩，逸掌令。五傳至岐山先生諱汲，德學重士類。高祖諱時望，曾祖諱圭錫。祖諱繼濂，有二子，長諱建樞卽公考，季諱建寅卽公本生考也。妣英陽南氏，龜奭女，本生妣文化柳氏，龍海女。正[46]廟丁巳五月，公生府西栗里。

英特磊落，有屛翰國家之志，丙戌，投筆登科。管甲山之小農，有强悍一氓，攫人機中鷹，爭訟，公覈而不罰。未幾，爲風木壓死，皆服其神明。

哲廟己酉，除高敞縣監。有債訟而見屈者，暗納千金，

46 正 : 저본에는 "純". 고증에 의거하여 수정.

公尤加痛繩，還其金于債主。民懷公廉，吏憚嚴明。

直指使趙公雲卿褒啓，傳曰："今番繡衣書啓中，'爾以高敞縣監，勅需分定之自當，爲念殘民之聊生，官況應食之分給，特軫諸吏之垂死。檢田也，親行三次，執災均平；按獄也，躬察十反，結辭明白。吏不敢食，殘民無警夜之歎，民今有袴，闔境騰來暮之謠'，究厥實蹟，最於列邑，治蹟若是茂著，施以兒馬賜給之典。"

公奉旨益感激，蘇枯興廢，靡不用極。七考居最，有去思碑。

壬子，拜清州虞候。癸丑，遷晉州營將，賊徒解散，奸猾屛息。適値碁之者，罷歸，吏卒涕泣陪從。今上甲子六月初六日，考終于私第，葬星北巴谷壬坐原。

公家居孝親友弟，敬奉先、善遇族。接人以誠，敎子以義，又能廉介自守。早迹名途，隨分進取，而不喜阿附權貴，性然也。

配豐壤趙氏，述舜女，有婦行。不育，取從子柱鶴爲嗣，府使。側室男二女一，敞鶴出身、秀鶴、女李肯相。府使男，鎬源，女金永祺。出身女鄭萬根、崔炳昊。秀鶴男，鎬浚，承出身祀。餘幼。

公之從子柱翊，奉其宗兄府使命，謂"福樞有族誼，兼以先契之重，託其碣銘"。銘曰：

循良吏績，大哉王言足徵。
孝友家政，定爾天報俾熾。

刻之石，辭無愧。

延安 李公墓碣銘【幷敍】

公姓李氏，諱源求，字士然。上祖諱茂，自華而東，仕羅封延安伯。入我朝有諱崇元，食采延原，易名忠簡。五傳至草堂先生，諱長源，以孝聞，寔公七世祖。曾祖諱命權，贈司僕正；祖諱壽觀，贈左承旨；考諱基邃，贈戶參，三世追榮，以公之弟汶求壽也。妣贈貞夫人碧珍李氏，克明女。正廟己未，生公于上院里第。

天性謹密周詳，兒時讀書，頗勤敏。及長，掩卷歎曰"家素剝落，歲且荐飢，不能仰事俯育，當爲全家之策"，遂勤心勞力，無中辦有。

事二親，生而甘肥不匱，歿而喪葬如禮。先忌竭誠獻賢，具墓衛若祭田。處兄弟，折甘分小，周恤隣戚，多寡隨宜。

爲子孫多蓄經籍，嘗戒之曰："名爲文學，而無其實，可恥。"又曰："無較人不是。"平居冠帶必飭，痾癢未嘗露體。論事未嘗先以己見爲斷。卒當宁癸酉三月七日，葬任坪負辛原。

配瑞山鄭氏，錫胤女，有婦行。生三男一女：男淵性，監役；浚性；熺愚早卒；女李正熙。監役男，明均，女李奎榮、金駬相、張永驥。浚性男，鉐均、鏞均出爲公季男后、鎭均，女卞讚植。以下不盡錄。

公之孫鉐均，以其世父遺命奉其所撰行錄，屬福樞以墓銘，誼有所不敢辭者。銘曰：

嗟惟公幹辦之局，孝友之姿。
世何不知公？公自不求知。
我敢知公？請證後謨之貽。

冶城 宋公墓碣銘

公諱應時字子中，宋氏貫自冶城君。
處士諱之瀲之子，星山 裵益紹外孫。
世家星之北高山，生公正[47]廟己酉祀。
七歲見有先公患，惶忙求藥疾乃止。
及冠授業遜菴門，遜菴是公妻之親。
荷愛偏深荷奬大，留連或月又或旬。
一夕忽動黔婁心，終焉戴星慈母哭。
乞人難乞孝所感，安厝月田村後麓。
己卯荐遭斬衰制，殮殯易戚禮莫愆。
逮夫伯公因心友，折小分痛至老年。
有出未歸登山候，分炊阻漲隔水晤。
每當先忌殫誠力，有物獻賢有田具。
用衛墓道竪樂石，備盡族誼置范庄。

47 正：저본에는 "純". 고증에 의거하여 수정.

亦於窮交視同胞，散盡箱金傾壺觴。
訓後尤嚴貽厥謨，百家書籍鄴一架。
二子遠託李定軒，彬彬成就相上下。
不幸皇天不憖遺，己巳臘月正命終。
奉窆家後負癸原，相紼士友數郡同。
永川李氏公賢配，敬亭後孫玄發女。
生四男長曰廷立，廷奭、廷義、廷協次。
至公玄孫天翼甫，奉行錄責余墓銘。
余以無似友公胤，一再拜牀與有榮。
耳目所覩與家謨，義不敢辭撰一二。
上自祖先下孫曾，詳著錄中不疊記。

咸陽 朴公墓碣銘【幷敍】

咸陽朴氏有錦鶴公，天姿穎悟，器局宏豁。自幼逐日課讀，限以三百遍。稍長，讀《孟子·牛山章》，喟然成一句曰："我亦牛山木，賦性豈不美？" 隨錄經傳中緊要語，裒成一冊，以資觀省，先公奇之。居分隔岡地，非有疾病，怡愉不少離側。及丁內外憂，泣血終三年，日夜不脫衰絰。

久管桐塾講任，多有成就。與李靜軒絅在、金山泉濟永昕夕討論。酷好《心》、《近》、《退陶》等書，至老不釋手。平居事兄因心，教子有方，觀於《敬友箴》及《誡辭》盡之矣。

公諱鼎基，字而德，麗判三司諱之亮后。入我朝，有諱成陽，號琴隱，官吏判，謚定憲，享明谷院。六傳至雲皐諱濟，師事退陶，又再傳至晩隱諱萬煃，從葛菴學，俱以文行重。高祖諱師得；曾祖諱玧，贈司僕正；祖諱春永，贈承旨；考諱元象，贈參判。妣贈貞夫人永川李氏，宜敏女，敬亭民宬后，有婦行。

純廟庚辰，公生聞韶縣晩川里第，甲午正月初八日，卒于寢，享年七十五。葬五土西麓辛坐原。配義城金氏，瓛女，事夫子奉舅姑，以順以孝。先公十年而歿，墓在周峯負甲原。生二男二女：男天淳早夭，彩淳，女李章一、權錫瑨。彩淳齎家狀，請福樞以墓銘。銘曰：

孝可忠，學可仕。
老于野，命何否？

成均生員冶城宋公墓碣銘【幷敍】

故國子生冶城宋公，吾七代祖妣本宗胄，亦吾先人友也。慕德之私，歿世不能忘。日公肖胤祺善，面余囑墓銘，遣子浚弼致家狀。

謹按：公諱鴻翼，字天則，號鳳下，鄉溪先生諱希奎后，警窩諱應文玄孫，生員退菴諱寅和子，星山呂氏宜圭外孫。純廟壬戌三月六日，公生于星州高山先人第。

貌秀而才敏，七歲能屬文。不離長者側，參聽緒論，退與同隊語，一無遺失。先公粧寢屛，待工書者，公時方九歲，請自寫字，畫如鐵索。未成童，徧讀經史，論議著述，宿儒多退讓焉。

性至孝，就養無方。嘗讀書山寺，一夜忽心動，卽歸，先公果患痢沈劇。公竭誠調護，目不交睫者殆一旬。廁牏之物，晨夜躬滌，不使人見。十六，丁內艱，執禮致毁。撫恤二弟，如老成。日省壟，風雨不廢。

二十四，升司馬，遊學泮宮。長於倂儷，詞理燁然，人皆以館閣之材許焉。時執政要以捷徑，公終不往見。乃幡然曰"吾儒自有箇第一事業"，座右書《太極圈》、《四勿箴》及羣哲法語，沈潛思索，篤信奉持。居常不設惰慢之容。闢一室，處學徒，隨材奬掖，多所成就。處宗族，務得歡心，而至於臨事決議，據義嚴正，故人皆愛而畏之。

丙申，遭外憂，遵禮靡懈。謹於奉先，家甚貧而祭必豐。齊之日，終夜不寐，以致如在。每戒子孫曰："世俗多惑於祈佛禱神，是左道也。以是求福，何如祭先以誠？汝曹其念之。"

其在庠塾講會，衆論崢嶸，輒劈破肯綮，酬酢如響。甲寅，遊江左，謁陶山，登淸涼，因遊柳定齋門。嘗與鄕隣諸名勝，倣香山耆會，嘯咏於禪菴泉石，歲以爲常。

當宁丙子五月五日，考終，後十一年，改葬遜洞丁坐原，從先兆也。配豐壤趙氏，述舜女，黔澗先生靖后，端淑有女士風，與公同穴。只有四女，取弟南翼長子爲嗣，是祺善也，女張希睦、黃養善、崔永卲、金溶。內外孫曾蕃不錄。銘曰：

鳳兮高岡，何遠于天？
才大成小，素履益堅。
自盡人彝，倡後述先。
我言非私，輿頌則然。

處士延安 李公墓碣銘【幷敍】

鶴圃李公，諱在均，字公受，其先延安人。延川君諱補丁、延原君諱崇元，顯爀著國乘。草堂諱長源、聖巖諱民觀、中峯諱遂人，隱德負士望。中峯子雨林，取兄訥齋諱商林子諱熺一爲后，卽公考也。妣冶爐宋氏，廷夔女，郇溪先生希奎后。純廟壬申，生公上院里第。

生有異質，學于訥齋公，言下便領解。事親有至性，己未，喪母夫人，戚易備至。弟祜均病癧，公吮之得全。世父進士公諱熺奎，病于旅舍，公焦勞日夜，雖無知婦孺猶感，誠力不憚服役。丁卯，丁外憂，忌疾也。公年且不毁，皆勸出避，公不以爲慮，獨侍殯宮。卜葬有强隻，公竭誠安奉，鄉里稱孝。每會諸生于楸齋，難疑問答。性愛山水，歷覽域內名勝。庚辰六月初八日，考終，葬道洞後麓負戌原。

配碧珍李氏，元永女，浣石亭彦英后，有女士行。生庚午，卒乙卯，墓能旨巽向。男二，鉉汶、鉉周天，女二李雲淵、鄭鶴永。鉉汶男墩永，女裵潛。李雲淵、鄭鶴永男女幼。

於乎! 公自妙齡, 爲親爲公車業, 名聲藹蔚, 屢屈南省命也。不以介意, 惟以律己劬經爲心。杜門硏究, 著《疑禮考證》、《聞見錄》、《七書疑卞》等書。尤喜《朱書》、《心經》、《近思錄》, 未嘗釋手。奉先孝, 不薦未嘗食新。教子義, 先行後文。至於處宗黨, 敦誼尙和, 皆得歡心。若乃義理所關, 雖細微, 毅然有不可奪。金侯洛鉉, 以文學夙著、踐履采篤薦選。

噫! 余於公, 未遂平日一見之願。公歿後, 與公之胤鉉汶通家, 言動文學, 益信其有自。銘墓之託, 何辭敢辭? 銘曰:

顯親之志, 求有道而無得。
切身之行, 曰未學而必謂。
嘻噫不竟其祿, 子孫之穀也慰。

通德郎玉山張公墓碣銘【幷敍】

於乎! 公之歿, 今十數年矣。鄕里頌說, 如始歿之時, 苟非公德之入人深, 何能致此哉?

公諱鳳儀, 字成之。性氣寬厚, 操執堅確。生長世貧, 雖二三日飢, 不形于色, 尤惇於行源。服田力穡, 不匱瀡瀡, 體親遺意, 收拾宗契。創奉先所, 供粢盛, 設餕閣。具八世墓衛, 備窮族濟恤之資。

伯公旅宦窘乏, 或擔饋千里, 告老賦歸, 常與之同爨。處嫂若從父兄, 曲護無猶。先執有寒衣之, 隣交有窘貰之,引接賓朋，稱家罄歡。修潤伯公廩餘，俾廣田廬。爲傍親立後樹家，重新遠族之無主烈旌。子若孫擇良師友教訓，見過失則對案不食，以是有法家範。

蓋公平生事業，皆從朴實頭做去，竟致自至之祿、永終之譽。仁陵丙寅，公生鏡陽里第，卒當宁丙子五月十三日，葬金山延命村後乙坐原。

配海平吉氏，冶隱先生再之后，會英女，生一女李以麟監役。繼配碧珍李氏，平靖公約東后，克梓女。生三男一女：長杜鶴，出爲世父后，府使；次杜翊；杜國；女朴章烈。杜翊男，鎬澤、鎬澈進士，女尹聖洙。杜國男，鎬淳，餘幼。李監役男，章淵進士、奎淵，女李載厚、宋源裕、尹聖學。朴章烈男，基伯、基龍、基昌，女宋殷成。世系具在伯公碣。銘曰：

《傳》曰"恭、寬、信[48]、敏、惠"，噫嘻公惟其人兮。
世如不信余言，請以問夫烏山、鏡水左右人兮。

莊陵參奉星山李公墓碣銘【幷敍】

余在弱冠，與二三弘碩，從公讀感應菴。公年最長，於行於文，亦無有出其右，視若泰之師矣。不幸失之，奄三十載。

48 信：저본에는 "愼".《論語》에 의거하여 수정.

公嗣孫基轍，奉家狀，責福樞以碣銘。跽而讀之，字字摭實，如復見公，自不覺汪然出涕。

公諱鼎相，字稚凝，李氏先星山人。自麗暨我朝，代有聞人。尤顯赫爲士林推重，如凝窩先生，官判義禁，謚定憲，諱源祚；正廟寵遇，如掌令、贈左贊成，號農捿，諱奎鎭；養志林泉，如贈判書，號四美，諱敏謙；北扉升聞，如主簿、贈參判，號遯齋，諱碩文，是公父、祖、曾、高。外祖豐壤趙氏通德應洙也。

純廟戊辰，公生大浦里第。幼而貌端才敏，贊成公器重之。五歲就學，言下便穎悟，及長，文詞自成體制。乙未，升國子生，能不變於外慕。以孝親友弟訓後進。娛經史，守儉拙，爲自家分內事。

時定憲公，屢歷清要，數典州郡，公隨陪府衙，身不近綺羅，口不出鄙俚。遇疑訟亂牒，每從傍贊助。定憲公遞歸耽羅，海遇暴風，舟人皆失色，公斂膝，代寫《祭海神文》，不錯一字，可驗其平日定力。

庚申，除莊陵參奉，供職纔數月，呈辭讓親友，世以爲難。壬戌，州民數萬，要定憲公一出革弊，氣燄凜怖。公默料良久，庭禀代行，竟得吏懷民安。其操心牢確，處事明正，多類此。

甲子，差國葬監造官，陞六付副司果。偶感疾數年，詔子曰"吾今革矣，有老在堂，未終其養，汝其體念此心"，因逝，即己巳三月二十二日也。葬禾谷多浦乾坐原。

於乎！公平生未嘗以學問自居，而所行無非實地；未嘗以才智自信，而所解無非難處。性且耿介，濟之以樂易忠款，遠邇士友，咸得其歡心。至辨義利、析是非，一刀兩段，莫能回互。若使公受任於盤錯，效節於板蕩，則排紛釋亂，罄無不宜。終止一命，未展所蘊，惜哉!

配全州柳氏，通德致默女，順天朴光久外孫，有淑德懿範。後配義城金氏，嗣範女。男觀熙都事，女李相奭，柳氏出。女張台遠，金氏出。銘曰:

北扉名義，定憲位德。
公生擩染，謙虛溫塞。
忠養孝思，紛排才識。
何賦之豐? 何壽之嗇?
用銘于石，庶無愧色。

司宰監僉正星州李公墓碣銘【幷敍】

故承直郎、司宰監僉正李公諱彦富，卽郡守諱汝信之六世孫，諱三省子也。世家星州，至公曾祖諱芳之，遷居于花山之一直。以嘉靖[49]己亥十一月某日，公生焉。妣淸州李氏，道永女也。當壬辰島訌，公挈眷入伽倻九水洞，拾採爲生。適見有鳥出自巖穴，啣粟墜地，偵探其穴，果有蓋石數甕儲

49 嘉靖 : 저본에는 "萬曆". 고증에 의거하여 수정.

也。得以播地，免八年饑餓。亂已，移囊金山中，晝治山畬，夜歸讀古人書。間與隣交沈德立，嘯詠自適。丙申，以疾考終，窆于家傍亥坐原。

噫！苟無公純善之行，何能得神助而生於萬死之地哉？惜乎！世遠文逸，公居家事行，筮仕顚末，一無得以徵之。

配淸州韓氏，碩奎女，祔公墓左。有三男：長繼相，軍資監正；次繼文，通政；繼聖。孫曾蕃不錄。公後孫逌熙、性熙，謹具石而來余請銘。銘曰：

有鳥何神？得穀以全。
錫類餘慶，俾後綿綿。

和順 崔公墓碣銘【幷敍】

金陵郡安捿里，有逸士曰："南厓 崔範九。" 歿今四載矣，其胤鶴吉奉公弟昌南所撰狀行，而求墓銘。

按狀：公自幼聰異，隨兒衆出遊，有救入井如擊甕。及就學，先公命賦織席，公立就曰："一竿出入，兩繩來往。"皆公七八歲事也。

十一，丁內艱，哀毁如成人。甲寅，鄕解赴禮闈，恥人私囑，遂停擧業。盡心倫敍，事親，溫凊瀡滫，各適其宜；奉先，廟器墓衛，一無不具。友弟妹，敎妻孥，旣翕且嚴。

庚申，遭本生喪，嘗語人曰"降服雖大義，緣人情則未也”，興言輒出涕。服闋，從溪堂柳公疇睦學，屢被奬許。又遊性齋許公傳門，多所問難，許公甚奇愛之，錫號曰“南厓”，蓋有取於溫生之洛也。

平居，酷好《大學》、《中庸》，隨見輒錄，爲《庸學妄議》，又著《小學贅言》，以嘉惠之，遠邇信從者衆。尹侯昌燮，以潛心經籍，樂道林泉，表薦。

公諱昌洛，範九其字也，系出和順。初祖諱世基，仕麗封烏山君。子諱永濡，官牧使，謚忠節。入我朝，有大司成諱士老、吏議諱漢禎，是於公爲十四三世祖也。高祖諱應桓，曾祖諱河大，祖諱慶百。考諱聖洙，常景慕守愚先生，因號曰景愚，有孝行。妣善山金氏，久菴就文后，垈女。本生考諱希洙生員，諱慶千之子，景愚公之從父弟也。妣尙州金氏，鴻燦女，有婦德。

公生純廟壬辰九月，卒當宁丙戌七月，葬箕山負酉原，從先兆也。配永山金氏，斗信女，贊成宗敬后。純廟辛卯生，哲廟丁巳卒。有一男一女，男鳳吉，女曺相卨。繼配金海金氏，鍾遠女，憲廟己亥生，先公一年卒。有三男二女：男鶴吉、鴻吉、鵬吉，女李奎淵，次未行。銘曰：

爲學未竟，爲仁無壽。
古亦有是歎，今何必造物之深咎？
不贏于躬，其必有以宜于後也。

玉山張公墓碣銘【幷敍】

玉山張公，諱錫煥，字致輔，號南皐。旅軒先生諱顯光之九世孫，處士諱璣樞之第二子，密城孫氏致東之外孫。純廟己巳，生公于府西吳山里第。

天性孝友穎悟，書不煩敎，而能曉大義。八歲，遭伯公喪，上寬親，傍護嫂，如老成。潛入殯室，無聲哭，恐傷親心也。母夫人貞患，一日思鯉魚，冬寒氷合，爲求萬方，緣江至數百里，得而歸。

乙未，遭艱，易戚備至。及葬，夢得虎占，乃精誠所發也。大人公年益卲，而家益剝落，公周章有無，以供滫瀡。傍治學業，夜以聯誦三經爲常。自癸巳連三解額，終屈禮圍，識者寃之。己酉服斬，旣闋，絶意名途。專意報本追遠，竪屢世墓石，創旅祖餕閣、聽爺晬享，至於慕堂之設講，亦公所倡焉。卒當宁壬申，葬善山釜谷負艮原。

於乎！天以公幹局利器，不使之爲一世，理亂緖、解錯節，而只止於平章林下，何豐其賦而嗇其施也？

配長水黃氏，濟熙女，畜翁孝獻后，有婦行。生戊辰，卒己卯，墓在上南山卯坐原。有二男，長軾遠出爲伯考后、次有遠。有遠奉家狀，責銘於余，余於公乎族，又有知遇之感。孤立宇內，其忍銘公墓？亦不忍不銘。銘曰:

嗟吾南皐！

恢虛之量，幹辦之器，天得也。

貧而無諂，窮不失義，家則也。
凡公日可見之卓異，薄夫式也。

咸安 趙公墓碣銘【幷敍】

公諱光鍒，字武宅，號拙翁。趙氏貫咸安，麗元尹諱鼎上祖也。入我朝，有諱旅，謚貞節，是爲漁溪先生。五傳至澗松先生諱任道，以學行被徵，除司憲府持平，吾先祖文康公高弟也。曾祖諱榈，祖諱昌燁，以經術行誼登薦剡，考諱彦埴。妣晉陽姜氏，珹女，櫟翁顯昇五世孫。正廟癸卯，生公于鵝湖里第。

生有異質。八歲受《小學》于先公，不煩教督，能自力課程，專心向上。先公患痢問醫，歸路氷合。親自剖氷運篙，有鯉忽躍入，歸供得甦。

以庭命再赴禮部，雲石 趙公聞名要見。公終不往，吟二絶詩以見志，卽還家，耕釣以供親。庚戌、壬子，連遭內外艱。六載喫素，不脫絰帶，日省兩墓，不以風雨或廢。遇忌，致如在。地主李公 德熙，欲褒聞，公力沮乃止。

學問精深，四子六經靡不貫穿，尤邃於《易》學，參以《啓蒙》及《傳疑》，著爲《圖解》。朞三百分度閏章，不差毫釐。四勿、三貴、九容、九思，作箴著說，爲體驗資。酷好朱、退、寒、旅書，爲究竟法。

憲廟癸卯十一月十六日終，葬于郡北木池負子原。配碧珍李氏，龍翰女，耕隱孟專后。生二男三女：男漢楨；漢坤出爲公之弟光鋏后；女姜翊伯、安孝執、李鴻基。孫曾以下蕃不錄。公之孫譱秀以余有世好，不遠數百里，來請銘。銘曰：

拔萃之行，鉤深之學。
韋布以終，吁嗟世路之齪。

處士碧珍李公墓碣銘【幷敍】

碧珍李公，諱致模，字用和，陶西號也。遠祖諱堅幹入華，華人號爲山花。自麗及我朝，代有名碩。有浣石亭先生諱彦英，爲寒、旅高弟，官承旨，寔公八世祖也。高祖諱遂觀，曾祖諱岡祿，俱上庠；祖諱釗；考諱存永，以行誼屢登薦剡，號堯山。妣驪江李氏，晦齋先生后，濟祥女。生考諱元永卽堯山公從祖弟也。妣平山申氏，逸諮議益愰之曾孫，宅定女。純廟辛巳，生公檢谷里第。

生有異質，堯山公取爲嗣。自齠奉承義敎，持身制行，無異老成。長遊柳定齋致明門，動止安閑，問難精詳，多被獎許。用工尤在《庸》、《學》，手抄《聖學十圖》，揭壁觀省。丙午、己酉，丁內外艱，戚易備至。事本生，瀡瀡無愆，處昆弟，分甘析小。刊《浣亭遺集》，具先塋儀物及祧位祭田。宗兒孤孑者收育之，俾有室而析。處隣里無告者，生而賑濟，死亦殮葬。

卒癸酉八月十五日，葬于龍鳳山午坐原。配冶城宋氏，遠祖曰希奎，謚忠肅。考曰天欽，壽通政。宋氏生己卯，春秋今六十六。生一男二女：男萬洙，女鄭晦容生員、李稷熙。孫德厚、敏厚。

於乎！余嘗從公遊，公內行純備。平生無疾言遽色、箕坐跂立，口絶雌黃，身不近華靡，養親以志，濟人以義。十二年居喪以禮，若公豈徒擩染有素？抑天性然也。

萬洙方謀竪碣，屬余以麗牲之筆，追惟雅契，有不敢辭。銘曰：

樂有賢，正有道。
默修閑，翫圖書。
花草玉人攸藏，山明水亦好。

星山李公墓碣銘

李氏初祖，寵隆麗主。
錫能一名，貫星山采。
及五六世，世襲卿宰。
大卿堅守，贊成宇唐。
聖朝受禪，亦世顯揚。
自牧使友，至諱廷賢。

從遊岡門，月峯稱焉。
文科正字，不贏其年。
生諱壽星，贈參議官。
生諱達天，聽祖高弟。
屢被推獎，勿替詩禮。
生諱爾沆，見推吾林。
五子叔季，碩咸、碩臨。
碩臨不育，取碩咸男。
嗣諱敏德，寔公之祖。
考諱馨鎭，隱德不仕。
外祖光宙，隴西李氏。
純廟壬午，公生聰異。
源煦其諱，道如其字。
世家寒溪，號因其地。
公有三兄，於序爲季。
年纔免懷，號呱荼毒。
受學世父，不待敎督。
天禍不單，二兄見背。
一身百務，責任重大。
昔公王考，有訓有述。
喪祭之儀，孝友之實。
又其世守，田廬書帙。
恒懼失墜，斤斤悃愊。
奉慈幃暇，晝幹夜讀。

事皆就實，名不求虛。
窮交有急，周豈待餘？
支子不祭，自盡獻賢。
面折人過，尙冀其悛。
丹爨禮飮，月亭講筵。
一鄕諸彦，相推後先。
間以暢敍，短驢小壺。
武屹、搜勝，伊洛、金烏。
歷覽模寫，鏗鏘詩韻。
歸臥衡門，頤神[50]安分。
丙戌七月，以疾考終。
某山某向，四尺之崇。
娶一善金，畢翁雲仍。
龜振之女，戊寅乃生。
長男九相，持父襄死。
次男百相，出承宗祀。
又其次二，萬相、億相。
萬相一日，家狀是將。
來余責銘，以知之詳。
拜而讀狀，復如見公。
嗟哉難作！有淚盈瞳。
略述一二，垂示無窮。

50 神 : 저본에는 "身". 의미로 보아 수정.

處士冶城宋公墓碣銘【幷敍】

當宁壬辰六月四日，冶城宋公，年六十六，卒于星西高山之里第。親戚知友咸賫咨，言贖百。粤十月，奉遺命，祔新風先大夫人塋下。公從子晉翼類公之行，請銘於不佞，以知之深也。不佞雖老廢筆硯，其忍辭諸？

公諱寅愨，字楚叟，號蘧菴，生純廟丁亥。天姿近道，一遵父母教導。長謙和溫雅，藏用不露，肫肫實勝。然氣甚剛直，當其所不可，確然自守。

就傅力學，鈍於記誦，而敏於見解。日夜自勵讀書，耐苦喫辛。尤惇於行源，與夫人姜氏溫凊瀡瀡，同心竭力。至於親之所嗜如甘苽之類，園蓄常供。以親老兄弟不可俱曠側，科具悉付弟寅濩曰："榮親之望，惟屬於君。"

常常怡愉左右，如恐不及。有欠安節，地坐煎藥，嘗糞驗差劇。爲大人公設碁酒，邀賓朋以娛意。有幾諫事，則和柔而辨解之。有出外時，則待返次，而細陳家間事爲與見聞，以聽其可否。

餘力治四子六經百家書，循環熟復，又抄切要語，成一冊而服膺勿失。間遊柳定齋致明門，就正《大學疑義》。癸酉、丁丑，丁內外艱，易戚自盡，用誌碣衛墓道。

與其弟食同床、寢同被、課同冊。兄所未見，弟必發之，弟所未盡，兄必明之。且著尊德性·道問學、戒懼·謹獨帖，自相警飭，其情愛之流出天性，能令人入其室，油然生孝弟之心也。

當丙子大侵，傾貲以周貧乏。簡辰或優遊三洞，會友蕭寺，吟暢先齋。其蕭散之趣、精白之論，有足興感後輩。不幸季氏患疾，轉至危欿，還歸其寢。時公亦患風痺已年，猶輿疾同往，補養無愆。出爲己歲月備，親手襲殮之。於乎！如公豈叔世易得也哉？

余從公遊四十年，艶公至行明見，而自恨失之太遽。今讀公之狀，宛然如見其人焉。余何忍後死，往年銘公季氏墓，今又銘公墓也？世系不復架疊。垂涕爲之銘曰：

師就正弟樂，有惟公最蹟。
行先文後，斯焉用不臧？宜見推於章掖之藪也。

副護軍星山李公墓碣銘【幷敍】

故通政大夫李公諱舜，字華若，系出星山。始祖諱長庚，麗三重大匡、京山府院君，追封隴西君。是生密直司事諱百年，是生府尹諱麟起，是生星山君諱元具，號稼亭。是生陶隱先生諱崇仁，官大提學、吏曹判書，聖朝受禪，屢徵不起，謚文忠。是生殿直諱次參，是生司直諱思孝，是生進士、司勇諱文博，是生參奉諱世根，寔公曾祖。祖諱德溫，考諱季林，妣碧珍李氏某女。

公生正德[51]癸酉二月十日，卒萬曆壬午十月十五日。公生有異質，不求人知，耕鑿爲分內事。卜居于先祠近地靈洞，以寓孺慕。壽資通政護軍，其他事行，無得以徵。葬家後麓酉坐原。

配慶州崔氏，駬女，墓附公墓左。有三男，楠、萬復、恒成。楠子，太命，萬復子，望弼，恒成子，弼永。公之後孫元夏，不遠百餘里，來余伽寓，請公碣文。余跪曰："世代玄遠，所存只是世系若子孫錄而已，何庸求諸他家哉?"謝辭，而勤請不已，言貌甚戚戚。余感其誠，爲之銘。銘曰：

世遠亂經，嗟無足徵。
聿覩裕後，修善可徵。

盆城 許公墓碣銘【幷敍】

盆城之許，本駕洛首露王太后之姓也。後孫澄仕麗爲上卿，世繩簪冕。入我朝，有諱彦龍，官禮判，選淸白吏。九傳至竹菴諱景胤，以行誼薦授直長，公九世祖也。曾祖諱晥，祖諱僩，生員，號默菴，師事鄭立齋宗魯，考諱衱。妣昌寧成氏，進士孝天之女。純廟丙子，生公于會賢里第。

諱贇，字循伯，號杏陰。天姿穎敏，嘗做讀山房，不更衣、不喫肉曰"溫煐妨工"，族叔逢嘖嘖言其志可透金石。性至孝，一心承順。

51 正德 : 저본에는 "隆慶". 연대를 고증하여 수정.

戊午，丁外艱，送終如禮，哀毁踰制。又爲母夫人，嘗購壽地，及葬，反起鬧。公不論曲直，復賂如初，其人感公誠孝。

遇忌，前期齊沐，不以衰老而或惰。憂宗胄不贍，復家垈，助香火，猶恐不及。悶族戚之貧，無以嫁娶者，出錢帛以助。刊先王考遺文而壽傳之。至奉公，亦設洞契，俾勿愆滯。性齋傳知州之日，輒先傾蓋曰：“質行謹勅，爲吾姓中一人也。”自會賢徙林隱。甲申月正元日考終，享年六十九。葬仁同岐山面新田村後花心山丙向之原。

娶驪州李氏，義祥女，參判憲默孫，晦齋先生后。生一女，適成鍾八。繼娶玉山張氏，龠女，旅軒先生后。生二男，長堉進士、次堣。進士男，鐕，餘幼。堣男女皆幼。成鍾八男，大浚。

嗚乎！公身不近華麗之餙，足不跡權貴之門，口不出忿戾之聲。以孝弟節約爲基根，以謙虛恭默爲茶飯。家道以之而肥，二子以之而有成就。至於學文，特公餘事，見解精邃，詩亦沖澹可喜。日堣具實錄來屬銘，余知公深，不敢辭。銘曰：

不同乎今人者公所樂，罔念乎先德者公所恥。
蓋公所樂者人以爲感，而其所恥者我以爲美。
庸是作垂百祀。

碧珍 李公墓碣

公諱鎭洛，字仲樂，姓李氏，碧珍人。山花先生諱堅幹之后，慕巖諱忠民八世孫，處士諱墣之子。外祖盆城許桓。生純廟甲申，今上壬辰歿，享年六十九，葬于州西岷山負辛之原。夫人星山李氏，在春女。生丙戌，先公十八年乙亥卒，墓在楡谷穀城山北。有一男元河，二女適密陽朴根龍、星山李永錫。孫男，貞基、鳳基、麟基、弘基，女西原鄭桂永。

於乎！公卽吾從女之祖舅也。其天姿仁孝，家貧嘗躬耕而養親。秉操堅貞，不與時俯仰以求聞達。敎子孫，敦尙文學。最其迹，則固窮類董生，遺謨似韋賢。隱居以自適，又庶幾乎古之逸民焉。

延安 李公墓碣銘【幷敍】

余惟及公之世，迂僻鈍滯，生未有一雅，歿後十四載，始得通家，從是兄、是子、是孫遊。孝友幹蠱，自成一家模範，以是知公之賢，而殊切難作之慟。其胤雨均，以傳嫰孝思撰行錄一二，示福樞，求墓銘。

謹按：公天賦剛明淵確。不幸夙遭愍凶，抱終身至痛，每語及，泫然下淚，遇忌，哀動傍人。與兄諱熺祜、舜性日夜聯床共被，折甘分小。推孝遠祖，詢謨宗族，爲忠簡公，創忠孝堂，奉安眞像。此可以槩公平日矣。

公諱宗性，字景維，姓李氏，延安人。忠簡公諱崇元十二世孫，諱泰林之第三子，瑞山鄭氏趾胤之外孫。出爲從父諱昇林后，聞韶金氏致龜卽公外祖也。祖以上備載林隱公碣。

公生純廟辛巳六月七日，卒當宁甲戌五月十三日，葬金山郡西平田村北壬坐原。配星山李氏，鎭斗女，生二男，時均出系伯公、雨均其次。繼配碧珍李氏，承祚女，生二女，李時中、張錫贊是余仲子也。銘曰：

孝友爲政，家國一致。
賫志以歿，後人之喟。

監役廣州李公墓碣銘【幷敍】

嗚乎！吾友故將作監庸窩李公，豈弟君子人也。心艶之久，以歲寒爲期，今遽失之，哀此孤寄。奎淵奉家狀，踵余門，求公墓銘。余泫然曰："昏耗鈍廢，何能爲延陵季子之標題耶?"尙感孝子之誠意。

謹按：廣州李氏，系出遁村先生諱集，生淸白吏諱之直。歷十三世，諱晩榮，官都事，號適窩，寔公曾祖。祖諱東烈，考諱直運，世濟文學。妣玉山張氏，始光女，有女士風。以純廟辛卯七月二十六日，生公于漆谷梅院里第。

甫四歲，失怙。其戲嬉騎竹涉危，被母夫人警責，不復焉。六歲，參先祀，如老成，母夫人奇愛甚。專心勸學，或至乞粮爲資。十歲，見祧主所安室火，挺身冒炎奉出，見者嗟異。

長益汲汲孝供，雖屢經艱楚，不使親知。不暫離側，諺翻經史中嘉言善行，昕夕誦前，爲癃境消受資。甲午，丁憂，哀毁逾制。終三年，瓦器啜粥，祈寒暑雨，不廢省壟。平居，晨起參廟，奉先無昵豐歉儉。至如俗節朔望，皆有定式。

酷好《魯論》、《庸》、《學》等書，雖短於涉獵，長於精究，便怡然以終日。楣扁"庸窩"二字，常目以自省。戊子，署將作郎，作《自欺欺天》詩以自道。沈疾歲餘，精神終始不迷。壬辰七月十二日，考終于寢。

於乎！壽不稱仁，官止一命，命矣夫！葬府西院洞負坤原。配玉山張氏，鳳儀女，溫惠淑愼，多內助，先公三年生，後公二年卒。二男，章淵進士、奎淵求余銘者也，三女李載厚、宋源相、尹聖學。孫俱幼。

公諱以麟，字聖瑞。公之族判尹元會，嘗以"正顔色斯近信，動容貌斯遠暴慢，出辭氣斯遠鄙悖"稱公，是可銘。銘曰：

庸言庸行，恒持兢兮。
不顯不永，餘歸仍兮。

完山崔公墓碣銘【幷敍】

余嘗與崔圭升、正愚父子遊，意謂其賢必有自，今按其先公狀，果信然矣。蓋公自幼異凡，與姊出遊，見跌仆頭血，泣曰："姊之痛，吾所痛也。"及長就學，辭理日進，先公甚器重之。

事二親，至誠無違忤。有不安節，憂形於色，濯溷不以人代。奉命業公車而不屑也，遂從定齋柳先生學，凡心性理氣，四禮常變，一一面禀書質。

乙卯，先生上典禮疏，斥湖南之智島。公千里躬省，不避艱險。歿也心喪終三年，不與宴。丁內外艱，雖不成喪之年，守制嚴，衰不去身。服闋，晨起拜廟。遇忌，齋沐前期，親監生熟等需。置庄以周族戚窮乏，買田以助外氏香火，孝之推也。拒勢家建院之議，辭刺史書幣之邀。聞朋友之喪，隨情不肉，過節義之藏，爲文以祭，義之尚也。每四仲月，設講會友，歲以爲規。嘗著《八經彙掊》、《心性說》、《太極辨疑》、《東賢錄》，此其成己而牖後者也。

公諱台鎭，字應天，號吾山。其上祖諱阿，麗侍中，謚文成。入本朝，有諱秀岡，當光海昏亂，棄官歸，號海亭；有諱均，倡義立勳，謚義敏，寔公幾世祖也。祖諱祥珏，號霽光軒，孝行贈敎官。考諱必泰，妣碧珍李氏，致和女。仁陵甲子，生公固城九巒里第。當宁丁卯二月二十八日，卒于京邸，返葬大芚里細橋艮坐原，從先兆也。配坡平尹氏，宅範女。二男三女：男長即圭升，正言；次翰升；女李孝範、許禛、鄭祺永。正言男，正愚。銘曰：

操履堅篤，學問端的。
善狀有述，百世可迪。

都事昌寧曺君墓碣銘【幷敍】

君諱華承，字星老，姓曺氏，昌寧人。以新羅太師繼龍爲上祖，至麗珪組赫舃，世有大官。本朝有府使諱尙謙，生牧使諱世虞，自昌城始居八莒縣，與李文元公爲道義交，號石塘。四世而至守仁，以文學聞，爲公八世祖。曾祖諱胤澤，祖諱鵬振，考諱錫玄，贈童蒙敎官。妣令人碧珍李氏，德峻女，有女士風。憲宗癸卯四月十九日君生。

幼而姿相秀穎，長而志氣勤謹。事親，生而怡愉致愛，歿而毁瘠踰制。事兄，就傅而聯槧相規，分爨而臨財相讓。隨官而干囑不行。睦族焉，窮乏相濟，取友焉，直諒多聞。

衿懷蕭散，時遇麗水佳山亭臺墟廟之處，斥弛不羈之氣，多發於懷古擬古之作，聲響澹蕩，有足多者焉。志在顯揚，早事公車，屢屈而工益精。至孫、吳之法，京、郭之《易》，算數經緯之文，涉獵而擧有之。

乙酉，登上庠。丁亥，除北部都事，再命監造官，秩六品。明年，陞副司果。自甲午後，時事劻勷，遂無意進途，挈家箕南，取緣溪杜門之義，扁以杜溪。著斥和聯句以見志，此其一生行略也。

今上丁酉季夏旬九，享年五十五而卒，葬郡西北犢鳴院甲原。配淑人咸陽呂氏，圭泰女，有婦行，墓郡東霜池谷壬原。一子秉善，好學自立，以世其家。日秉善，扶衰抱狀，雪趲二百里，存余于脩道山中，徵其碣，以老謬辭不獲。乃按狀而銘曰：

視爾履考祥，盡職於庭延譽於鄕。
博而章，積而施顯而揚。
嗚乎可以銘可以尙，是惟杜溪之藏。

鄭君若中墓碣銘【幷敍】

居昌郡之東沙佛村負丁原，吾友兢齋鄭君之藏也。其藏也，余以平日期望之大、情愛之深，構誄文一闋，哭而送之。老而哭少，猶非常理，況忍銘其墓乎？然孝子之勤請，有不忍終辭，收拾尸居餘氣，淚按狀。

君孝友根天，穎悟出倫。自幼奉承嚴敎，少無子弟過，及長，刻勵讀書，日見文詞之就。爲親業公車，屈禮圍，謂從吾所好。遊許性齋傳、鄭顧軒來錫門，發憤忘寢食，又能眞積實踐。晨興盥櫛，適父母之所，左右忠養備至。有有方行，雖大風雨、大寒暑，必趁期返面。

戊寅，丁憂，哀毁盡情，斂殯如禮。割己財，分與弟妹，一不自私。日必瞻拜家廟，未薦不食新。遇忌，必致如在。御家衆，和敬兼濟，使婢僕，恩威并用。待隣里，畦畛不設，敦宗族，遠邇無間，接賓友，謙恭謹勅，咸得其歡心。

愛安陰山水，家于尋眞洞。趙侯元植一見公，忘年執弟子禮。甲乙邦亂，人有勸公首倡義旅，辭以老母在，詩以見志曰："終爲禽獸生何益？若辨熊魚死亦安。"平生著述，有《心性四七問答》、《麟經類解》、《家禮增註》、《李子粹語》等編與夫《人物性同異之辨》、《理氣各殊之論》，其見得益精，有可以嘉惠者焉。生憲[52]廟己亥十一月三日，卒當宁丁酉十一月望日。

君諱趾善，字若中，又號立巖。東萊之鄭，自麗及我朝，有三世封君美謚。曾祖諱致仁，祖諱升民。考諱宗悳，號篔谷，有文行。外祖善山金氏，江湖先生后孃。配商山金氏，基潤女。男圭興，女李璋世。銘曰：

大嶺古閥，吾林望士。
孝至靡終，學優未仕。
天嗇其施，莫究所以。
爲斯人痛，曷有窮已？

52 憲：저본에는 "純". 연대 고증에 의거하여 수정.

東萊鄭公墓碣

公諱復大，字士維，姓鄭氏，東萊人，尙書左僕射諱穆上祖也。至諱瑚，重大匡，蓬川君；諱良生，重大匡，蓬原君，謚良度；諱矩，號雪壑齋，與鄭圃隱、吉冶隱爲道義交，麗社旣屋，罔僕隱于松山，謚靖節。入本朝，諱種，貞忠敵愾功臣，東平君，謚襄平。諱智耘，司直，至諱起震，隱德不仕。高祖諱時昇，與伯氏進士號琴川諱時修、仲氏諱時雄，文章德行，竝稱于世。曾祖諱維穫，祖諱重浩，考諱昌東。妣居昌愼氏，儀翊之女。

公生于顯廟壬子，終于英廟壬申十一月十三日，享年八十一。墓在居昌南興面南佛村案山丁坐原。配全州李氏，寅著女，墓合封。生三男五女：男致五、致績、致寬，女楊漢復、朴聖林、李國祿、陳成烈、李繼誠。致五男，咸民、華民、孝民。咸民男早卒，華民男，宗宇、宗式，孝民男，宗壽、宗錫。

於乎！公資稟純剛，志氣超卓。不求聞達，終老林泉，可勝慨恨哉？公之玄孫熙善、鎬善與其宗從子圭錫，謀竪是碣，略記家傳，責余一言，辭不獲。乃曰："古人不云乎？'有自來者，垂裕後昆'。噫噫！公之賢，於斯可知也歟。"

本生五代祖考府使府君墓碣

府西晩洞負艮原卽我五代祖考府使玉山張公、妣淑夫人鷄林金氏之合封也。公諱萬益, 字叔謙。考諱鉥, 官衛率, 贈戶參, 號訴[53]梅。妣淑夫人廣州李氏, 應敎道長女, 荷潭金先生時讓外孫。孝[54]廟丙申二月二十五日, 公生月谷里。

英姿幹局, 自幼異凡, 文詞日就, 筆法亦神悟。金相公德遠, 臨聽天公門, 見而奇之曰"此眞將才也", 以北憂勸投筆。登肅廟丙辰科, 陞備邊郞、奉敎、訓鍊都監。庚申, 除龍驤衛副司勇, 乙丑, 除中佐衛司正。庚午, 除主簿、五衛都總府都事經歷、兼內乘。

辛未, 除訓鍊院正、副護軍、兼大邱營將。時張希載以市井屬椒房, 久典兵銓。當時士大夫皆屈身趍赴, 而公獨慨然, 一不染迹。

壬申, 爲養特除長興府使, 公視民如傷, 束吏如濕, 發奸如神。訟庭有一着袍稱民者, 公曰: "汝非某哨、某隊、姓某、名某者乎? 汝烏敢欺?" 其人跪伏請罪。

每衆務疊臻, 公口決詞訟, 目閱文簿, 手答簡牘, 綽有餘力。捐廩爲解懸。倉人有勸公營私者, 公曰: "邑有流亡, 何暇身謀?"

賦歸路遇直指使苞苴, 公曰"此非浚民者耶"? 使之一一

53 訴 : 저본에는 "訢". 족보에 의거하여 수정.
54 孝 : 저본에는 "英". 연대 고증에 의거하여 수정.

推還。直指使亦搜公行橐，只有抄冊數卷，大慚而去。明陵乙酉七月十六日，感痘辭庭。

於乎！公少時負氣好勝，與一友爭論是非，幾至相失，旋自悔悟，銘一忍字以戒之。事親尤至誠，隔岡異居，而替供酒肉。不暫離側，時以異聞故事爲癃境慰寂之資。季公貧甚，孀妹無依，公挈而同爨。推諸窮戚貧族，見窘則罄儲，聞喪則助棺。惟自已朝晡，曠然不以爲意也。常戒子孫曰："貧者，吾家世業，汝輩勿經營苟免。人家喪亡，多由於此。"是豈特賦受之異？蓋其擩染然也。

噫！講武非公素志，而時值賤孽當權，竟不爲干城，銀臺淸選，只止擬望，豈非天哉？

淑夫人鷄林金氏，校理宗一之女，豐壤趙光璧之外孫。後公一年生，仁明而和順，能通經傳，訓後有法。夫兄副率公萬紀嘗語人曰："金夫人在堂，必不使諸兒有過。"有六男：大訓；大說出爲仲兄萬重後卽吾高祖；大胤有文行，號寄菴；大智參奉；大誼；大諧壽通政。孫曾蕃不錄。福樞深慨夫墓無顯刻，謹撮寄菴公《過庭錄》，兼采平日聞於家庭者一二，庸刊玄石，俾資後考。

四未軒集

卷十一

行狀
遺事
傳

行狀

贈崇祿大夫·吏曹判書、兼知經筵事·藝文館大提學、行嘉善大夫·司憲府大司憲、兼同知成均館·春秋館事、謚文貞公，靜履堂 李公行狀

公姓李氏，諱斗然，建伯字，靜履其號也，系出鷄林。初祖諱謁平，爲羅朝開國佐命大臣。歷左僕射諱翮、文僖公諱世基，至文孝公諱蒨、文敬公諱廷堅，兩世襲封月城。入我朝，有諱俊吏議，諱世南兵判，諱苡直長，諱壽聃直長，諱任贈吏議，諱崇文主簿、贈左贊成。諱緯贈禮議，號西溪，以文行重，宣廟己丑禍，與東岡金先生同竄會寧，卽公考也。妣清州韓氏，禦侮將軍忠獻之女。萬曆乙未十二月十二日，夢白鶴，生公于任實縣九皐里弟。

甫三歲，値島訌，避地白蓮峯下巖石間，鶴覆翼之，西溪甚神異之。年十二，遊李活齋大㞱門。二十三，從鄭寒岡學，以涵養本源爲進德之基，以窮探性理爲修業之根，鄭先生每加稱賞。丁巳，中司馬，累載居泮，三充國賓。自廢朝傷倫之後，謝歸田里，書籍自娛。

天啓甲子，有适變，上幸公州。公倡同志，糾合兵粮馳赴，與副元帥李守一合勢討平，扈駕入京。是年春，薦陞成均館學錄。時上方留意經學，訪問賢良。鄭愚伏、鄭桐溪兩先生，亟稱公理學，上卽命參講，應對如流，上虛心前席。六月，除司憲府監察。十月，雷雨示警，公上箚言，"迅雷甚雨，乃天戒之發也，況此純坤之月乎？古人以天變爲仁愛之發者，蓋欲令人君恐懼修省，不至危亡也。"十二月，移拜司憲府持平，乞養還鄕。

乙丑，承召旋拜成均館直講，疏陳扶綱立紀之意。六月，以憲府刑訊館奴事又上疏，前後疏箚，言甚剴切。丙寅，還拜司憲府掌令，辭以親病不就。

是歲，虜賊請和，公憤慨曰"當斬虜价，明大義，奏聞天朝，請討可也"，其辭氣凜乎秋霜。七月，除司憲府執義，九月，拜工曹參議，轉移戶曹參議。十二月，拜司憲府大司憲，加嘉善階，兼同知成均館春秋館事，乞遞不允。丁卯正月，虜騎犯邊，大駕幸江都。公與修撰李尙馨、佐郎吳暹倡義扈從世子于公州。及媾成，又扈鶴駕，至江都行在所。

丙子，胡騎猝迫都城，大駕移駐南漢。教書自圍中出來，公爲國誓死，仰稟于西溪公，公曰："忠孝乃吾家事，汝勿以老父爲念。且戰陣無勇，非孝也。"公承命惴惴，與李玉果興浡、趙洗馬平、梁翰林曼容、柳察訪楫傳檄列邑，聚糧募兵。至果川，聞和議已成，與桐溪上箚，北望慟哭而歸。別構三佳亭於聖壽山中，自作大明一區，斂迹遯世。甲申，聞帝京之陷，尤不勝忠憤，坐不北向，燕京貨物，一不近身。

乙酉十月十六日，考終于寢，享年五十一。訃聞，上悼惜不已，遣官致祭賻。越明年二月，葬縣西壽山下羣議谷乙坐原。英廟乙未，贈崇祿大夫、吏曹判書、兼知經筵事、藝文館大提學，諡文貞。特書崇禎年號於教旨，以示尊周大義，蓋曠世異數也。

於乎！最公事實，不惟事君盡忠，其事親也，怡愉竭誠，溫凊以時。庋閣瀡滫，篋笥衣物，必躬調親檢，務令適口便體。及丁憂，襲斂葬祭，一遵禮制，廬墓三載，哀毁如一日。服闋，終其歲，不與宴樂，晨起參廟，風雨不廢。教子姪若鄉秀，嘗曰："天地已判，道在聖人。聖人旣遠，道在遺書，有志於道者，舍是書何以哉？"信從者日益衆，咸推佳亭先生。如公根天之孝、敵愾之勇，惓惓引進之方，非眞"篤信好學，守死善道"者歟？

配善山金氏，郡守胤輝女，墓與公同原。生三男二女：男永厚持平；永夏出后；永奭無後；女李時華、金震龍進士。側室男，永新、永茂，女趙器夏。孫曾不盡錄。

公九世孫鍾澤使其從父弟鍾吉，齎家狀，不遠四百里，請福樞以述善之文。余以老廢固辭不獲，謹據狀而序次之如右，以塞勤懇云。

通政大夫、兵曹參議茶圃李公行狀

茶圃先生李公，諱之華，字而實，又號浮江居士。全義之李，顯自高麗，開國功臣、三重大匡太師諱棹，子諱康靖勇衛大將軍，子諱秀英兵部尚書，三傳至諱阡平章事。又四傳至諱丘直，始入本朝，戶曹典書，追封參贊議政府事，於公爲九代祖。高祖諱光元，刑曹正郎；曾祖諱佖，縣監；祖諱慶斗，贈兵曹參判；考諱宗文，縣監、贈左承旨。妣贈淑夫人玉山全氏，司憲府持平溪東先生慶昌之女。萬曆戊子五月初二日，生公于大丘霞山先人之第。

岐嶷異凡，四歲，見飛鳶盤天，以蓬矢仰射，參判公甚奇之。長且才，不煩師敎而自曉，未嘗與人立畦畛。年十五，受業于徐樂齋門，得聞爲學之方。又從吾旅軒先祖學，講究性理，屢被獎許。

庚戌，中進士。癸丑，與伯氏直講公之英同登龍榜，人以爲承旨公溫詳之德、全氏幽閑之行，宜其有長發之祥。甲寅六月，陞權知成均學諭，八月，拜軍資參奉。乙卯正月，遷廣興奉事，七月，遷內贍寺奉事、兼成均學諭、侍講院說書，十二月，選補藝文館檢閱、春秋館記注官、侍講院說書。丙辰三月，陞待敎兼說書，十二月，加朝散大夫，藝文館奉敎，秉直不撓。

丁巳三月，除成均典籍，四月，加奉列大夫，分兵曹佐郎、知製敎。己未六月，除黃延都事，尋移拜公洪都事。庚申，入爲禮曹正郎、知製敎。天啓辛酉，特拜司諫正言，抗章論李爾瞻之五罪，守閤固爭者，至五閱月，反爲爾瞻中螫，罷黜還鄉，與伯公作《携手同歸》詩以見志。蓋公之妻父李覺爲爾瞻輩所汲引，以秉銓用事，日誤國事。公以爲大義滅親，投書告絶。

癸亥反正，聖主知臣之心，甲子，特除典籍。乙丑，除鏡城判官，丙寅，除義州通判，皆不赴。丁卯之亂，陪吾旅祖，倡義主軍餉。崇禎庚午春，除大同察訪，纔經兵亂，益務安集，驛卒懷惠，有去思碑。秋，又兼管餉使從事官，受由歸省。辛未，丁內憂，襄奉祭奠，如禮以終制。

癸酉，拜咸鏡都事。甲戌，連除刑·戶·工曹佐郎、軍器僉正。乙亥五月，拜醴泉郡守，十一月，以事罷歸。丙子十一月，聞胡兵犯闕，募取軍旅，冒險赴難，遇賊於延豐。禍將燃眉，僅以得免，旋聞和議，慟哭而還。

戊寅二月，拜奉常僉正，三月，再除大同察訪。六月，丁外憂奔還。以伯公不勝喪，哀傷過度，常有枕席淚痕。辛巳，拜通禮院奉禮，又除奉常僉正。壬午，除坡州牧使，癸未，罷歸。

甲申，除金海府使，不赴。乙酉，除通禮院左右通禮，己丑，陞通政、副護軍。庚寅，除昌原府使。辛卯春，除兵曹參議，秋，拜定州牧使，不赴。壬辰，拜咸陽郡守，甲午，見忤於巡按使，謫寧海。

丙申，宥還，絶意名途，以江湖詩酒自娛。丙午二月十五日，考終于寢，享年七十有九。四月二十日，葬于大丘花縣錦城山，後移于釖形午坐之原。夫人墓在蘆峴子坐。

於乎！公以博學宏辭，生長簪纓世家。又甥館權要之門，其進取孰有先焉？而素性端嚴，不苟合於時。且當昏朝政亂，落拓散班，一無怨悔。彼世之不知公者，因公托贅之迹而妄加雌黃，然在公何損？

且況孝友肥其家，信義著於鄉，事親而盡愛敬之道，牧民而極字惠之德。危言直節，爲權奸之忌憚；幽情雅趣，爲江山之主人，邑誌與當時諸賢之撰述備矣，此非足徵之淳史歟？

配完山李氏，卽覺之女也。有一男八女：男玧，女長崔衛南、次李德素、曺時述、崔震望、洪錫奎、金萬春、兪壜、尹琇。玧娶縣監李善述女，男時格郡守、時杜、時相，女曺夏剛、呂元徵、鄭昌祉。後娶司藝宋克賢女，生三女趙塈、權復亨、曺夏相。時格娶姜寒沙大遂女，再娶延安李棆女。生五子：長益馨、次益馪、益馩、益馥出繼、益馝全陽君出繼。時杜系子益馥，女呂以升、柳後沆。時相子，益馦生員，女許鑛。玄孫以下，不盡錄。

後孫種杞、廣魯奉家狀，責余一言。顧耄廢不敢當是寄，契義所在，有難終辭。謹據狀而撰次如右。

四梅堂盧公行錄

士生斯世，自非不待文王而興者，未有不藉於父師而成就其志業焉。四梅堂光州盧公卽寒岡鄭先生之彌甥也。生有異質，自齠齓，沃村公義教周至，及長，同從父兄菊潭公垓受業于寒岡。時先生患風痺，興居必須公，昏聘祭祀等禮，亦委公周章。每貽書沃村，勿令招還，公一心左右，如恐不及。

早謝公車，與弟三人因心友于，專意經籍，築東山齋，日夜同處。又於甘勿江上幽邃處，築望湖亭，付弟坫，爲讀書之所。冠山卽公先齋也，設月朔講，陪季父月村公，勸奬後進。

性尤恬靜愼默，處家鄉，恂恂然不爲圭角。蓋以公生質之異、求道之誠，早自得師如寒岡，而薰炙如彼其專，樂有賢父兄如沃村、月村，而擩染如此其至也。已自童年，志父師之志，業父師之業，而竟閼其年，嗚乎惜哉!

世代玄遠，文獻之徵，類杞、宋之闕焉。惟鄭先生之持贈四梅，漁村楊公晅之輓詩所云"有聞又能行，工夫勤切磋。世人皆黯黮，爾思獨無邪"，此可以爲公實記矣。

公諱壥，字子翕，生萬曆戊戌十一月初八日，卒仁廟丙戌八月初三日，葬縣西屯智山乾坐原。配密陽朴氏，同知璘女，逍遙堂河淡玄孫。若公世系若子孫錄，具載墓碣，略采遺事如右以歸之。

草溪郡守惺齋金公行狀

公姓金氏，諱立，字立之，號惺齋。贈領議政謚文敬公寒暄先生諱宏弼之孫，縣監諱彦庠之子，密陽孫暭之外孫。

以弘治[55]丁巳生。自嬉戲，已具成人體段，未嘗出俚語。八歲，遭甲子之禍，號泣不已曰"天於吾祖，胡忍此極"? 聞

55 治 : 저본에 "化". 연대 고증에 의거하여 수정.

者莫不酸鼻。成童，志學，定省之暇，潛心講究，鄕隣長德皆以爲是家生是兒也。

戊子，中司馬，除活人署別提。內而義禁府都事、宗親府直長·主簿、司憲府監察、刑曹佐郎·正郎、判官、典簿、豐儲倉丞、禮賓司正、繕工監正，外而谷城·義興縣監、沃川·草溪郡守。在義興，邑僻事簡，琴鶴靜暇，常從退溪李先生，講磨道義，契許甚密。又與西川君鄭先生裒集暄翁遺事，時李龜巖先生，方守昇平府，實主是役。退溪與龜巖書曰："寒暄事錄，此間亦曾見得，歎其奇禍之餘，文蹟散逸無存，今所得皆殘剩片段之一二。其孫某今宰義興，與某有舊分。欲來見囑以碑文之述，此非某所能當。"又曰："《景賢錄》疏略，近金某持一本來示，與某曾得本草比校，有所加得。"又曰："鄭生所錄草本，近方寄來，兼得金某所錄，參互考證，擬爲定本一冊。其間亦所傳聞錄入者數三條，恐或非實，不可不質之於金義興。"又嘗留京乞退也曰"金義興入都，吾之去就可決"，微公平日見重，何以獲此哉？

明廟朝以梅竹一屛恩賜公曰："此爾祖文敬公遺蹟也。雖予所愛翫者，而當賜肖孫，作家寶。"以壽陞通政。丁丑，考終，享年八十一。

於乎！公資稟純粹，才行俱全。屢典內職，盡心愛敬，四莅郡縣，竭誠字撫，武城絃歌，丕變鄕邑之野俗。其得於家庭者，有如是矣。

惜乎！韙言懿蹟，盡入於兵燹，龍門古匣遺韻難尋。惟有老先生一言之重，足爲千古不朽之公證，奚以多乎哉？

配玄風郭氏，緯之女。有二男：長壽愷生員，次壽恢察訪，俱師事退溪先生，屢被推奬。孫曾蕃不錄。

公之後孫浩龜，屬福樞以狀行之文。顧玆藐然後生，何敢論列稱揚於前輩久遠之蹟乎？ 三辭不獲，謹敍其一二如右，恭俟知言君子之財擇云爾。

工曹佐郞芳谷盧公行狀

公姓盧氏，諱碩賓，字大觀，號芳谷，光州人。自麗顯赫，曁聖朝，有司諫諱善卿，號東岳，抗疏斥佛，有逸持平諱璡，號墨齋，爲己卯名賢，是於公爲六五世祖也。曾祖諱傚，參奉；祖諱克諶，奉事；考諱世茂。妣密陽楊氏，許國女。以崇禎己卯五月二十九日，生公于草溪中方里先人第。

骨格瑩秀，自幼異凡，不喜隨同隊戲，恒侍親側，才又穎發，有教輒誦。季父公始授《朱書》十板，未數頃背誦，不差一字。林川都公汝垣俾讀蘇氏《水樂亭記》，纔一遍試誦無遺。十五，遊姜寒沙門，口不出麤厲之言，手不執無益之藝，寒沙公期以遠到。

庚戌，丁外艱，喪祭盡禮。己未，登明經科，聞喜日，痛孤涕泣，哀動傍人。丙寅，陞典籍，忤時宰，出爲成歡丞。

戊辰，奔母氏喪，水醬不入口，幾絶僅甦。辛未，以司憲府監察，爲大同丞，呈病乞遞，拜工曹佐郞。

尋拜昌平縣監，時柳長銓命賢、李亞銓玄逸餞曰：“昌平竹子可適病口，榛棘不足恨也。”公爲治，淸儉慈恤，得吏民心。賦歸行槖蕭然，帶奴不免寒飢，縣人立去思碑。自後無意進取，入彌陀山水石佳處，築南溪亭，日與鄕里長少，或吟哦遣懷，或參究禮說。

壬午，鄕人爲公墨齋先祖，建松原書院，議定其祭儀。戊子閏三月初二日，考終于寢，享年七十，葬郡東斧谷負辛原。

淑人晉陽鄭氏，承議郎光元之女。相公五十年，閨門肅如。先公四年卒，墓同麓。有二男三女：男長徵，次崇，女姜日躋、崔載崇、河潤洙。徵男，之說、之尙出后、之良、之光，女權翊、成胤祖。崇嗣子，之尙。姜日躋男，雲擧、龍擧。河潤洙男，應洛、應時。

於乎！公平居，謹奉先之節，雖一器一饌，務盡精潔。嚴男女之別，雖至親至情，不與混坐。堅義理之守，利說悖談，鄙斥不容。

舊交當考官要見不往。與休谷林公德遠、遊齋李公玄錫、梅軒郭公壽龜、一菴辛公夢參、聽翁李公命夔講磨道義。見得旣明，發爲詩文，如韓文公三上書之論、寒泉齋絶筆之作，有感發人者存。

至衣巾几案堂室之必整必灑，置屨植杖之皆有常處，尤可見性情之正。竟不遇時，少試於攻駒宰鷄而止，爲世道嘖嘖，顧何如也？謹采遺事中一二，以塞本孫之勤請云。

相違堂 金公行錄

吾友金普鉉佑若奉其先世年譜，屬福樞以狀行之文，三辭不獲。謹按：公諱世鳴，字鳴大，號相違堂，蓋取諸陶靖節"世與我相違"之意也，善山人。以肅廟辛酉，生于高靈伽谷里第。生甫八歲，溫雅恬謹，不喜同隊遊戲，先考拙窩公甚奇愛之。

始授《童蒙須知》，次授《小學》曰"昔吾畢[56]齋先祖所授門徒者也。事親敬長，忠君接物，修齊治平之道，備載此書。汝其讀之融熟，爲體行之資，然後可讀他書"，公一心奉承。

每早起盥漱，先省祖母夫人，次省父母。退而端坐，書冊紙筆，未嘗釋手。有文義未曉處，必潛思默會，快悟乃已。寒溪吳公善基，以爲湖、畢[57]兩先生詩禮之學，有傳於此人。

庚寅，拙窩公病于直所，公罔夜馳進，遂呈辭輿還。五箇月，奄至不淑，易慽備至。葬而逐日省哭，雖隔十里之遠，不以風雨寒暑或廢。

乙未，母夫人患痢，公濯溷煎藥，不委婢僕。丁憂，啜粥三年，毁瘠骨立，人有勸以肉汁，公泣辭曰："慈念所陰騭，身不病矣。"

辛丑春，省江湖先生墓，巡察使趙公泰億適到，與之論史記及古人政治得失，大喜曰："盛聞名聲，恒切願見，今

56 畢：저본에는 "僤". 사실에 입각하여 수정.

57 畢：저본에는 "僤". 사실에 입각하여 수정.

始獲接，實非偶然。幸爲我惠以德音否?”是秋，直指使趙公永瑞薦目曰:“學問眞實，行義純固。”英廟朝入英、翼、順三陵參奉望。

築梅村精舍，著《訓家十條》，警飭子姪。著《貶僞辭》，敎授生徒，遠近信從者日益衆。又立契，爲奉先恤貧之資。卒乙丑三月二十三日，享年六十五。葬伽谷村後負壬原，與夫人嚴氏上下墳也。

公追孝彌篤，尊賢且至。爲畢[58]老、爲璞翁、爲先公，竪碣創祠，撰行蹟。爲郭梅軒、吳寒溪，享梅林院。及望實俱隆，玄倅李公友仁，聞名請見，巡相李公廷濟，有書邀見，皆不應。惟友善，如遂菴權公尙夏、息山李公萬敷、月岡金公南粹、青泉申公維翰諸弘碩。雅好佳山水，歷覽以助奇氣，以暢幽情。

噫！如公俊特之儀、通明之才、堅確之操，不幸命道多舛，未霑一命，隱處巖藪之下。書史灌其心，孝友肥其家，而無小怨悔焉，是豈特天賦有異？抑亦擩染於家庭者然歟！若公世系子孫錄若配位生卒年，已備諸述，何用更贅？

完山崔公行錄

公姓崔氏，諱益大，字謙叟，號山圃，全州人。上祖諱阿，

58　畢 : 저본에는 “僤”. 사실에 입각하여 수정.

仕麗封完山，謚文成。入我朝，有諱斯泌，寺正；生諱子經，縣監、贈判事；生諱水智，應教、贈都承旨；生諱以湜，郡守；生諱潤身，僉使；生諱潭，參奉、贈右尹；生諱云哲，贈刑判；生諱均，號蘇湖，壬亂，與弟義肅公諱堈倡義，贈吏判，謚義敏，享道山祠，是公六世祖也。高祖諱濂，曾祖諱由久，祖諱震樞，褒孝贈持平，考諱應會。元妣密陽朴氏，大菴先生惺後，泰復女。妣玄風郭氏，文游女。英廟己酉正月十六日，生公于晉陽之元堂里第。

自幼異凡，六歲，喪先公，又喪王母，受服哀毁如成人。常侍從父廬側，巨細事唯命不違。稍長，就學于宗叔起全之門，克遵母夫人"寡婦子非顯不友"之戒，勤劬不自逸。

丁卯，母夫人遘痘，公亦繼染，雖痛㦒中，藥餌粥飮之供，必親自檢飭。及當大故，柴毁幾滅性。將卜宅兆，備幣九黑牛曰："吾非信術士，送終大節，不可不誠，豈以得爲而儉其親乎？"

一自孤哀，讀《小學》，至事父母章，輒嗚咽不成聲，如王裒之廢《蓼莪》也。尤拳拳於《語》、《孟》，體驗精察，得力爲多。三赴南省，竟不售。歸路謁大山李先生，作詩曰"蘇湖之上丈人廬，今日函筵曳我裾。聞道充然如有得，將歸蓬蓽悵猶餘"，益加勉焉，不知老之將至。所居室，扁以六吾：一曰臥吾廬；二曰耕吾田；三曰飮吾泉；四曰讀吾書；五曰樂吾天；六曰終吾年，皆有詩以見志。

平居，晨起拜廟，退而端坐，必飭衣帶，終日無欹倚之態。遇忌，齊肅奠獻，雖老且病，不以人代。與弟花圃公移卜青岡里, 别構一堂于先墓相望地, 扁之曰景楸, 以寓風木之思。日處其中, 聯床講討, 怡然有天倫知己之樂。

尤於爲先事, 殫竭誠力, 蘇湖公爵謚竟致蒙允。移建蘇臺祠於道山。旬朔設講, 門少鄉秀畢至, 幾不能容。曾爲宗川洞主, 日與學者講明爲己之學。子弟有過, 娓娓說古人嘉言善行, 開其迷而使之自改, 未嘗以嚴峻加於聲色。或詩以勸進, 如"《小學》須勤讀, 賢師不在他"等句是已。

析產一無自私, 擇腴畝爲祭田, 辦財爲永慕、興學兩齋營立之資。又以贏餘, 爲從父若季氏祭用及女子子出嫁、羣從姪不能自給者。劇寒有衣弊者, 輒與新衣一稱。應接之際, 毁譽外至者, 一任起滅。若義理所關, 則毅然有不可奪之操。

雅好佳山水, 優遊萬壽、仙遊諸勝。於道德亭下, 鑿池畜魚, 以寓蕭散之趣。年至耄耆, 猶不懈檢飭, 觀於自輓詩可知。疾革精神猶爽, 顧子弟曰"吾平生立志不苟, 然老大無成。今至於死, 願汝曹勉力爲學, 副我泉下之望", 悠然而逝, 卽純廟丙子六月十五日, 享年八十九。葬固城積石山玉水巖子坐原。

於乎! 鄭立齋曰"夙聞學業, 而恨不得合席討論", 李晩覺、李默軒曰"古君子用功處, 如忠信誠敬等題目, 無不可稱於此丈", 李東郭宇鏑[59]曰"南來可以許心者, 惟某其人", 姜校理必魯曰"道院諸生, 彬彬多可觀, 問之皆學於公門",

59 鏑 : 저본에는 "育". 고증에 의거하여 수정.

權寢郎正錘曰“南隅之不墜先輩淳風，皆公之力”，河處士鎭卓輓曰“藹然儒味粹于面，不獨年高德亦全”，申鳳鳴永躋侑文曰：“忠信感物，孝友通神。”此可以槩公生質之美、好學之篤、孝親奉先之誠、待人接物之道矣。固陋寡聞，更何贅寂寥一言哉？

配延日鄭氏，道貫女，圃隱先生後也。公敬之如賓，偕老至回巹。非有事則未嘗入中門，亦未有狎昵之語。夫人亦有壼儀，一家賴而裕如。生一男四女：男奎燦，女申應善府使、姜晬、鄭履九、金冕運。奎燦男，相甲進士，女金鼎壽、權正學、尹岬、朴俊蕃。進士男，澐生員、瀧、演生員出后、淒、滎、泓，女李相鉉、李冀範、金致默。以下蕃不盡記。

公之五世孫道燮，奉公行錄，來余伽寓，囑以述善之狀。三四勤摯，辭不獲，謹按狀而撰次之如右。

貞陵參奉一善金公行錄

金君逵自童丱，數以書訊，及冠，奉一冊子，示曰：“此吾先王考灘翁公記事，而公從子靜窩公所撰者也。願惠以述善之狀，以圖不朽。”固辭不獲。

謹按：公諱相洛，字宅中，善山人，江湖諱叔滋、畢齋諱宗直兩先生之後也。高祖諱是洙，曾祖諱世理，祖諱壽寬，考諱敬喆，號三畏齋。妣碧珍李氏，克復女。正廟辛亥七月二十三日，公生高靈伽谷里第。

儀貌峻潔，才藝敏悟。七歲受《童蒙須知》於三畏公，不煩教而便曉大旨，三畏公奇愛之，以爲大吾家者，必此兒也。天性至孝，以承順爲事。友愛且篤，與伯氏參議公至白首，聯床共被，衣食資用，亦共一庫。

乙丑冬，與參議公住山舍，讀《魯論》，至《顏淵章》，公慨然曰"顏子以聖人之資，親炙聖門，大小大用力，只在四勿上"，逐節反復，三冬不輟。庚午，遊柳江皐尋春門，負笈問難，殆無曠年。癸酉，爲親赴擧，中生員。戊子，荐遭內外艱，哀毁不脫衰絰。喪祭一遵朱夫子《家禮》、先先生《彝尊錄》。

乙未，除貞陵參奉，不就。丙申，遇新歲述懷曰："過一寸陰便莫追，優遊況復見時移？人如有志須勤早，箴在滄洲十悔辭。"遊伽倻遣興曰"極處方知努我力，還嗤俗子浪遊山"，以見志。

甲辰秋，爲請江湖諡，千里叫閽，一病旋革。乙巳二月，肩輿抵金泉，公之子若從子基默偕來侍病。公執手言曰："吾死何憾？但伯氏在堂。"以初六日，皐復于邸，遠近知舊莫不哀之。粤四月，葬草溪栗亭子坐原，從先兆也。

配玄風郭氏，世翰女，靜觀齋基孫后。生庚戌，卒壬子，墓龍塘洞。一男致默，三孫埴、塾、逵。

於乎！公以異凡之姿，繩大祖之武，孝親敬兄，孜孜乎務本。從師取友，汲汲乎就正。一書三冬，用和靖半年之工，筮仕不就，遵夫子"從吾所好"之訓。如餞迓遊觀之什，流出天機，意寄深遠。遭時不幸，旣不與之位，又不與之年，纔過知命，奄見西垣之毁入，誠不能無憾於天地之大矣。不揆妄率，略采記事中一二，以塞孝懇云。

豐川 盧公行狀

近古豐川盧公，諱光履，字胤之，勿齋號也。天性剛方，孤立不黨。早謝科臼，折節向學，經傳子史無不該貫，而尤邃於《易》學，以六十四卦分配十二辰，而作《神明舍圖》，以存理遏欲爲學問頭腦，而作《防意城圖》，手抄聖賢至論，爲學令五條：其一，人倫之要；其二，學問之要；其三，變化氣質之要；其四，待人之要；其五，愛物之要，因箴以自警。采摭先世嘉言善行之散出於公牘輿誌先賢題品者，著爲《家學圖》

庚辰，奉享旁祖弘窩先生於道谷院。丁亥，有郡底掛書之變，辭連於公，事將罔測。按使鄭公基善，察公志行且所技文字，皆天人性命之源，心學義理之微，顧謂諸查官曰"此眞讀書人"，卽爲白放。因以登聞，拿罷地主，幷竄兵使及捏誣者。公猶自訟曰："吾行未有素孚於人。曳衰就捕，久曠廬次，實爲終天至痛。"

自是益勵素守。事母夫人，竭力忠養。地主李公益秀、趙公濟晩聞其孝，月朔米肉以資廚供，前後相繼。有孀妹殉節，而達天聽，旌其閭。竪先墓三世之碣。勘正姓譜之世曠難稽者，祧埋位田之當歸宗者，付諸族中，以奉無嗣外先之歲薦。

生英廟乙未十二月初四日，卒哲廟某年十一月初八日，享年八十二。屬纊前數日，口號自輓曰"勿字旗頭勇字懸，魔諸强賊壁深堅。休言著脚傍無地，只信知心上有天。造次淵氷常戒懼，平居呼吸亦尤愆。而今而後吾知免，含笑怡然指九泉"，此可以槩公踐履之始終也。

嗟夫！世降俗頹，視禮義爲籧篨者滔滔，而惟公知行誼之爲貴，盡孝於親，篤友於弟妹，推及旁外先。義所當爲，勇前不顧。

蓋其得於天者，有以異於人矣，若使公擢用明時，何事不做？而世不我與，落拓窮巷。歷險履患，而志益固，居窮處困，而操不撓。飽飫晩暮之工，《鄕射條約》、《太極問答》，有足以嘉惠後學者，未必不自窮厄困苦中得來矣。

噫！玉埋而光自著，珠沈而瑩莫掩。洪公章燮待以南州高士，崔公璜許以道義交。洪相公奭周見公斥邪文，再三歎賞曰"盧某文詞浩汗，義理森嚴，令人起敬"，此非公實際評邪？有文集若干篇，藏于家。

公鼻祖諱裕，麗進士。我世宗朝，有集賢殿學士、淸白吏諱叔同，箋註經史，號松齋。是生校理諱昐，贈禮判；是生參奉諱友明，號信古堂，己卯名賢，以仲子文孝公諱禛貴，贈吏判，祖孫俱享道谷書院；是生進士諱禧；是生諱士俊，贈刑判；是生諱冑，壬辰擧義，授參奉不就；是生諱亨道，值丙亂，與兄諱亨運倡義旅；是生諱泂；是生諱世重；

是生諱琮，以從父弟諱瑛子諱守敬爲後卽公祖也。考諱稜。

妣南原梁氏，重德女。配載寧李氏，毅軒心傳女。毅軒湖左名儒，公之德器成就，有所自云。有一女，適禹希舜。後配扶安金氏，義鑑女，無育，以弟光德子奎爲嗣。側室二男，坦、載。奎三女，李明善、閔致央、次幼。坦男，五鉉、植鉉，女李祖林、韓容樂、李昌容。載男，卓鉉、旺鉉、弼鉉，餘幼。公墓在斗洞陽地負亥原。前配墓斗洞酉坐原，後配墓酉谷子坐原。

公之胤坦老且貧甚，齎幣繭足，不遠千里，求墓道銘於許尚書傳，求弁卷文於李承宣敦禹、金臺諫麟燮，又求狀行於福樞。其誠意之勤摯，有足動人。且世誼不凡，有不敢終辭，謹據家狀而刪潤之如右，以塞孝懇云。

藏園 黃公行狀

公姓黃氏，諱源善，字進懋，號藏園，其先長水人。英陵名相翼成公諱喜生少尹諱保身，以門戶盛滿，南下尙州之中牟，子孫世居焉。三傳至畜翁諱孝獻，官吏判。六傳至華齋先生諱翼再，官府使，以名節重，是於公爲五世祖。高祖諱宗榦，曾祖諱勖重，祖諱泰熙。考諱錫老，隱德不仕。有監察諱浚，處士諱垕重，公本生高、曾祖也。妣晉陽鄭氏，立齋先生宗魯之女，閫範甚備。

公以健陵戊午三月初十日，生于壽峯先人第，於序爲季。

儀貌性氣，端而豪爽，沈而聰睿，如芙蕖之濯秋水、笙鶴之戛雲霄。

甫齔，就學于立齋，在在觀感，趨走唯諾，無異老成，見者吃吃不容口。長遊南誠齋漢皜門，薰陶尤至。周親之內，有如正齋莘老、白下蟠老、雨坪鱗老諸公，日以文行引進，德業相期。

公事親至誠，日夜同伯公浩善，侍側婉[60]愉，洞屬常如執玉奉盈。如有不安節，終夜不解帶、不交睫。及丁憂，附身附棺，不專委伯公，各盡情禮。毁瘠殆難支，淚不乾睫。迹不中門，食素終制。伯公嘗曰："吾季之善居喪也，欲爲錄一通，以示吾子孫，而僭越未果云。"

服闋，隨伯公晨謁，未嘗或廢。遇忌，必前期齋沐，齋之日，終日擎跽，如見所爲齊者。替事伯公，愛敬冞篤，至老白首，而左右扶持，飢寒撫問如一日。自伯公見背，枕席每有淚痕。晨昏拜，亦三年不廢，時公之年已耆矣。

處宗族以公正，御羣下以廉平。教子姪，先行後文，而謹守儒規。接鄕里年高者，雖疏賤而致款曲，閨房之內無褻儀。賓朋之席，討經談古，滾滾不厭，如見人之不是行、不是事，則峻斥無所容。

家後有藏菴，華齋公藏修之地。公寓慕不已，因以號曰"藏園"。每於花朝月夕，以山冠野服，佩瓢杖藜，或與客逍遙，或乘輿獨往，樂而忘歸。

60 婉：저본에는 "惋". 내용으로 보아 수정.

每日晨起，盥櫛整冠衣，對方冊聲出金石，夜分乃寢。酷好《大學》、《中庸》、《心經》、《西銘》及《敬齋》、《夙興夜寐》等箴，終身佩服曰："聖學最要，惟誠敬二字。誠關自固，外寇焉入？勉勉無一時之或間，無一念之或忽。"又曰"文章不足則無以達意"，往往汎濫韓、杜、陶、歐諸家。又遊賞諸名勝，助發其氣，故其文雄健可喜。以今上癸酉三月十四日卒，鄕道悲惜之。禮窆于華山麓瀰川負西原。

於乎！公擩染義敎，周旋有道門，自童年志學，超乎俗學之外。孝友爲基根，誠敬爲樞要。心不萌忮求，身不設怠慢。坐則肩背竦直，行則步履安徐。英氣藏於斂飭，潔操著於寒素。充養旣至，踐履且篤。此不但生質之美，其有得於學問者，豈可誣耶？

嘗言吾以"讀書以存心"爲五字符，嘗試之始也，讀一二行，便覺二三走作，今則至三四板，或一走作。又言前輩學問，必壽而後融熟，蓋公晩年造詣，於此可驗矣。以若學術行誼，雖不見用於世，猶爲鄕閭之矜式，天之所以厄其命而閼於用者，何嘗無意於其間耶？

配宜寧南氏，士人宅正之女，損齋先生漢朝之孫，有女士行。公之淸脩保養，內助尤多。生某年，卒甲寅，墓在新德向离原。二男在直、在中，皆幹蠱而文。三女金璋遠、洪毅萬、趙某。

日公之從祖弟蘭善同輔，訪余甪里山中，謂余曰："子之知藏園公審，盍爲摭實泚筆，以圖不朽？"余作而曰："如福樞之昏愚，何敢當是寄？但公二胤賢孝而不得年，目今後生，亦無繼述者，其師門授受之旨，平居日用之實，異日雖欲尋逐其彷彿，而不可得矣。”三十年依仰之地，難以非其人辭。略述其平日所悅而未學者，烏足爲泰山之一毫芒？其他家庭間隱行潛德，余未有知，姑闕之，以俟同輔之敍而傳之云。

玉山張公行狀

粤昔庚申之禍慘矣。其年孝子戀美公生，於福樞爲同六世親也。嗚乎！微公徹天之孝，先公誣獄，何以暴白於天下後世耶？公之胤琪遠自童丱，奉父命，勞身焦思，閱九年而始伸父至願。又錄其實而爲家狀，屬余爲一言，拜而讀之，自不覺汪然出涕。

公姓張氏，諱錫奎，字師雲，號戀美亭，系出玉山。考諱時皡，妣盆城裵氏，東渙女，端莊靜淑。庚申隨坐，生公于獄中，卽其年九月六日也。使婢懷歸，至家視之，遑惘之中倒懷，而一息尙存，人以爲神。未二旬，母子散配，幸蒙貞純王妃特敎，合處康津薪智島，得以保命。

自幼異凡，常侍母側。母氏語及先寃，公輒嗚咽，掌上書讎人姓名。戊辰，母氏若及笄姊，夜見鎭吏突入，俱直走投海。三日暮，相抱尸浮出。

時公年纔九歲，叩地叫天，懇乞藁葬。與伯公零丁飄泊，豐飢煖寒，有九必死，無一可生。志氣益固，嘗曰“不學無以自明，非財無以自力"，辛勤傭作。少暇從里人學，其人慮或累及，有割席之擧。公乃竊聽戶壁間而默誦之。借讀隣冊，或有未曉字，必書諸掌而問于行道，竟通書史，財亦醎辛幷蓄，致屢千金。苟利於伸雪一路，無論貴賤，皆傾貲好施。

辛卯，丁國家大赦，公獨以纍寃無路，心不欲生。嚴冬風雪，終夜單衣露處，忽幡然曰："徒死無名，且吾死則此寃誰伸？"匍匐至家。壬辰，公年壯大，尙未有室。隣孀艷公文行，私自送媒，公却之曰："不欲以非禮人配己。"乃聘延安車氏，東煥之女，蓋衣冠寓族也。

公平居，食不具味，寢不設席。家人或强之，則曰："吾先寃未伸，先烈未表。育妻子處室屋，猶若負罪，何敢自逸？"每夜躬自虔潔，入山谷，汲水祝天，自少至老，雖大寒暑大風雨，不懈也。夫人悶其勞而請代，三年如一日，人皆稱有是夫、有是婦。

公嘗言："天以我有財粟者，非欲使吾爲口腹計也，將憐吾先世之寃，使資用於此事。若吾死之日，庫有餘粟，櫃有餘財，非吾之志。惟案蓄經籍數百卷，以遺子孫足矣。"

癸卯，往嶺營，細考禍變顚末，錄成一部文案，將爲鳴寃之具。與諸鎭將共議，適有一人惎之，公憤不得正，絶水穀十日，猶不死。乃慨然歎曰："皇天哀我父祖之負辜，矜我母姊之操行，姑存此子，以雪不瞑之寃恨歟！"

甲辰，公以生未見父面，未十歲失母，追服三年。朝夕哀痛，食飮寢處，一遵古禮。島人甚駭，以危言劫之，伯公亦苦止之，終不能奪其志也。

事伯公如嚴父，不敢爇荼於其側，或甚怒則尤加敬謹，布粟必分尺粒。教子姪方嚴有法度，或有過，雖冠必杖，抄授《小學》中要切語，使自讀之。見人一善，亟稱譽，使自效之。

嘗戒之曰："至情雖饒，無望周急也。人情望而不副，則必生怨。"又曰："汝父過剛，遇事多悔，不足法也。"處隣里，歲飢賑貸，忌疾藥治，不避艱危。如有未及濟者，輒引以自咎。

有文士來訪者，必與之討論經史，昕夕不倦，或留連衣食之。有從學者，必先孝悌忠信之行曰："人之所以讀書，善者行之，惡者懲之。不然則書自書、我自我。"與人父兄言，必以使子弟之方；與人子弟言，必以事父兄之道。

辭氣款洽，藹如陽春。若乃辨義理、析是非，如竹破河決，聲如巨雷，聽者竦然。性淸介，少時，雖糟糠屢空，冬月冷突，讀書不輟，飢寒不入于心。

尤不喜巫卜風水之說。家有痘憂，戒家人勿設神床曰："神不可瀆。"又曰："人之吉凶，皆由於天，豈以祖先白骨爲要福哉？若水火非常之災，謹避之可也。"嘗患長瘡，盥櫛衣冠，端坐終日，歷三次而瘡自瘳。又病疥，手不加爬，三月而疥自滅。其用心刻苦，做事堅忍，皆此類也，島人始也慢之者，皆犁然向服。

癸丑，命十五歲兒琪遠及從子朋遠之洛，公送之津頭曰："此吾五十餘年腐心煎腸者也。自省事來，夜不能寢，少寢輒蹶然坐以待朝，汝能以吾心爲心否？"

是年，寃章得徹天聽，蓋以李尙書紀淵、尹承宣致英二公，嘗竄隣島，感公至行高義，爲之極力先容也。辛酉，國舅金相公汶根，深加矜賞，默斡天心，深軫六十年積鬱之寃，量移近便之地。琪遠持關文歸省，則公已寢疾。執手而語曰：“此吾所預料者，故已以歸葬之意，告于先妣墓，汝其識之。”

其文略曰：“孺人以皭然不滓之貞固，每欲奮不顧身，超然辭世，而所以不忍者，以不肖兄弟孤孑無依故也。厄會荐至，遂定洗耳滄浪潔身輕擧之意。攬裙納履，蹈身於鰐浪鮫波，阿姊繼踵。于時鬼神瞋目，木石含悲。悠悠彼蒼，曷其默默哉？小子日夜腐心刻骨有三：一則雪父祖之晻昧，以除司寇之編錄；二則記母姊之貞節，以遺來後之苗裔；三則收母姊之骸骨，歸葬先塋之側。然後死無餘恨矣。小子旣爲先人慈母之子，生不得孝養，死不得禮葬。權瘞於瘴炎絶海之中，穴深未滿幾尺，土掩不及數簣。上有風雨磨漏之深憂，下有草木根纏之慘禍者，已多閱歲矣。孺人體魄豈得小安於此鄕哉？無時不怵惕懷懼，常欲奉柩還故，而其所未能者，拘於法律。幸天意昭回，積歲之寃，已得伸雪。今將奉柩還故，伏惟尊靈安心安輀，萬全還鄕，而永釋泉下未忘之恨。嗚呼！一門七人，同入此島，已盡零落，所存者惟不肖一箇，而年又六十有二，誠力已竭，死日不遠。幾何不拜見父祖孺人於地下乎？”云云。

辭旨惻怛，讀此不淚者，非孝子也。病革，夫人痛其蒙宥而不得生還故土，以指血試之。公開目視之曰：“夫婦雖至親至密，死生之際，不可相褻，君無以非禮加之。”因處置家事，纖悉無遺。以三月十一日，恬然長逝于島中，親戚寃惜之，島民齎咨涕洟。成服，夫人承遺意，挈眷奉柩，還于故里，葬善山鶩峴山巽坐原。

於乎！公家事尚忍言哉？公之王考父子兄弟，當正考禮陟，謂以世祿名裔受國厚恩，有異於凡氓，因山前，服斬喫素，望哭如禮。時地主李甲會，壽其親，而見速不往，又饋牛酒，而却之以不義。

李乃積憾，誣以秋夕私屠，捉致家奴，以報營照律之意，百般恐脅。不忍忿憤，夜叫官門，李欲因此逞嫌，而由吏朴就蕃，素以奸猾，亦得罪公家者也。互相唱應，羅織文案，誣報廵營。廵相申耆，初不覈正，遽然登聞。院相沈渙之，以辟之主論，素忤嶺南。極毆罔測之地，再奏簾殿，轉至孥籍。其交結盤錯，實非人力之所可解釋。然惟公蓋棺前，到底誠力，能感天人、通金石，纔一甲而昭釋，莫非公誠孝之所致也。

以公剛毅之性，幹辦之才，若擢用明時，則傾可扶、倒可迴。不幸遭家板蕩，生於圜土，縶於蠻鄉。閱萬惻而彌貞，履百險而不磷。支離白首之年，母氏之蓬頭垢面，常現於昏晝虛寂之際，悲不就寐，繼之以涕泗。

噫嘻！千秋必返，古之道也。天所以生公於萬死之中者，將欲㬥白其寃，扶回覆巢，以顯公之至孝也耶！從古仁人烈士之著其迹、顯其名，未必非窮厄困苦中做得來，而未有如公所遭之慘酷、所守之堅確矣。

吁，其可敬也已！若公世系若子孫錄，載在家狀，不必架疊。謹撮其事實一二，恭俟扛筆者采焉。

副護軍星山呂公行錄

呂氏先，中朝人，唐翰林諱禦梅避地東來，爲羅典書。暨麗至我朝，有三重大匡諱良裕，工判諱克誨，居星山，因以貫。圓亭諱希臨、八兄堂諱烜、南溪諱孝周，俱以經術、文行，或仕或逸。直方齋諱櫶行，著邑誌，是於公爲高祖。曾祖諱齊點，祖諱宜望，考諱百行。妣玉山張氏，東羽女，克明堂乃範後，有婦德。

以正廟庚申十二月初八日，生公于明巖之樹村里第。諱應奎，字景瞻，菊件號也。天性至孝，才且穎敏，已自六七歲，事親極致愛敬，讀史頗曉大義。

己巳，喪母夫人。其病革，謂公曰："吾死之後，汝若成儒，吾當瞑目。"公以十歲兒服膺遺教，哀毁尤至。凡初終之具，樹襄之節，泣懇先公，稱情禮，惟父子相依爲命。公躬執竈舂，饋奠供奉，竭力盡慮，未嘗見其靡堪色辭。有暇必親書冊，心口記誦，日以爲常。

闋制，家益剝落，無以奠守，或寄於堂親，或寄於渭陽。得異味則乾而藏之，待歸省，折半獻先公，折半奠先夫人墓。雖顚沛棲屑之中，自能嚴立課程。纔成童，文理精通，見解超脫。

庚辰，聘竹山朴氏，文憲公元亨之後，重烈女，同調止三年。甲申，再聘月城金氏，思德女，家室始定，父子團會。與夫人同心竭力，志體之養，靡不用極。又從宗叔慕軒公翼行學，天命之微奥，操存省察之要，反復論難，各極其歸趣。至如慕翁所纂《明書》，多公所贊助云。

己丑，修整宗案，及八兄堂重建，錄定奉先讌賓諸條，蓋以先公遺意也。丁酉春，先公患忌疾。以公淸羸，先經此證，圉圉莫振，猶不解帶、不就枕數朔。禱天嘗糞，得回甦，是秋竟患痢不淑。襲斂自盡無憾，葬而晨昏哭墓，三載如一日。

月會堂先父老所創也，歲久有傾覆之患。壬寅，移建於村前舊址，奉先讌賓，一如八兄堂條例。爲先集鋟梓，佳辰燕毛，教養後進。別設營刊、養老、講學三所，爲傳世遠謨也。是冬又喪偶，三聘于星州都氏，宇運女，六年而歿。羣稚滿前，酸苦無比，公處之有道，自無怨尤。

壬子冬，葛菴李先生蒙復帖燃黃之典，遣從父弟炳奎，文以祭之。癸丑，建齋于圓亭公楸下，名之曰"興思"，蓋取諸甄氏亭名也。時主上方有側席之求，地主金公益鼎，以公欲應之，公抵書鄕射堂而力止之。

甲子，自上有各邑倡學之敎，一鄕輿論，推公爲講長。丙寅，洋鬧大搶，繼以邪蘇之學，有汚穢東土之漸，著《斥邪說》，以激勵士風。甲戌，壽階通政。丙子七月二十八日，考終于寢。臨終，猶眷眷於南溪公墓碣之未遑、慕軒公《明書》之未刊，一不及家事。墓在本坊達倉西坤坐原。

有一男三女：男英會，女金成九、張基穆，金氏出也；女曹宅仁，都氏出也。英會男二女一：男心淵、秉淵，女金秉愚。

於乎！公平居，身不勝衣，口無疾言，若遇是非分界處，則輒明白剖析，不少含糊。廉介絶俗，灑然有氷玉操，文章典雅，如輕縑素練，實濟時用。不幸時畸命窮，竟枯癯於圭竇蓽戶，而歿其齒焉，若公非古所謂“逸民”者流歟？

噫！公與吾先君交最厚，先君之思，以及不肖，眷愛尤至。今公之胤英會，屬福樞以述善之狀。顧余何敢當是役？而不但有先契之重，又與賢胤愛好倚重，義有難拒。謹受家狀而敬閱之，就加檃括，撰次如右。

通政大夫、承政院右承旨、兼經筵參贊官·春秋館修撰官靈山辛公行狀

福樞於匏窩辛公，縱未得夤緣拜床，每因南州士友，聞知爲君子人也。公之胄孫上舍泳祚奉家狀，泣謂福樞曰：“此吾先人所擬托於吾子者，子其惠一言。”余拜而謝曰：“顧福樞不德不文，不足以任此寄，子以先志來，敢辭諸？”

謹按狀：公諱志鼎，字聖養，號菊圃，又號匏窩，其先靈山人。初祖諱鏡，高麗平章事。十四世祖諱斯蕆，典公判書，抗倭殉國，事載《三綱行實》。入我朝，有諱杜，以咸南兵馬節度使討叛樹勳，事載《西征錄》。再傳至判官諱希

壽，生諱砷，官縣監，殉節晉陽，取兄淸白吏諱礎之子諱聖豈爲嗣，官主簿，卽公七世祖也。高祖諱景夏，贈左承旨；曾祖諱光復，贈參判；祖諱致輔，同中樞；考諱碩龍。妣密陽朴氏，鼎臣女。以正廟庚申十月二十八日，生公于桂城先人第。

生而才性異凡，甫六歲，能屬文。長以先公命受明經業于世父臺端公，短於誦讀，而長於記性，一上口輒不忘。純廟甲午，釋褐，秋丁外憂，翌春丁內憂，殮殯備盡情禮。嘗語及先公，泫然下淚，裒輯遺文，爲終身寓慕之資。

別置義庄，爲族戚昏、喪、葬、祭之助。又於先亭，設朔望講，率子弟來往，雖盛暑不廢。人有勸以干進，輒拒之曰："易吾素守，非吾志也。"平居自持儉約，五十始衣帛，而身不近珍怪華麗之屬。

甲辰春，例陞六品，拜司憲府持平。尋遷司諫院正言，擬陳時弊八條疏：其一，勉聖學以進德業；其二，崇節儉以勵廉恥；其三，開言路以廣聰明；其四，立紀綱以正風俗；其五，審選擇以防冒僞；其六，明正學以敦士習；其七，察民隱以固邦本；其八，修軍政以實邊圉。屢數萬語，語多觸忤，將縣道封進，爲子弟所泣諫而止。

乙卯秋，除司憲府執義，黽勉肅謝。冬，遷軍資正，又遷司諫院。通承宣望，疏陳科弊，承優批。陞承政院右承旨，賦《感君恩》一曲，勇退田廬。時與鄕塾耆宿及道內弘碩如李凝窩源祚、李定軒鍾祥，討論不倦。又遊柳定齋門，得聞爲學之方。自治雖嚴，未嘗以學問自居。

甲子，移卜靈鷲山下，取其林巒幽廓也。當宁乙丑七月二十六日，考終，享年六十六。葬縣西新堂山負艮原，從先兆也。鄕道齎咨，文以酹之，詞以哀之，如"剛不爲阿質不華"，如"鶯花富貴斂如無"，如"剖析義理，毫釐無差，權衡人物，錙銖不失"，無非實際語也。

配廣州李氏，石潭先生之後，升運女，貞靜端一，墓在日門山。繼配密陽朴氏，世俊女，淳厚溫和，墓在月峴。男長奎成，監役；次奎昊，出爲從祖叔父志恒后；女李以箕、金熙學、李壽瀅進士：李氏出也。次奎燮進士，次奎憲，女李斗勳：朴氏出也。監役三男，長卽泳祚進士、次泳鎬、泳學進士，一女金觀植。奎昊二男，泳雨、泳喆，三女李有基、成漢準、朴在東。奎燮四男，泳悳、泳仁，餘幼，一女李昶求。奎憲四男，泳龜，餘幼。李以箕嗣男，參淵，一女張完相。金熙學一男，準埴，一女李震和。李壽瀅二男，鉉琪，餘幼，三女，鄭原逵，餘未行。李斗勳男女，幷幼。

於乎！余因公之蹟，而求公之心，其愛親也、敬君也、宜家也、敦族也，一出於眞實無僞，庶不愧於醇德君子矣。是以受天之佑，五福旣克有於其躬，而子孫昌熾于後，非所謂"源遠而流長，根深而葉茂"者耶？不揆僭妄，謹采家狀中一二，以備扛筆者采焉。

成均進士坡平尹公行錄

公諱炳九，字舜五，姓尹氏，坡平其貫，小南其號。自始祖麗太師諱莘達，歷文靖公諱執衡、文肅公諱瓘、文康公諱彦頤、文顯公諱旌，至我朝，判事諱將避地南下陜[61]川華陽洞，子孫因以世居。再傳而有司諫諱耕，已卯黨籍，後因不仕，以淸直名，寔公九世祖也。高祖諱大任；曾祖諱湯遇，贈司僕寺正；祖諱景穆，贈吏議；考諱㮋，成均進士，贈吏參，號默窩。以公第四子炳周壽，追贈三世。妣海州鄭氏，時毅女，忠毅公文孚后。以純廟辛酉十二月二十二日，生公於序爲六男之長。

貌豐而量深，辭正而才通。甫成童，已具成人體段。文詞夙就，往往有驚人語。性至孝，甲午春，陪先公禮圍行，隨事先意承順。及參榜，接待盈門賀客，各稱情禮，見者嗟異，樂與之交。

丙申，丁先公憂，易慽自盡。又以兄弟六人，未及效好時故事爲恨。庚子，中司馬。壬寅，遭母艱，荐遭祖母艱，毁瘠幾不能支。服闋，遊泮宮，最與李定軒鍾祥相友善，李公號公爲小南曰："吾所擬公，淮南小隱也。"公嘗曰："財固可惜，豈可惜財而負義乎?"族戚知舊，雖疏且遠焉，有急則必周，每當儉歲，門無捐瘠。

祖先墓儀石未備者備之，祭田不足者足之。伊淵舊無

61 陜：저본에는 "峽". 사실에 의거하여 수정.

門樓，公慨院貌之有欠，憂多士之難容，因地勝作三間，設儒契以興起遠近生徒。府內興學堂，卽先公所創，而會聚供具之資，猶有當日未遑者，公繼志述事，與鄕人極力措備。家傍又築塾，以教子弟若鄕黨來學者，蓋伽倻以南，儒風大振，皆公之力也。

平居，非有疾病，早起盥櫛，不設怠容。引接賓朋，巷溢輪蹄。至若義方之教，則勉以職業之所當爲，戒以凡事之所豫立。因心之友，則發於塤唱篪和，至屢數萬言。弟炳旼清羸多疾，公爲之補養醫治，未嘗一刻忘懷。南鄕人士，艶公人品之高，家行之美，稀世全完之福，吃吃不容口。卒哲廟戊午九月二十日，享年五十八，越三月，奉窆于楡項子坐原。

配善山金氏，之赫女。又配義城金氏，晦燦女，鶴峯先生誠一后。又配碧珍李氏，鍊女，浣石亭先生彦英后。二女，長適進士李正禧、次適李寅台，初配出也。一男晉逵，次配出也。側室男，衡逵，女朴齊玉、張斗煥。晉逵男，錫祜、錫禎、錫祿，女張鳳相、金鍾植。李正禧男，根重進士。李寅台男，鉉參都事，女鄭守默進士。衡逵男，錫芝，女鄭冕永。朴齊玉男，載陽，張斗煥男幼。曾玄蕃不錄。

於乎！如公豈叔世易得之人物也哉？置心昭曠，不越乎義理，處事愼密，克篤乎倫序。孝可以移君，惠可以敦薄，慈可以使衆。不幸時乎不與，名止小成，經綸施措之迹，不得施廊廟，壽僅知命。畢老龍門之計，亦有所未就，庸非天歟？

公之冑孫錫祜，奉公遺集與公仲公炳來所撰行略，屬余以狀行之文。三辭不獲，謹撰次如右，以備後考。

東萊鄭公行錄

公姓鄭氏，諱宗薰，字應華，東萊人。高麗尙書左僕射諱穆，其初祖也，赫世簪冕，爲東國巨族。聖祖龍興，有諱矩，以義不事二，隱于松山，號雪壑。至諱種，封東平，謚襄平。高祖諱處東，曾祖諱復基，祖諱致文，考諱昌民，皆隱德不仕。妣河濱李氏，時和女，判書偉后。本生考諱世民，妣善山金氏，光泂女，文康公叔滋后。純廟乙亥四月二十日，公以遺腹，生于居昌大也里第。

生有異質。母夫人嘗語公兄弟曰："汝母命薄，早喪所天。古人云'不取寡婦之子'，以其無敎也。汝等必上人數等，然後庶免我不敎之咎。"公一心承順，在齠無爭鬪之事，就傅無漫浪之習。

常以未承父顔，爲終身至痛，遇忌則閉門端坐，終日泫然淚下。事母夫人，怡愉之容，未嘗或懈；甘旨之供，未嘗或闕。又爲之左右服勞，如恐不及。及丁憂，足不迹中門，身不離苫席，昕夕哀號。伯公戒之曰"毁而滅性，非孝也，愼勿任情"，乃爾。公事兄如父，愛敬周至。

親歿之後，遂廢擧業，專意向上，手不釋《語》、《孟》、《庸》、《學》、《心》、《近》、《四禮》等編。不喜立言著書曰：

“孔門四科，德行爲本，何言語文字之爲哉?” 以己卯六月十七日，考終于寢，享年六十五，葬府南古尺村後負艮原。

配晉陽姜氏，宅魯女，琴齋漢后，不育。繼配恩津林氏，致華女。生二男二女：男載善、潤善，女金在明、權應軫。載善男，圭在、圭永，女金鎔來、全榮大，次幼。潤善男，圭復、圭昌、圭桓，女崔鶴洙，次幼。

公性氣寬和，言若不出口，身若不勝衣。視利如坑阱，嗜義如芻豢。平居不有狎戲之容、崖異之行。著《喪禮謬辨》若干說，以爲家範。每過祖先墳墓、先賢祠宇，雖遠必下馬，是豈特慈敎之有素? 抑生質之美，有過人者存耳。

以當時輓誄考之，如曰“事親以孝，居喪以禮，接人以恭，敎子有方”，如曰“世皆沒頭於科臼之場，而公獨恬退；世皆慕名於束脩之事，而公獨自修。世皆紛華，而公獨儉薄；世皆邊餙，而公獨務本”，則族親之所記覩也。如曰“處世心權低仰地，因時禮節講論篇”，如曰“剩得淸閑躬自樂，果忘名利世相疏”，則朋友之所觀善也。此可以知公之賢矣。

噫! 余與公生同大小戊，戚戚東西，未有一日之雅，晚從公胤載善遊，得其典刑矣。日以其族兄趾善所撰狀及《追慕錄》一冊，屬余述善之狀，略加點綴，恭俟扛筆者采焉。

僉中樞安東權公行錄

公諱正馥，字德元，姓權氏，號復窩，系出安東。上祖諱幸，本新羅宗姓，仕麗爲太師，賜今姓。至聖朝，有諱世春，司圃署別坐，壬辰倡義殉節，贈左承旨。生副學諱濤，贈吏判，謚忠康，號東溪，寒、旅兩先生高弟，腏食浣溪院，卽公七世祖也。高祖諱嶷亨，曾祖諱大持，祖諱必彦，考諱藎。妣金海裵氏，東運女。本生考諱煋，妣義城金氏，始赫女，東岡先生後。以純廟甲子正月二十三日，生公于丹城丹溪里第。

公自幼穎悟異凡。一日與諸兒戲嬉，大人公見之，諭以孟子舍學宮成大儒之說。公敬聽曰“孟子何人也？”曰“古聖人也”。曰“聖可學乎？”遂幡然不復於後。

九歲，受《論語》，端坐看讀，非晨昏定省，則未嘗或懈。嘗恨所后欲孝無地，而盡心於本生。母夫人有疾，與一僕乘夜訪醫，越一小峴，風雨晦冥，迷路號哭。山腰隱隱若有聲曰“從西邊去，可得醫藥矣”，公如其言，果得試而疾乃止。

乙亥春，公出讀齋舍，一日心動，遑忙至家，母夫人患不汗疾，氣才絶矣。公展手摩面，哀感神天，忽翻身開眼，三呼某而因奄忽。大人公繼染，夙宵[62]罔措，目不交睫者，幾數旬，竟至不淑。公易慽備至，一遵《家禮》。

既葬，日三上墓，不避雨雪。事兄如事嚴父，小飢小寒，動輒相問。且於祖母夫人，哀先親未終之孝，生養之以誠，死葬之以禮。

每侵晨謁廟，退對書案，終日無怠容。座右揭《東·西

62 宵：저본에는 “霄”. 문맥에 의거하여 수정.

兩銘》、朱夫子《居家要訣》，以資警省。又書一本，授子弟曰："服膺勿失。汝輩且籍官宦，尤當謙謹自持，勿以溫飽自求，以致君澤民爲心。"勉門生曰："讀書須硏精覃思，爲體認之要。凡功令之學，吟律之工，是末也。"

遇親戚，雖疏遠，必以恩睦，待鄕隣，雖卑賤，特加恭遜。聞人貧不能昏葬者，辦助俾免失時。見人飢寒昏仆道路者，負歸衣食之。平居，未嘗言知友過失、朝廷得失。

癸酉春，以子貴陞資僉樞。夏寢疾，六月二十三日，忽晨起扶坐，命書子孫訓戒之辭曰："士君子立言處事，無不自家及國，未有家不齊而能輔國者也。齊家之道無他，寬而嚴，和而敬。"又曰："欲成厥德，必從嚴師，欲聞己過，必取賢友。從師取友，以敬爲本，以信爲基。"書畢，沐浴櫛髮，因就枕，是日巳時，考終于三槐堂，享年七十。九月，葬于綿田洞先塋下負子原，會者七百餘人。

配晉陽姜正敍女，有淑德懿範。生庚申，卒甲申，墓附公墓下。有五男一女：男長仁成，文承旨，出系；次仁國，蔭府使；次仁斗，正言；次仁求，監役；次仁龍，副正字；女柳周一。仁成男，相輝，女成禹柱、姜寶永參奉。仁國男，相洛正言、相烈出系、相卨進士，女鄭健默。仁斗男，相弼、相行出系、相淵，女朴炳奎。仁求系子，相烈。仁龍系子，相行，四女鄭懿永、鄭在夔、趙鳳濟、文台鉉。柳周一男某某。曾玄益蕃，今至三十餘人。

於乎！公治明經業，未售榮親之志，乃絶意外慕，從吾所好。孝悌爲爲仁之本，經傳爲進修之資。祭先以禮，素巾白服，七戒三齋，必致如在之誠。訓後則行先於文，御下則恩先於威。箱之積金，而施人以義，能隨遇自盡，若公非眞古所謂君子人耶？

公之曾孫永熙，吾從從姪承宣錫裕之外孫也，妙年登庠，志尙又不凡。從余讀修道山中，示以府使公所撰家狀，因要一言。謹據狀而略加刪潤如右。

崇陵參奉廣陵安公行錄

公姓安氏，諱孝完，字舜伯，恥窩號也。其先，麗上將諱邦傑，封廣州，因爲貫。至殿中侍御史兼三南討捕使諱綏，勦倭寇，居咸安。入我朝，有諱處善，吏曹參議，錄淸白。子諱淹慶，戶曹參判，端宗癸酉，棄官歸鄕，號遁翁。子諱億壽，文，縣監，自咸移密，與畢[63]齋先生相友善。再傳至侍直諱憲，以翊贊諱忍第二子諱胤祖爲后，副正。生諱守寬，主簿，遊退陶先生門。高祖諱命迪，曾祖諱仁濟，祖諱景泰，考諱瑜重。妣廣州金氏，定權女，襄武公太虛八世孫，貞淑仁勤，克遵閨範。純廟丁亥四月，生公于府南先人第。

自幼俊秀，纔學語，伯父省齋公口授"父母"二字，公對冊有父母字，戒同列勿踐。得異味於外，必懷而進之。九歲，從浦南朴公世喆受《小學》，不煩敎督，日勤課讀。

63 畢 : 저본에는 "僤". 사실에 입각하여 수정.

嘗奉先公命，監門外事，値風氣甚獰，傍人勸之入，公曰“父命不敢違”，就緖乃已。十二歲，遭兄殤，悲疚屢日，不忍食飮。友弟尤篤，出入聯襟。專意攻業，日相征邁，非有疾病，出入未嘗一日或廢。

戊午，中司馬。庚申，先夫人患疾，公日夜侍湯，火燃鬚罔覺。禱天嘗糞，靡不用極，及遭艱，哭踊踰制。繼而丁外艱，附身附棺，極稱情禮，墓道儀物殫誠備具。對几案書籍之手澤所存，泫然淚下，當朝夕食物之平昔所嗜，不忍近口。親幹大小大務，必禀于從父兄而行之。

手寫我東先賢未刊遺跡及經旨、禮學等說，或儲庤左右，或圖書帖幛。其已刊者，則或捐金求貿，或資本印出。慨傍高祖松窩公遺集之久在巾衍，與季公終始校讎，以竣其事。

己卯，府伯申公奭均，薦于鄉曰“齊家孝友，律身勤恭”，觀察李公根弼，薦于朝曰：“劬經勵志，鍊實弘僫。”甲申，公長胤帶瀛啣歸侍。時國有大亂，公曰：“汝食君之祿，而晏然在家，豈事一之義乎？”促令入都。及爲諫長，貽書戒之曰：“朝政可言者不一，而尙未聞汝有一言，其將爲尸位竊祿之計耶？吾實恥之。”

丙戌九月，除崇陵參奉，不就。十月，哭季公，吐血得患，累日乃復。翌年回甲，止子孫獻壽曰：“哭弟未幾，安忍獨享此乎？”

每憂鄉俗日頹、儒風漸衰，與孫公彙秀倡設一契，名曰“輔仁”，逐年行飮禮，使後生有所矜式。從許性齋傳，質疑問難。宗族親戚周恤有方，水旱疾病，必捐貲廣濟，孤而無依者，辦資裝以嫁娶。宗從姪値歉不贍，公畫田數十頃以補之。有新安朱士人，犯癘至門，公慮其客裡失攝，引入調藥，病已乃還。至於窮交貧族，雖散在窮巷，過之必訪。

辛卯，子若孫俱參蓮榜。公曰："汝輩以祖宗積蔭，兄弟叔姪，俱有科名，此豈私分所期者耶？余甚恐懼，汝輩愼勿自滿，益加戰兢，以體此心也。"嘗愛山水，每遇良辰勝友，命酒歌詩，嘯咏以自適。於櫂淵泉石，思欲爲藏修之所，規劃排鋪，圖以畫之，詩以記之，竟未就，而卒于癸巳十一月二十一日，享年六十七。翌年正月，葬于村南進舟山負未原。

配恭人驪江李氏，能善女，晦齋先生后也。後公一年卒，墓在鈒浦伏鶯山負辰原。有四男四女：男禧遠，文，承旨；晟遠，通德；璋遠，生員；弘遠，進士，系公從父弟孝五後；女士人李錫華、進士許埰、士人崔鍾震、辛泳悳。禧遠男，鍾卨，女李基冕。晟遠男，鍾奭進士、鍾樂、鍾燮，女孫珽鉉。璋遠、弘遠女，未行。孫曾蕃不錄。

嗚呼！以公才質之美，只止一小成、一寢郎，公猶不慍，利遯惇倫。孝友肥其家，信義著於鄕。周恤而皆得歡心，延攬而皆言親已。噫！福緣善慶，天道然也。錫類之熾，蓮桂之榮，是豈無由而致之哉？公承宣胤撰家狀，纖悉無遺，遣鍾奭，屬福樞求一言。顧余素無面雅，今又昏耄，何敢有更贅？牢辭不獲，謹按狀而布排如右，以俟扛筆者采摭。

商山金公行錄

公姓金氏，諱基洙，字致源，號栢後，蓋取諸後凋也。系出商山，鼻祖麗侍中需。歷貞靖公湜、清平公希逸，至我朝，有諱尙堅，號梅塢，與兄灦溪益堅師事桐溪鄭先生，爲士類推重。生進士諱斗柄，有文行。生諱允緖，戊申，與尹義士商擧倡義討逆，是於公爲五世祖。高祖諱遇兌，曾祖諱龍運，祖諱達興，考諱龜璨。

妣玄風郭氏，璥女，府使禎垕孫，有女士行。生四子，長基漢進士，仲基溥，季基淵，公於序叔。不幸早孤，母夫人嘗戒四子曰“勤讀勤業，無墜汝家聲”，皆奉承靡懈。

公賦性尤聰異，纔學語，辨干支方數。及受讀，便曉文義，擊籤浪讀，意氣不呫呫，見者以大器期之。承母夫人命，從柳定齋先生學。以未盡孝於先公者，盡之於母夫人，日夜不離側，時羞異味，遇必懷進。癃疾不能動作，或扶持背負。丁憂，葬祭等禮，一一禀定師門。

事伯仲如嚴父，誠敬備至。撫季公二遺孤如己子，皆有成就。從宗兄基老，日夜攻苦，書無不讀，讀無不包羅胸中。發爲詩文，如長江大河遇風生瀾，凡校院黌垛樑楣諸作，多出公手。

早業公車，蔚有聲望，屢屈禮圍。適有洛中貴流，要與同硯，公拂袖而起曰：“寧虛上座延窮鬼，不以長腰拜達官。”讀《莊陵誌》，有感而作曰：“生逢死地難於死，輸與貞忠作六臣。”凡於諸史，到宗社存亡、烈士辨命之地，未始不三復歎賞。

粵在丙寅，江都失守，有召募之命。公與友人書曰"洋夷猖獗，朝家有惻怛之教。士生斯世，當隨吾所遇，盡吾常分，何論職責之有無哉？進則倡起義旅，往赴湯火，退則協贊官司，保守壃域"，將奮然應募，旣而聞收復而止。

平居冠帶必飭，莊敬自持。研、桑計較，泉布米鹽等事，切不掛齒牙間。每遇會心人，詩酒唱酬，縱談千古。導率後生，如恐不及。依藍田故事，立契設社。設講會於道山、龍泉之間，儒風文物興起遠邇。

雅好佳山水，域內名勝，搜冥采眞，纔涉紙墨，便播諸人口。同門友李愼菴晩慤，常稱當世傑士。以純廟戊寅六月十日，生伽下釜山里第，高[64]廟癸酉九月五日卒，享年五十六。翌年四月，葬見巖乙坐原，送者數百人。村前兩栢樹，公所愛護也，一枯於公病之年，一枯於公歿之後，異哉！

配坡平尹氏，光玉女，公一生專業，賴有此內助云。生二男，友鉉、德鉉。

嗚乎！余嘗與公遊，志氣之卓犖，姿性之高邁，有大過人者，而濟之以孝友，充之以文學，秉心也固，見義也明。若使公生都兪之世，置廟堂之上，則文可餙黼黻，名可垂竹帛。不幸運値闕釁，隨分自適。收檢之工，不以已知已得爲自足，而天不假年。

惜乎！公肖胤友鉉收拾公所著詩文諸篇，方謀壽傳，以

64 高：저본에는 "哲". 연대 고증에 의거하여 수정.

未有述善之文，謬託於耄廢。追惟雅契，有不忍無言，謹據家狀撰次，以備扛筆者采焉。

廣陵 李公行錄

公姓李氏，諱以矩，禹則字，癡隱號也。系出廣州，上祖諱集，號遁村。至諱潤雨，是爲石潭先生。生諱道章直長，於公爲七世祖也。高祖諱世璔，是生諱欽中，早卒，謹中出系大憲公諱元祿之孫世城后。以本生兄無嗣，命次子諱東炯還繼，寔公祖也。考諱寧運，妣慶州金氏，鎰成女，有女士行。以純廟辛未十月二十九日，生公于漆谷梅院里第。

天姿近道。自幼不離父母側，及長，晨起盥櫛，省父祖若諸父諸母。退處私室，案蓄《庸》、《學》、《心》、《近》等書，壁揭《河洛》、《圖書》、晦菴箴銘、退陶《聖學十圖》，心會口誦，樂不爲疲。先公性嚴，雖有橫加誅責，公愉聲婉容，一心承順，

己未春，帶鄭女之永陽，忽心動淚下，促發至中道，而承母夫人實音，蓋暴患也。號擗幾絶，抱終身至痛。先公耄耋，奄奄床褥，公夜不解帶，憑几假寐，潛候氣息。凡粥飮藥餌之進，必躬自適宜，常如不給。

及丁憂，歲月之制，極誠無憾，枕塊寢苫，一遵禮制。弟以勉諫以七十非柴毁之年，胤子光淵亦數諫。公厲聲曰："汝之愛我，胡不以古人之道耶？" 改厝母夫人舊藏於距家相

望地，每參廟之晨，開牖竝參。日取沙礫莎草，塡其靡汰，補其頹落，積十餘年之久，山足俱完。樵牧自相戒飭，恐傷一草一石。

遇忌，前三日齊戒，灑掃室堂，祭之夜，不脫齊服，整坐待鷄。凡鼎俎籩豆，務盡精潔。人家餕餘，亦必冠服受饋。本生曾祖考無主祀，季從弟以溥已孤而且弁，公竭誠白世母，使之爲後焉。

友弟因心，日夜同處，極其湛翕。有失則斤斤責諭，俾得自悟。教子以義，手抄《顔氏家訓》、《司馬公書儀》及諸儒言行，切實可易知者，而開導之。

平居，莊敬自持，口不出鄙俚之言，身不設怠慢之容。嘗病《常變通考》之繁縟難考，酌古參今，添以頭註，爲《撮要》七篇。又爲《修齊輯覽》、《庸學箚疑》、《太極圖義》各一冊而資省焉。

族姪龜岡懿秀，年齊而道義相孚，自少同槧，互相資益。嘗書與公曰："慈良愷悌之姿，孝友忠信之行，蓋天民之秀者也。"李方伯參鉉薦于朝曰："學透性命，志存經濟。"

卒丙子閏五月初五日，享年六十六，葬府南汶朱面芝塘村後庚坐原。配豐壤趙氏，黔澗先生靖之后，贈吏參郁榮之女，端莊貞淑。先公生一年，後公卒一年，合祔公墓。有一男光淵，三女張永翰、鄭鎭煥、孫章鉉。光淵男，相垛，女張志明，餘幼。

噫！公吾先妣從父弟之子也。余自髫髮，至老白首，從公遊，知人所未及知者，而艶悅之深，今與公隔幽明，已數十載矣。拊古傷今，何以爲心也？光淵齋其《哀慕錄》一通，屬余以善狀，余不敢以昏耗辭。以孝子之錄爲案，間附平昔所感于中者，以備立言君子之考信云。

遺事

贈通政大夫、左承旨、行僉正卞公遺事

日訪卞源奎暉運於吾道山下，話間跽而曰：“吾八代祖僉正公，早年贊義謨，晩而卜此山隱居，行義於其中。想其當日風範若事爲文章，宜有不朽者存，而今數百年，狀行無述，墓刻有闕，大爲後承之慨者也。昔我先君子，謹具石謀竪之，不幸未就而歿。家藏文蹟，又從而火矣。今不肖孤掇拾燼餘，只有《倡義詩》一、諸賢輓若干，又有錄其家庭間所聞者一二。子盍爲述善之狀，使得謁銘於秉筆之門？”辭不獲，敬受而按之。

公諱清，字淨叔，草溪人。遠祖生員諱高迪，始家密陽，子孫遂氏焉。歷平理諱珠、政丞諱原、贊成諱玉蘭，至諱仲良，嘗從圃隱鄭先生學，德業文章，震耀一世。當麗運告訖，以扶義洩謀，至被竄謫，事在《麗史》。官輔國，號春堂，與弟春亭文肅公諱季良幷享屛巖院，是爲公十一世祖也。祖諱友諴，褒孝除參奉，贈參議。考諱希琇，事親無違志，服君師盡制。連世儒行，蔚爲士友所推，備載桐溪鄭先生之撰公仲氏公碣。妣金海裵氏，應秀之女，吏判孟厚之玄孫。有三男，公序居季。以隆慶丁卯五月十六日生。

生有異質。六歲，丁父憂，哀毁如成人，終身孺慕如嬰兒。替事二兄，愛敬周至。二十七，値島訌，賊勢熾蔓，廟社西遷。雖責死疆任守土者，莫不風靡鳥竄，而公獨以一韋布有堂堂殉國之勇，奮然雪涕，詩以誓之曰："嗟我三昆弟，相同倡義聲。南蠻多棘熾，東土少干城。報國生當義，忠君死亦榮。誰能恢杖策，竹帛樹功名？"

時公之仲公諱渾，爲訓鍊奉事，佐金松菴沔幕，決意共義擧。仲公力止之曰"如家累何"？公遂爲全家之策，挈眷于縣北商宰巖。又爲仲公贊畫全保障之功，而有鶴峯金先生褒啓。劉總兵綎，自陜川移陣于縣倉，倉儲告罄，軍餉沒策。公盡發私藏數十斛以備供，劉總兵義之而聞于朝，恩除濟用監僉正。蓋爲國效死，義所當爲，而倖功媒進，非其本志。

迺築亭于屛巖別墅，取閑閑自適之意，而名亭曰"凫遊"，日逍遙其中，繙閱古紙，訓誨後進。間邀賓朋，觴詠嘯遨，枏[65]溪李公重茂卽公道義交也。

萬曆丁巳三月二十三日，考終，享年五十一，墓在伽北啓明洞負子原。其堋也，遠邇諸名勝輓誄，一以篤孝至友，古人風君子行，津津道無已。

至若文章，特公餘事。觀於《倡義詩》，則忠憤所激，發之沛然，蒼雅有大家筆力，一臠可以知鼎。於乎！若使公任樞宰而展所蘊，享期頤而擴其工，則孝可移君，慈可使衆，文可賁餙皇猷，而卒之官不過一命，壽止五旬，庸非天歟？

65 枏 : 저본에는 "藍". 사실에 의거하여 수정.

配淑人愼氏系出居昌，參奉希天女。生壬戌十月十五日，卒乙亥正月十七日，葬伽北優惠村右亥坐原。有三男三女：男仁後、德後、信後，女李懋承旨、李廷寶、柳錫琦。仁後二男，惟中、惟道，三女文南老、鄭惟亮、朴魯。德後只有側室子繼立。信後五男，惟秦、惟夏、惟殷、惟周、惟漢，二女李星白、金八集。曾玄以下不盡錄。

龍岡 林公遺事

龍岡林公之後孫苾熙，以追遠孝思奉公實紀，苦要一言之惠。謹按：公諱東翊，益之字，龍岡號也，系出恩津，麗太常博士諱成槿，爲上祖，我朝，有諱挺，樂安郡事。至司勇諱自庥，生進士諱得蕃，號石泉，祭嶧川祠。生諱薰，謚孝簡，是葛川先生，與弟瞻慕堂芸生旌孝閭，并享龍門額院。曾祖諱承祚，啓功郎；祖諱眞懋；考諱汝樟，中樞。妣貞夫人英陽南氏，屹女。仁廟戊子三月二十日，公生于葛溪里第。

天姿秀異，早從桐溪之門人松川金公學。雖簞瓢屢空，酷好性理書，講論不怠。卒肅[66]廟辛卯四月二十一日，享年六十四，葬優惠村後乾坐原。

配善山金氏，承文院判校千鎰女，卽松川公也，不育。繼配昌寧成氏，司諫自諒後。生三男一女：男壽柱無嗣、

66　肅：저본에는 “顯”. 연대고증에 의거하여 수정.

天柱、萬柱贈司僕正，女崔秀泰。天柱男，景杰司僕。萬柱男，景大贈左承旨，女崔應聖。曾玄蕃不錄。

於乎！公以秀美之姿，生長葛老家庭，孝友爲世業，詩禮爲茶飯。雖屢解鄉，而終屈禮圍，立揚顯親之志，未得伸焉。噫！公立言著書，收拾燼餘存者，只是邢止止堂《聯芳錄》、《全源泉亭重修記》若干篇，藏于家云。謹撰次如右，以塞孝懇。

六代祖考衛率府君遺事

公姓張氏，諱鉌，字鳴世，世家玉山。十二世祖諱安世，麗朝府尹，謚忠貞。子諱仲陽，隨父任咸興，與我太祖爲布衣交，及太祖御極，降手札徵左尹，不就。子諱脩，仕聖朝，逸掌令。四傳至贈吏參諱繼曾；是生贈吏判諱烈；是生右參贊、贈領議政，謚文康，諱顯光，是旅軒先生；取從父弟月浦先生諱顯道子諱應一爲后，官副提學、贈吏曹判書，號聽天堂，寔公考也。妣冶爐宋氏，鄖溪先生希奎之曾孫，正郎光廷之女。以天啓壬戌正月九日卯時，生公于府南仁義坊里第。

公儀貌俊偉，姿性仁孝。十五，文康公授《冠、娶二戒》曰"人道"，卽此齡而成焉。公恪謹奉承，勤學篤行。事親以禮，備盡志體之養，如有不安節，憂形於色，地坐煎藥，至老靡懈。子弟悶其勞而請代，公愀然曰："親年已高，吾雖欲常爲此得乎?" 餘力通經術、治文詞, 屢捷大小鄕解。

己亥, 貞夫人違世, 哀毁幾不能支。壬寅, 中司馬。辛亥, 陞典設別檢。歷事顯、肅兩朝, 外而除自如、慶安、利仁察訪, 內而除軍資監判官、工曹正郞、廣興倉主簿、世子翊衛司衛率。前後恩旨, 或辭而不就, 或就而不淹留曰"事君之日長, 事親之日短", 每以歸養爲急。

別構一堂于聽天窩前, 植三樹梅, 而扁其堂曰"訴梅"。副學公知其有幽雅之趣, 書示"看來苦淡宜寒士, 不許人知獨語梅"一絶詩。丙辰, 丁副學公憂, 月制一遵遺訓, 泣血終三年。

公平居, 每鷄起冠櫛, 終日對案, 坐如繩直。惟謹嚴自持, 見侍側者冠巾少欹, 輒正色曰: "爾輩讀書何用? 不曰'正衣冠、尊瞻視'乎?" 及至接人, 則藹然淸和之氣, 溢於色辭, 賢士大夫之禮於家者, 皆飽德而歸云。

若乃辨義理、析是非, 毅然有不可奪。適值晴川分奉之日, 院役方始, 輿情莫遏, 公以爲此擧至重, 貽書止之。爲蔡栢浦, 創嘯巖社以奉之。又爲李義士, 設玉川院以享之, 歸語家人曰: "義士之微賤, 今我禮之, 如義士生時禮我之禮, 人而可無義乎?"

甲寅改紀之後, 眉叟許文正公, 議定寒、旅兩先生從祀事, 而時則有一邊儒賢黜享之擧矣。公以此持重, 許先生歎賞再三曰: "果吾見所不及。"

公與淑夫人, 偕老八十年, 賓敬如一日。丙子, 行回巹禮, 備身全福, 亦曠世一覿也。乙酉十月九日, 以天年考終于月谷寓第，奉窆于大興寺負壬原。後以曾孫壽，贈司僕，又以孫壽，贈戶曹參議。

於乎！公早服庭訓，內行純備，而不幸居家懿範、立朝事實，遠矣莫徵。遺文亦佚而無傳，只有《韓釣隱狀行》一、《對策》、《占解》數篇、詩若干首而已，斯豈非雲仍之一大慨恨者耶？

淑夫人廣州李氏，洛村道長之女，石潭先生潤雨之孫，荷潭金先生時讓之外孫，有婦德。生庚申七月十五日，卒某年九月二十四日，墓吳山馬上東向。生六男三女：男長萬紀，副率；次萬重；萬宬；萬容，出爲季父縣監鈺后；萬益，府使；萬成，贈戶參；女參奉安重鉉、參奉洪相文、全興君李震柱。副率男，大猷早卒、大臨生員、大方生員壯元。萬重以從子大說爲嗣，女柳緯河、李廷植。萬宬男，大朋，女呂望擧。府使男，大訓、大說出后、大胤、大智參奉、大誼、大諧通政。萬成男，大啓同中樞，女權大復。曾玄以下，蕃不能盡記。

噫！公之歿今數百年，而迄未有墓道之刻，門長老爲此憂，將以謁銘於秉筆之門，令福樞具公事行。福樞不敢以不文辭，竊取家庭間所聞，且考公之孫寄菴公《過庭錄》，略敍大槩，知言者倘因此而闡幽則幸矣。

祖考覺軒府君家傳

府君姓張氏，諱僖，初諱壽星，字老如，號覺軒，系出玉山。著自勝國，二十傳而至文康公旅軒先生諱顯光，是府君六世祖也。高祖諱鉢，衛率，號訴[67]梅堂；曾祖通德諱萬重；祖諱大說，以本生考萬益府使，蔭補通德階；考處士諱趾穆。妣星山呂氏，檄女。本生考通德諱趾馨卽處士公從父弟也。前妣安東權氏，必垕女，妣英陽南氏，相老女。

府君以英廟辛卯四月初一日，生于府西角山里第。本生祖考喜曰："承吾仲兄祀者，今生矣，吾將瞑目而歸。"自幼軒昂不羈，才且穎發，於書一覽便曉。七歲，値馬噬肩，而神色不變，見者吃吃。

及長，以未承所後親顔，懷終身至痛。每遇諱辰，哽咽掩抑，哀動傍人。妣諱辰正元日也，戒家人曰："當此名節，齊素尤當謹嚴。"事本生親，務盡和愉。以年老孤寂，時時前說當世異聞、國朝故事。或有有方行，雖遠必趁期反面，細陳所歷所見聞者，以爲慰悅之資。連六載丁憂，初終葬祭，竭力助伯公。因心之友，至老白首，寢處與同。

凡知舊書尺手抄文籍，一無私藏，留作伯公案實。伯公赴禮圍時，府君纔經喪亂，世慮都灰，爲伯公同課滿二百數，謂必有得，果如其言。

姑之孫鄭公達，有疾難醫，府君爲求神醫於數百里外，

67 訴：저본에는 "訢". 족보에 의거하여 수정.

療治得痊。從父兄癡翁公，貧且獨，府君寢疾之夕，乃言於癡翁曰："吾今朝暮待盡，而兄何無一言及後嗣？吾之第三孫可矣。"癡翁公執手感泣曰："吾所未及言者，君先言之，難矣哉！"

純廟壬辰正月，病革，忽起整衣冠，命進香湯曰："吾伯氏要余，同金剛遊，輿至木城申穎老家，遺余一句詩曰'衣耀還鄉錦，香殘去國花'，方沈吟待余，余其往從之。"言歇就席觀化，卽二十五日也。是夜，申公見兩府君後先至，顚倒迎來歡敍，而覺乃一夢也。心甚異之，翌朝訃至云。

於乎！府君儀貌豐晳，性氣嚴正。人有巧令，世皆推之，而若浼不屑。義所當爲，衆皆止之，而勇往不顧。義稧之中廢者復之，巖齋之未遑者創之，皆述先志也。

平居，坐如山立，雖頑夫蕩子，不怒而威。才識旁通，至田賦糴總，不學而明。能折節下學，孝友肥其家，信義措諸鄉。與文人韻士論經史、談風月。對野夫鄰叟，說豐穰，勸桑麻。接人家子弟，勉以孝友文學。當旁先、外先及妻父母、姑、姊妹之忌，喫素必如禮。聞宗族知舊之訃，哀素各稱情。見人寃憾，雖疏遠，輒爲之汪然出涕。

有書木屐上"天"字，卽令沫去曰："敬天如敬父，安敢踐之？"少時讀《孟子》數千遍，涉獵許多書，發而爲詩文，沛然有氣力。雅好佳山水，歷覽域內名勝，到處題詠，播諸人口。訓後益嚴，設月朔講，常說"爲善最樂"等語以勸戒。亦不掩微細過，至對案不食，期於感悟。竹帶公之謹厚、漏倉公之見識、棲山公之行治，皆府君所成就之也。

歿後三月，奉窆于尹氏墓下艮坐原，從治命也。洞民路奠，士友輓誄盈箱。有曰"秋爭義氣堂堂處，春苗仁端藹藹辰"，有曰"詞垣觚墨騰華譽，古宅模楷襲大方"，有曰"公如海鶴洞離塵，山水文章六十春"，有曰"窮通有數安於分，愛惡無偏體以仁"，有曰"翫世任諧謔，持躬篤友倫"。嗚呼！其眞知府君矣。世或以府君謂專尙氣節者，非知言也。平日唱酬輓祭等作，多棄不收，今所存只若干篇。

前配坡平尹氏，檍女，廣州李世瑋外孫。生丙戌，爲婦孝，爲妻順，奉先誠，御婢僕恩，夫黨咸頌其婦德。卒己酉十一月十八日，墓八龍谷負艮原。有一男灢，孝不終養，吾先君也。後配善山金氏，生員光洞女，八莒都啓遠外孫。生戊子，中饋無違。後府君五月而下從之，卽六月初三日也。葬星州道高山下老峴村後通德公墓下。有三男一女：男長浤，吾本生考；次瀮；瀯；女李準祥。生考男三，福樞出后、禧樞、祿樞出后。仲父男三，弘樞、彦樞出后、膺樞，女一李致浩。季父早卒，以從子彦樞爲嗣。李準祥男一在鍾，女四李正鉉、南有鈺、張永華、李光魯。

噫！福樞生長膝下，十五年。府君嘗語不肖曰："汝今成童，才短氣弱，毋與進取者爭名，謹守家學。"不肖承命惴惴，不爲無其志也，而昏懦困循，辜負期勉之意。行虧識蔑，述先遺後，有所不敢。然而無一言以死，則竟使來裔將不識府君平日萬一之行，豈不是大可痛懼處乎？敢抆淚私識之。少日最下人之精力，老益弊弊無餘，舊時見聞，百不存一，嗚乎痛矣！

先考府君家傳

府君諱瀇，字而寬，姓張氏。考諱𠈭，號覺軒。妣坡平尹氏，檍女，繼妣善山金氏，生員光泂女。正廟戊申，府君生。二歲，尹氏見背，鞠于外氏，日夜思親不置。七歲，値歲饑，每時必却飯索粥曰："親廚應設此粥矣。"

丁巳，還侍覺軒公，性嚴峻，不以愛弛敎。府君奉承不怠，無子弟過。且勤課讀，必悅親心，然後乃安。由是文詞日進，治行日篤。侍食則必親授匙箸，侍寢則伺候氣息。有疾則憂色，未嘗食息少弛。遇美味，必齎歸以進之。事繼母，至誠服勞左右，如手足。爲嗜甘榴，患不得常供，遠求而勤栽。

世父嘌軒公患痺數月，府君躬親湯爐，不少廢離。季父東廬公患疽危劇，府君吮之向差。家人以年幼胃弱爲憂，府君曰："勿爾也，安有子吮父疽而致傷哉？"

吾生考棲山公，淸羸多疾，七歲不能行。府君左提右携，無一時或間，無一念或懈，而俾得行步如常。遇先忌，齋宿致潔，一如老成。覺軒公嘗歎曰："求之古人，未聞有沖年如是者。"

甲子春，行聘禮再邀時，路過嘯院，適値院會，下馬行過。會員咸曰："不問知爲甪里張某也。"是冬寢疾，疾革恐貽親憂，色不形痛苦，口不出呻吟。竟以十一月十八日屬纊，越月而葬治西楮洞負亥原，上有祖曾高三世藏，考妣亦在後麓。

配廣州李氏，東爀女，石潭先生潤雨後。丙午三月二十五日生，己丑五月初九日卒，祔府君墓左。府君歿後十有二年，不肖乃生，卽府君仲弟浤之子也。福樞承府君之後，未克盡府君平日未盡之孝思，則爲人子之道蔑如矣，將何面目歸拜府君於地下乎？旣哀自己之有忝，又懼至行之日泯，謹採當日誄文中必信無溢者，略爲撰次。將請銘於樂善闡幽之君子。嗚乎痛矣！

先妣孺人廣州李氏家傳

先妣李氏，廣州著姓，遁村先生諱集，其上祖也。入我朝，有諱潤雨，官參議，號石潭。子諱道長，官應教，號洛村，出爲從祖叔父諱榮雨后。子諱元祿，官大憲。子諱周命，官佐郎，於妣爲高祖。曾祖諱世瑊，祖諱謹中，考諱東爀。外祖全義李廷翊。以正廟丙午生先妣。

自幼孝友純至，明敏絶倫。其在先公，側聞諸弟敎授，則言下領悟。先公嘖嘖曰：“惜乎！爾爲女子子也。”工於針線，所裁製極精密。母夫人試出藏中錦帛，使續其斷成匹，雖明者，莫見其些欠，母夫人至老亟稱之。

十九，適我先君諱瀷，卽旅軒先生諱顯光之七世孫，覺軒處士諱儔之長胤也。妣入門，盡婦道，鷄起適舅姑所，問饍問安，夜而後，就私室。是年冬，先君下世，妣決意下從，勸舅姑粥飮，託家人以身後事。覺軒公尤無以定情，大聲叫號曰:"喪子喪婦，我何爲命?"時則妣絶而甦矣，乃幡然曰:"與其死而爲不孝之鬼，寧自處以未亡人。"終身口不近珍味，身不去麤厤。

調護覺軒公二十年貞患。雖於百艱之中，周章有無，并蓄辛醎蔘朮水陸等，凡利於病、益於氣者，一無匱乏，幾復常度，識者以爲誠孝所感。嘗患家業難以供菽水，一心經紀，俾得稍完。

奉先接賓，極稱情禮，處娣姒、御婢僕，曲有恩義。覺軒公極稱之曰:"吾婦不惟有天出之孝，抑曉義理、達事體，雖謂之女士，固無愧矣。"

乙亥，夫弟棲山公諱浤，生不肖孤，妣收而子之。常勸課讀曰:"汝才魯，須加人百己千之工，庶望其有成。"又於酒肉戒之曰:"吾聞人家敗亡，多由於子弟之伐性侈口，汝其四五十前，愼勿近之。"其慈育而教之以義如此。

純廟己丑五月初九日，卒于寢，祔先君墓左。嗚乎！不肖年纔十五，奄至大故，其嘉言懿行，何能窺測其萬一？所得以奉持者，惟此數事。然亦恐日遠而日忘，故泣血謹書。

傳

烈婦平山申氏傳

嗚乎！人之所好，莫甚於生，而生有所不爲；人之所惡，莫甚於死，而死有所不避，何也？義之所在，視死如歸，則所好有甚於生，所惡有甚於死。故臣之死君，子之死父，婦之死夫，俱是扶綱，而或不無難易之異焉。

蓋婦人之於夫，夫死於水火盜賊，而一時隨夫而幷命，是迫於死者也，其死也難而易。夫死於正命，而能爲之從容決一死，非迫於死者也，其死也難而尤難。今平山申氏惟其人也歟！

申氏生而姿性有異，七八歲，聞其兄之學"忠臣不事二君，烈女不更二夫"，因問曰"臣而有事二君，女而有更二夫者耶"？見者嗟異。十九，擇對于玉山張氏，竹亭先生諱潛之後，端士心澤之子柄悳。纔五月，奔姑氏喪，尊舅慮其弱年驚懼，欲殯于出后子之家。申氏以禮止之，哭泣擧止，亦有法度。

成服纔一日，其夫哀毁成病，奄至不起。申氏不號哭，襲斂衣衾，手自裁縫。及就木，竊入寢房，自縊幾絶，竟被家人解救。及襄，奉朝夕奠品，躬自看檢。轝行未半道，竊飮醬醋數椀，氣息頓絶，又被百方救治，日夕乃甦。是後防益嚴。

一日告于尊章曰"命薄之婦，無以爲心，願賜歸覲"，尊章哀而許之。下階之際，顧其姒而訣曰："何日更面?"歸覲未幾，書招從子後松，留置屢日。手縫囊帶帕襪，而親爲着之曰："今月某日，卽汝叔父之冠也，來月某日，卽汝叔父之沓也。 吾何忍復見此日之重回也? 吾之生固無益於親家。若尊舅氏奉養，惟汝與汝之兩親在耳。吾死之後，汝其承我喪，而嗣汝叔父之後也。"

居數日，沐髮剪爪，覵隙入空房，換着攝盛時服，以紬兩段密密縫緻，先結吭而次裹頭面而死。擧室奔救號咷，已無及矣。但見傍有手線冒握諸具與其夫舊着衣裳之澣餙。將斂之夕，始開衣箱，又有爲尊舅新製巾襪，皆以爲死不敢忘孝也。

申氏之先，自麗壯節公諱崇謙始著，爲國殉節。入聖朝，有諱命仁，官兵使。再傳至經歷諱光魯，卒於京，淑人朴氏死節而褒旌之，是爲孺人之五世祖也。曾祖諱致應，官營將，祖諱永翰，官府使，父相坤，今出身。母夫人順天朴氏，巖鉉之女，醉琴軒先生彭年之后。生丁卯二月初四日，歿丁亥正月二十二日，卽其夫冠日也。返櫬合窆于花心山寅坐原。

鄕人卽爲稟官，而主倅李敎敏以啓聞之意報營，兼府金勝圭以表烈之意下帖，而使鄕人拔例竪碑，此可見秉彝之攸同也。

於乎! 孺人之烈其來有自，而裁之以義。一息尙存則襲斂稱情，縊而見救則送死如禮，再絶而復甦則不絶夫嗣，既爲立嗣則決死下從，以婦人而頗達義理如此。豈不知上奉而終其孝，俯育而止於慈？且畢夫喪、奉夫祭，以盡自靖之道。一如東海婦、高行女之爲，而不此之圖，必汲汲於促命者，其心豈不爲爲夫婦合巹五朔，面目未熟，言語莫接？于歸亦不以時，其生也未得中饋，其病也亦未克侍藥。無一事盡情於人世，吾寧死則同穴，奉巾帨於九泉之下足矣。只此一念炳炳于中，惟溘然速死之是快而然耶？

自崩天凡閱幾月而成此志，則所以辨熊魚者，已爛熟無餘，豈倉猝悲疚中所辦哉？今以經籍所載考之，衛共姜、曹令女之倫，雖表表稱之，而其難其愼，惟義所視，較諸孺人無多焉。何其烈哉！

余與孺人尊舅，親同祖也，情同隣也。以余知孺人蹟甚悉，屬余一言以惠之，義不容辭，謹敍顚末如右，以俟夫後之君子採入《三綱錄》云。

著者 **張福樞**

1815~1900. 자가 景遐이고 호는 四未軒, 또는 甪里山人이며 본관은 仁同(玉山)이다. 그는 일정한 선생이 없었으나 8대 조부 旅軒 張顯光과 영남학의 거두인 退溪 李滉의 학문을 충실히 계승하여 발전시켰다. 조선 후기 영남 지방의 三徵士(張福樞, 金興洛, 柳疇睦)이자 三學者(張福樞, 李震相, 金興洛)의 한 사람인 그는 성리학자이자 예학자이며 당시 최고의 학단을 이끈 교육자이다. 이런 그의 학문적 성과는 張升澤, 曺兢燮, 宋浚弼, 張志淵 등 735명의 다양한 제자들에게 전수되면서 조선 유학의 마지막 봉우리를 형성했다. 저서로는 《四未軒集》 이외에 《夙興夜寐箴集說》, 《問辨至論》, 《四書啓蒙》, 《易學啓蒙》, 《性理雜儀》, 《家禮補疑》, 《三綱錄刊補》 등이 있다.

校勘標點 **宋憙準**

1958년 大邱 達城에서 태어났다. 경북대학교 사학과를 졸업하고 고려대학교 국어국문학과 한문학전공으로 박사학위를 받았다. 계명대학교 한학촌 교수를 역임하였고, 현재 韓國古典飜譯院 圈域別據點硏究所 慶北大學校 嶺南文化硏究院 責任硏究員으로 재직하고 있다. 역서로는 《사미헌집》권1~권3, 《대동운부군옥》권11~권20(공역)이 있고, 편저로는 《心經註解叢編》10권과 《近思錄註解叢編》10권 등이 있으며, 저서로는 《조선의 마지막 문장》이 있다.

圈域別據點研究所協同飜譯事業 研究陣

研究責任者 **鄭炳浩**(慶北大學校 漢文學科 敎授)
責任研究員 **宋熹準**
先任研究員 **金英玉**
研究員 **金崇浩**
補助研究員 **沈大用**

校勘標點
四未軒集

張福樞 著 | 宋熹準 校點
初版 1刷 發行 2016年 12月 31日
編輯·發行 경북대학교출판부
登錄 1973년 10월 10일 ㉑97호
住所 대구시 북구 대학로 80
電話 053-950-6741~3 | 팩스 053-953-4692 | 이메일 press@knu.ac.kr

값 30,000원
ISBN 978-89-7180-447-6 94810